区域劳务品牌对
中国农村劳动力转移的影响：
机理、效果与路径

王　卫／著

经济管理出版社
ECONOMY & MANAGEMENT PUBLISHING HOUSE

图书在版编目（CIP）数据

区域劳务品牌对中国农村劳动力转移的影响：机理、效果与路径/王卫著 . —北京：经济管理出版社，2021. 1

ISBN 978 - 7 - 5096 - 7686 - 8

Ⅰ. ①区…　Ⅱ. ①王…　Ⅲ. ①农村劳动力—劳动力转移—研究—中国　Ⅳ. ①F323. 6

中国版本图书馆 CIP 数据核字（2021）第 024644 号

组稿编辑：张丽原
责任编辑：任爱清
责任印制：黄章平
责任校对：陈　颖

出版发行：经济管理出版社
　　　　　（北京市海淀区北蜂窝 8 号中雅大厦 A 座 11 层　100038）
网　　　址：www. E - mp. com. cn
电　　　话：（010）51915602
印　　　刷：河北赛文印刷有限公司
经　　　销：新华书店
开　　　本：720mm × 1000mm/16
印　　　张：15. 75
字　　　数：275 千字
版　　　次：2021 年 2 月第 1 版　　2021 年 2 月第 1 次印刷
书　　　号：ISBN 978 - 7 - 5096 - 7686 - 8
定　　　价：68. 00 元

前　言

经验数据表明，中国农村劳动力仍有转移的空间和必要，而现实迹象却预示着中国传统形式的农村劳动力转移难以延续。虽然目前的"民工荒"和"用工荒"现象并不代表中国人口红利的结束，但人口转变的确是一个不可逆的过程，在第一次人口红利即将消失的同时，农村劳动力素质与技能的提升将保证第二次人口红利的无限量发展。中国农村劳动力转移是一个复杂的系统性工程，很多问题单靠农村劳动力素质与技能的提升尚难奏效。在农村劳动力转移处于瓶颈期的状态下，一种新转移形式——区域劳务品牌伴随"民工荒"现象悄然产生。随着劳务市场的发展与完善，农村劳动力转移由劳务输出向劳务经济转变已成必然，也预示中国农村劳动力转移逐渐由自发性行为阶段，渐入品牌导向时代。区域劳务品牌形式的农村劳动力转移为有效推动农村劳动力有序、平稳和持续转移提供了一个新的思路。本书的研究将有助于丰富和完善区域劳务品牌和农村劳动力转移的理论研究体系，对各地推进农村劳动力转移和农民工市民化工作有一定的指导意义。

本书通过对国内外相关文献回顾，在农村劳动力转移供需矛盾分析的基础上，以区域劳务品牌为研究视角构建研究框架，深入分析区域劳务品牌对农村劳动力转移的影响：机理、效果及路径，并提出区域劳务品牌推进中国农村劳动力转移的建议。

本书研究的具体内容包括四个方面：

第一，本书在回顾中国农村劳动力转移发展历程和分析中国农村劳动力转移现状的基础上，归纳中国农村劳动力转移的特点，并对区域劳务品牌的状况和问题进行具体总结。从就业偏离度和就业弹性及转移意愿角度对中国农村劳动力转移进行供需分析，总结中国农村劳动力转移过程中的供需矛盾，并且认为区域劳务品牌将有效化解农村劳动力转移的矛盾。

第二，本书分别运用结构主义方法、新古典主义方法和新经济地理学理论，从外生和内生两个视角研究区域劳务品牌对农村劳动力转移的影响机理。结论认为，提高区域劳务品牌的品牌承诺度将有效填补农村劳动力的吸纳缺口；品牌劳动力较普通劳动力更具转移动力；工业品消费支出、多样性偏好、品牌外部性强度、品牌劳动力比重与劳动力转移均呈正相关，转移成本与劳动力转移呈负相关，且品牌劳动力较普通劳动力可承受更大的转移成本。在此研究基础上，将新经济地理学理论与 H－T 模型相结合，以农村劳动力转移成本为切入点，探讨区域劳务品牌对农村劳动力转移的影响效果，并对转移成本及其上升原因进行深入分析。

第三，本书以宏观、中观和微观层面为研究路径，分析区域劳务品牌对农村劳动力转移影响的作用发挥。在宏观和中观层面，区域劳务品牌的构建与组织化运行有效地解决了产权弱化和组织缺失的问题。通过博弈分析明确地方政府在区域劳务品牌的构建与运行中的重要性，并在案例分析基础上对政府职能进行明确定位。在微观层面，区域劳务品牌的功能模型和甄别机制有效地解决了劳务市场的信息不对称问题。通过建立区域劳务品牌功能模型均衡求解区域劳务品牌信号甄别机制发挥作用的充分必要条件。

第四，本书结合区域劳务品牌的现实可行性，从总体战略层面提出区域劳务品牌推进中国农村劳动力转移的四点政策建议：一是转变政府职能，构建统一劳动力市场；二是深化制度改革，健全劳动力社会保障；三是发展城镇经济，优化劳动力就业环境；四是改革土地制度，实现土地规模化经营。

本书是在我的博士学位论文基础上整理形成的。在整理书稿的过程中，博士学习的过往历历在目。感谢导师佟光霁教授，自硕士起有幸拜师于门下，导师的严谨治学态度与儒雅风范深深地影响了我的学习和生活，一直持续至今。感谢指导和帮助过我的教授、老师及同仁们，我的成长与收获都离不开他们的关心与爱护。感谢所有帮助过我的人们！我将踏踏实实走好未来的每一步，一如既往地抱着感恩的心态面对生活与工作。但行好事，莫问前程！

本书在写作过程中虽几经斟酌和校阅，但由于作者水平有限，所以书中错误和不足之处在所难免，恳请广大读者批评指正。

王 卫

2020 年 8 月

目　录

第一章　绪论 …………………………………………………………… 1

　第一节　研究目的和意义 ……………………………………………… 1

　　一、研究目的 ………………………………………………………… 1

　　二、研究意义 ………………………………………………………… 3

　第二节　国内外相关研究及研究评述 ………………………………… 4

　　一、国内外农村劳动力转移相关研究 ……………………………… 4

　　二、国内外劳务品牌相关研究 ……………………………………… 11

　　三、研究评述 ………………………………………………………… 16

　第三节　相关概念及辨析 ……………………………………………… 18

　　一、区域劳务品牌的概念界定 ……………………………………… 18

　　二、区域劳务品牌的内涵解析 ……………………………………… 19

　　三、区域劳务品牌的特征辨析 ……………………………………… 19

　第四节　研究内容和方法 ……………………………………………… 21

　　一、研究内容 ………………………………………………………… 21

　　二、研究方法 ………………………………………………………… 23

　　三、技术路线 ………………………………………………………… 24

第二章　相关基础理论 ………………………………………………… 25

　第一节　劳动力转移理论 ……………………………………………… 25

　　一、宏观层面——结构主义方法理论 ……………………………… 25

　　二、微观层面——新古典主义方法理论 …………………………… 31

第二节　劳动力市场与就业理论 ⋯⋯⋯⋯⋯⋯⋯⋯⋯ 33

一、劳动力市场分割理论 ⋯⋯⋯⋯⋯⋯⋯⋯⋯ 33

二、配第—克拉克定理 ⋯⋯⋯⋯⋯⋯⋯⋯⋯⋯ 34

三、库兹涅兹产业结构论 ⋯⋯⋯⋯⋯⋯⋯⋯⋯ 35

第三节　其他相关理论和方法 ⋯⋯⋯⋯⋯⋯⋯⋯⋯⋯ 36

一、新经济地理学理论 ⋯⋯⋯⋯⋯⋯⋯⋯⋯⋯ 36

二、人力资本理论 ⋯⋯⋯⋯⋯⋯⋯⋯⋯⋯⋯⋯ 37

三、成本收益理论 ⋯⋯⋯⋯⋯⋯⋯⋯⋯⋯⋯⋯ 38

四、信息不对称理论 ⋯⋯⋯⋯⋯⋯⋯⋯⋯⋯⋯ 39

本章小结 ⋯⋯⋯⋯⋯⋯⋯⋯⋯⋯⋯⋯⋯⋯⋯⋯⋯⋯ 40

第三章　中国农村劳动力转移与区域劳务品牌的发展状况 ⋯⋯⋯⋯⋯ 41

第一节　中国农村劳动力转移的发展历程 ⋯⋯⋯⋯⋯⋯ 41

一、1978 年改革开放之前的农村劳动力转移 ⋯⋯ 42

二、1978 年改革开放之后的农村劳动力转移 ⋯⋯ 44

第二节　中国农村劳动力转移的现状与特点 ⋯⋯⋯⋯⋯ 48

一、中国农村劳动力转移的现状 ⋯⋯⋯⋯⋯⋯⋯ 48

二、中国农村劳动力转移的特点 ⋯⋯⋯⋯⋯⋯⋯ 58

第三节　区域劳务品牌的发展状况和问题 ⋯⋯⋯⋯⋯⋯ 60

一、区域劳务品牌的起源 ⋯⋯⋯⋯⋯⋯⋯⋯⋯ 60

二、区域劳务品牌的发展状况 ⋯⋯⋯⋯⋯⋯⋯ 62

三、区域劳务品牌的总体问题 ⋯⋯⋯⋯⋯⋯⋯ 74

本章小结 ⋯⋯⋯⋯⋯⋯⋯⋯⋯⋯⋯⋯⋯⋯⋯⋯⋯⋯ 76

第四章　区域劳务品牌对农村劳动力转移的矛盾化解 ⋯⋯⋯⋯⋯⋯ 77

第一节　农村劳动力转移的供需分析 ⋯⋯⋯⋯⋯⋯⋯⋯ 77

一、基于结构主义方法的供需分析 ⋯⋯⋯⋯⋯⋯ 77

二、基于新古典主义方法的供需分析 ⋯⋯⋯⋯⋯ 82

第二节　农村劳动力转移的供需矛盾 ⋯⋯⋯⋯⋯⋯⋯⋯ 88

一、供给角度的考虑 ⋯⋯⋯⋯⋯⋯⋯⋯⋯⋯⋯ 88

二、需求角度的考虑 ⋯⋯⋯⋯⋯⋯⋯⋯⋯⋯⋯ 89

三、供需矛盾分析 ·· 89

第三节 需求变化对农村劳动力转移的影响 ·················· 90

一、模型构建和数据获取 ···························· 91

二、实证分析 ···································· 97

三、模型结论 ···································· 101

第四节 区域劳务品牌对农村劳动力转移的矛盾化解 ·········· 102

一、供给角度的矛盾化解 ···························· 102

二、需求角度的矛盾化解 ···························· 103

本章小结 ··· 104

第五章 区域劳务品牌对农村劳动力转移的影响机理 ············ 105

第一节 基于结构主义方法的影响机理分析 ················ 105

一、基于劳动力异质性与技术进步的刘易斯模型修正 ······ 105

二、区域劳务品牌对刘易斯模型均衡的影响 ············ 110

三、区域劳务品牌对农村劳动力转移的影响机理 ········ 112

第二节 基于新古典主义方法的影响机理分析 ·············· 113

一、农村劳动力的转移成本 ························ 113

二、农村劳动力的转移收益 ························ 117

三、基于成本收益理论的影响机理分析 ················ 119

第三节 基于新经济地理学理论的影响机理分析 ············ 123

一、研究背景 ···································· 124

二、区域劳务品牌对农村劳动力转移的动力分析 ········ 125

三、区域劳务品牌引入劳动力转移的均衡模型 ·········· 126

四、模型均衡分析 ································ 131

五、数值模拟分析 ································ 134

本章小结 ··· 145

第六章 区域劳务品牌对农村劳动力转移的作用效果 ············ 146

第一节 区域劳务品牌对农村劳动力转移效果的影响 ········ 146

一、新经济地理学理论的模型均衡分析 ················ 147

二、引入 H - T 模型失业因素的模型均衡分析 ············ 149

三、农村劳动力转移指标值的确定 ……………………… 150

四、转移成本对劳动力转移指标值的影响 …………… 151

五、区域劳务品牌对农村劳动力转移效果的影响 …… 151

第二节 中国农村劳动力转移成本的变化 …………………… 153

一、民工荒现象与刘易斯拐点 …………………………… 153

二、刘易斯拐点与转移成本 ……………………………… 155

三、工资上涨与转移成本 ………………………………… 157

第三节 区域劳务品牌对农村劳动力转移的作用切入点 …… 160

一、宏观层面——产权弱化 ……………………………… 161

二、中观层面——组织缺失 ……………………………… 162

三、微观层面——信息不对称 …………………………… 163

四、区域劳务品牌的作用切入点 ………………………… 165

本章小结 ……………………………………………………… 166

第七章 区域劳务品牌对农村劳动力转移的作用路径 ………… 167

第一节 区域劳务品牌构建与组织化运行：宏观和中观层面 … 167

一、区域劳务品牌的构建与运行模型分析 …………… 168

二、政府介入的重复博弈模型分析 …………………… 172

三、地方政府职能分析：105 个劳务品牌典型案例 … 175

四、区域劳务品牌的政府职能定位与服务体系 ……… 185

第二节 区域劳务品牌功能模型与甄别机制：微观层面 …… 188

一、劳务市场的信息不对称分析 ………………………… 188

二、信息不对称的品牌信号选择 ………………………… 194

三、区域劳务品牌的功能模型 …………………………… 200

四、区域劳务品牌的甄别机制 …………………………… 207

本章小结 ……………………………………………………… 210

第八章 区域劳务品牌推进中国农村劳动力转移的建议 ……… 211

第一节 区域劳务品牌发展与完善的对策建议 …………… 211

一、强化劳务品牌意识 …………………………………… 211

二、发挥政府主导作用 …………………………………… 212

三、发挥政府服务职能 ·· 213

四、加强劳务教育培训 ·· 213

五、加强品牌质量监督 ·· 214

六、规范区域劳务品牌 ·· 215

七、整合品牌管理机构 ·· 215

八、加强品牌宣传推广 ·· 216

第二节　区域劳务品牌推进农村劳动力转移的政策建议 ·········· 217

一、转变政府职能，构建统一劳动力市场 ···················· 217

二、深化制度改革，健全劳动力社会保障 ···················· 218

三、发展城镇经济，优化劳动力就业环境 ···················· 218

四、改革土地制度，实现土地规模化经营 ···················· 219

本章小结 ·· 220

结　论 ·· 221

参考文献 ·· 224

第一章 绪论

第一节 研究目的和意义

一、研究目的

国际经验表明，如果一个国家伴随由农业国向半工业化国家的转变，劳动力不断地由农业转向制造业及相关部门，那么社会就业结构会发生明显的变化。2018 年末中国农业劳动力份额为 26.1%，较改革开放时期的农业劳动力份额（70.5%）下降了 44.4 个百分点，年均下降 1.11 个百分点。尽管下降速度明显，但仍然与完成农村劳动力转移的发达国家（低于 10%）、发展中国家韩国及中国台湾地区（低于 20%）差距明显。即使按照 2008～2018 年农业劳动力比重年均下降 1.35 个百分点的速度计算，也要到 2023 年左右，中国的农业劳动力份额才可能下降到 20% 以下，2030 年下降到 10%，而事实上，近两年的劳动力转移就业困难更加艰巨。2003 年至今，中国城镇化率由 40.53% 提高到 59.58%，对下一个 10% 的突破，任务更艰巨。更令人难以想象的是，2018 年中国农业增加值占 GDP 的比重不足 10%，而城市化率和粮食商品化率均超过 50%，农业劳动边际生产率之低预示着农业劳动力剩余的必然。这些数据均说明中国农村劳动力仍具转移空间，但转移农村劳动力的经验数据总量依旧庞大，目前存在的"民工荒""用工荒"现象并不代表中国人口红利结束。

"民工荒"的持续，劳动力成本的提高，有关刘易斯拐点的讨论，提醒我们

"人口红利"逐渐式微，精壮男劳力支撑的农村劳动力转移，已难延续。自20世纪90年代中后期农村劳动力转移遇阻，理论与实务界的探索就主要集中在以"户籍制度"为核心的体制改革与提升农村劳动力素质上。国务院《关于积极稳妥推进户籍管理制度改革的通知》进一步明确指出："有关就业、义务教育、技能培训等政策措施，不要与户口性质挂钩"，"继续探索建立城乡统一的户口登记制度"。这说明，宏观制度羁绊正在消失。目前，中国农村劳动力中初中以下文化程度比例依旧很大，如此规模庞大低素质原生劳动力的现状，说明提升农村劳动力素质迫在眉睫。以农村劳动力数量众多的中国来说，通过制定改革和提高素质将低端产业劳动力转移到高端产业中，变人力资源大国为人力资源强国势在必行。但与此同时，农村劳动力组织化程度低、择业与就业几乎没有"议价权"、"乡土性劳动力市场"的就业信息有限、转移就业缺乏稳定性、雇佣双方信息不对称、利益没有保障、精壮男劳动力独自离乡务工、家庭成员留守农村等问题，仅靠以上两方面努力尚难解决。

在国际上，一种新的劳动力就业形式悄然产生，即劳务品牌。众所周知的菲律宾女佣、摩洛哥园丁、南美农工、东欧油漆工、英国管家等，早已形成品牌。它们地域特点鲜明，是传承与弘扬地方文化的载体，是依托当地人文环境和就业实践，是由政府组织、劳务组织与务工者等多方共同培育而成。在国内，自第一个区域性劳务品牌商标"川妹子"2003年伴随"民工荒"注册、2006年获批后，全国涌现大批具有地方特色的劳务品牌。例如，"扬州三把刀""潜江裁缝""衢州保姆""云和师傅""祥符建筑工""长垣厨师"等。品牌带动下的农村劳动力转移与劳务经济发展引起了相关部门与机构的重视。自2007年召开全国首届劳务品牌展示交流大会以来，全国范围的十佳劳务品牌评选、问卷调研、建设研讨会等相继举办。时任国务院总理温家宝在十一届全国人大政府工作报告中提出："加强有组织的劳务输出，引导农民工有序流动"，并在接见全国农民代表翟树森时，对"祥符建筑工"带动"十万技工出祥符"给予肯定。时任国务委员兼国务院秘书长华建敏曾要求"把创建劳务品牌作为劳务输出工作的抓手，全面推行农民工培训、就业、维权三位一体的工作模式"。从党的十七大报告中提出的"建设人力资源强国"和"实施扩大就业的发展战略"到习近平总书记在党的十九大报告中提出的"建设知识型、技能型、创新型劳动者大军"，均是要把培养技能型人才作为重点，以就业为导向，培养面向生产、建设、管理和服务一线的高技能人才，更好地适应劳动力市场变化的需求。由此可见，劳动力转移由劳务输出到劳务产业，再到劳务经济，是一个时代的任务和持续的过程，其认识的深化预示了中国农村劳动力转移正由自发性行为阶段，渐入品牌导向时代。

二、研究意义

虽然中国已进入中等发达国家行列，推进城镇化的宏观制度羁绊正在弱化，但"民工荒"的持续、务农劳动力素质低下等问题，使同步推进城镇化、工业化、农业现代化的中国面临新的难题。国内外实践表明，区域劳务品牌代表一定的劳务质量、水平和特色，能增强区域劳务的知名度、信任度、影响力和综合竞争力，从而提高劳务效益，降低市场开发成本，促进组织化与规模化输出，保护雇佣双方的利益。只有充分挖掘本地后续剩余劳动力资源，获取长远与更大的市场份额，使"包装"的各类劳动力获得更多就业空间，才能提升转移总量和改善就业结构。这样做既增加了全员就业机会，又会推进务工者举家迁移，为实现人口异地永久转移提供保障。

区域劳务品牌形式的农村劳动力转移，可以避免宏观体制羁绊逐渐消亡导致大量低素质原生劳动力涌入城中产生的"城中村"现象，可以避免进城农村劳动力被城市边缘化并沦为城中新贫民的情况，可以避免"超城镇化"现象在中国城市的显现。随着中国农村劳动力低成本的逐渐消失和成功跨入中等收入国家行列，可能进入到大多数发展中国家面临的"中等收入陷阱"状态。区域劳务品牌的培育与发展，除了能够充分挖掘中国当前人口红利的潜力，创造新的人口红利，应对人口逐渐老龄化现象之外，还可能解决中国出现的未富先老问题。

因此，以区域劳务品牌视角进行中国农村劳动力转移研究，将解决同步推进工业化、城镇化、农业现代化面临的一系列难题。从社会实践角度来看，尽管区域劳务品牌焕发了独特生命力，发展已初具规模，具有一定实证性，但尚难把握关键要素，远未形成规范系统的经验；从理论范式角度来看，理论研究则滞后于实践，即便是相关的概念也未形成统一的定论，由于中国有意识、主动的劳务品牌发展起步较晚，需要解决的理论问题很多。区域劳务品牌是中国农村劳动力转移过程中的产物，以区域劳务品牌为视角，以中国农村劳动力为研究对象，开展相关研究，具有重要的现实意义与较高的理论价值。

第二节　国内外相关研究及研究评述

结合本书的研究方向与重点，本节从国内外农村劳动力转移和劳务品牌两方面进行相关研究，并进行学者观点阐述，同时在此基础上进行研究评述。

一、国内外农村劳动力转移相关研究

农村劳动力转移是由第一产业向第二、第三产业的资源重新配置的过程，关于农村劳动力转移这个问题，国内外学者从各个角度各个层面进行了充分的研究，也得到了一些具有重要影响的结论。结合相关研究，本节主要从以下三个方面进行阐述：

1. 关于刘易斯拐点的研究

提到中国农村劳动力转移，首先就会想到刘易斯拐点。刘易斯拐点的争论已成为研究中国农村劳动力转移的标志。自"民工荒"以来，刘易斯拐点争论就没有停息过，国内外学者从多个视角的研究形成了不同甚至对立的观点。

关于刘易斯拐点是否到来的研究结论主要有三种观点，前两种观点认为，将刘易斯拐点以时间点进行论断，形成对立的结论，即刘易斯拐点已经到来或尚未到来；第三种观点则认为，刘易斯拐点是一个时间区间，而非一个精确的点[1]，且中国正处于这个区间之内。以蔡昉等为代表的专家认为，中国农村剩余劳动力数量减少、劳动年龄人口份额下降和农民工工资明显提升，代表中国农村剩余劳动力供给已经到达刘易斯拐点，农村剩余劳动力已从无限供给转向有限供给[2]，随着 2011 年以来的新一轮民工荒的显现，这一观点得到一些学者研究成果的验证：农业越来越倾向于节约劳力型发展（王美艳，2012）[3]，贫困地区的实际工资加速上涨（张晓波等，2012）[4]，农业劳动边际生产率在 2009 年便超过了制度工资（魏征等，2012）[5]。但以樊纲（2010）[6]、周天勇（2010）[7]等为代表的大多数专家认为，中国出现的"民工荒"现象只是劳动力供给的短期性、结构性短缺，农村剩余劳动力供给尚未到达刘易斯拐点。农业劳动边际产出与工业部门工资有明显差距（毛雪峰等，2011）[8]、农村劳动力剩余下的供给不足（丁守海，2011）[9]、中国农村仍有 15% 的剩余劳动力（杨继军等，2012）[10]等研究结论客观上支持了上述观点。同时，李宾（2012）从城乡差距变化视角的实证研究同样认为，没有证据表明刘易斯拐点已经到来[11]。面对众多学者的质疑，蔡昉（2012）进行了更深入的研究并指出，刘易斯拐点到达之后，并不意味着劳动力转移速度必然减慢[12]，当下的"民工荒"现象也不能代表农村转移劳动力的充分就业。两种观点的对立重点在于是否突破了具体的"点"。费景汉和拉尼斯（1999）在早期研究基础上认为，刘易斯拐点不是在短时间内完成的，特别是欠发达国家可能需要花费几十年的时间才能完成[13]。沿用第三种观点作为判断依据的国内部分学者认为，中国正处于或即将进入这一拐点区域。李月（2008）以台湾地区经验推断中国东部地区已经逼近刘易斯拐点，而中西部地区距离刘易斯拐点仍存在一定距离，整体上的中国还需一段时间才能进入刘易斯拐点区域[14]；汪进等（2011）根据中国人均收入水平认为，虽然中国已进入刘易斯拐点区间，但与同等收入国家相比，中国仍可通过政策手段释放农村剩余劳动力，推迟刘易斯拐点到来[15]。事实上，关于刘易斯拐点的判断并未达成一致，姚翔宇等（2018）研究显示，中国农业部门的劳动边际产量与非农业部门劳动边际产量持续增长且不断接近，中国已经超越刘易斯第一拐点[16]；郭磊磊等（2018）基于农业要素收益率变动的视角，对刘易斯拐点在中国的实现条件进行实证分析发现，目前中国尚不具备跨越刘易斯拐点的条件[7]；薛继亮（2016）研究则显示，并非中国所有区域都进入刘易斯拐点，其中，东部地区和中西部地区的刘易斯拐点已经出现，而东北地区刘易斯拐点尚未出现[18]。

相关文献的研究成果表明，学者们研究的刘易斯拐点基本是以农村剩余劳动力转移完成且劳动力工资上升为标志的"第一拐点"①。刘易斯模型假设剩余只出现在农业部门中，而实际上城市的传统部门聚集了更多的剩余劳动力[19]，即使种种迹象表明农村劳动力剩余殆尽，城市非正规经济也将逐渐成为剩余劳动力的蓄水池，而池中的水大部分还是农村劳动力，因此，并不能以此断定农村剩余劳动力已转移完成。同时，以工资水平上升作为刘易斯第一拐点到来的标志也不是没有条件的，刘易斯本人也强调工资水平上升的外生变化不应被纳入模型。如果农村转移就业劳动力工资水平的上涨是由于稀缺造成的，可以作为刘易斯第一拐点已经到来的依据；倘若是外生条件导致的工资水平上涨②，则无法以此作为

---

① 后文未明确提出的刘易斯拐点均代表"第一拐点"。
② 工资水平上涨的原因可能很多，例如，人力资本水平的上升、农村保留价格上升、城市生活成本上升和科技进步与政策调整等，而这些都是外生的条件。

刘易斯第一拐点到来的表征。

2. 宏观因素与农村劳动力转移相关研究

从整体上来看，尽管农村劳动力转移方面的研究国内开展比国外相对较晚，但中国农村劳动力转移规模之大是其他国家无法比拟的，关于农村劳动力的研究范围也相对更广，更具有针对性。就与劳动力转移进行相关研究的宏观因素而言，主要归纳为经济因素、制度因素、技术因素和其他相关因素四个方面。

（1）经济因素。国外学者自刘易斯（1954）的研究开始，就将劳动力从农业部门到非农部门的转移过程归结为经济影响，随后的国内外学者也从经济角度结合刘易斯模型、拉费模型、乔根森模型和托达罗模型等经典理论进行了一系列相关研究。Brueckner 等（1999）基于托达罗模型认为，土地因素对农村劳动力转移具有明显影响[20]，杨渝红等（2009）的研究结论更具体地认为，土地的收入效应和替代效应在农村剩余劳动力转移中具有重要作用[21]。同样基于托达罗模型、赖小琼等（2004）通过对模型的反思与拓展，认为迁移的成本和收益是劳动力是否转移的关键[22]。关于成本与收益经济因素的影响，国内学者的研究较为丰富。高国力（1995）认为，经济因素是影响农村劳动力转移的最重要因素[23]，蔡昉等（2002）通过检验相对贫困假说发现，绝对收入差距与相对贫困同时构成农村劳动力迁移的动因[24]；唐茂华（2007）认为，可持续性工资收入瓶颈、城市生活成本过高等成本收益的双重约束导致了中国特殊的"两栖"劳动力转移形式[25]。从一般均衡理论视角出发，Raa 等（2005）也强调了资本因素对农村劳动力转移的重要影响[26]。近几年，经济因素层面的研究已扩展到具体的指标上来。农业劳动力转移是就业率提升的源泉（张勇，2009）[27]；对劳动生产率提高和 GDP 增长具有明显贡献（张广婷等，2010）[28]，特别是对中国 GDP 增长产生了显著影响且拉大了地区间差距（贾伟，2012）[29]；与劳动收入份额下降之间存在必然联系（翁杰，2011）[30]，由于农村转移劳动力的价格大大低于正常的市场价格，在控制其他影响因素的情况下，农村转移劳动力越多，国民初次分配中劳动收入占比会越低（杨昕，2015）[31]。财政农业支出总量对农村劳动力转移呈现阶段性增加到稳定的正向效应（李菁等，2013）[32]。随着研究的扩展。学者从新的经济视角开始劳动力转移研究。唐颂等（2013）从新经济地理学理论入手进行了动态劳动力转移的尝试[33]。

（2）制度因素。由于二元经济体制和劳动力市场二元化是中国特有的制度，因此，研究和解决中国农村劳动转移的问题基本离不开制度因素的讨论。杜鹰

（1997）强调了政策导向方面对促进流动就业状态向稳定的人口迁移转化的作用[34]。周天勇（2001）提出，要尽快取消户籍制度，放宽人口流动的各种限制[35]，而蔡昉等（2001）认为，户籍制度是劳动力市场上就业保护的制度基础[36]。众多学者着重研究了制度因素对农村劳动力转移的影响。中国户籍制度所导致的迁移成本增加影响了农村劳动力转移（欧阳峣等，2010）[37]；户籍制度导致的农村养老公共服务的缺失可能对劳动力转移产生负面影响（王小龙，2011）[38]；制度性偏好导致劳动力市场分割的存在（李晓宁等，2012）[39]；政府强制性制度障碍导致"S型的人力资本投资曲线"的产生，使农村劳动力处于弱势地位（郝团虎等，2012）[40]；中国城乡分割制度的改变将会导致中国进城务工劳动力快速增加（Golley，2011）[41]。关于制度改革方面，吴敬琏（2002）认为，解决中国劳动力转移的实际问题，需要在城市建制和管理、户籍制度、劳动用工制度等多方面进行制度改革[42]。李仙娥等（2004）[43]和刘晓宇等（2008）[44]从农村土地制度视角出发，强调与国情相适应的土地政策和稳定的农村土地产权制是农村剩余劳动力顺利转移的重要因素；与未确权村相比，确权村不但土地流转比例较高，而且转移就业劳动力比例也较高（韩家彬等，2019）[45]，土地流转促进农村劳动力的有序转移已经成为中国农业机械化、经营规模化和农村现代化的必经之路和应然选择（余戎等，2020）[46]。唐茂华（2007）的研究更侧重于为进城务工农民子女的率先市民化提供政策支持[25]。张杰飞等（2009）的研究认为，单个传统政策措施的经济效果不佳，在促进农业技术进步的同时逐步放松户籍制度才能取得最佳的经济效果[47]。

（3）技术因素。国外研究多集中于研究农业技术进步与农村劳动力转移关系。Fei等（1978）认为，农业技术进步不仅可以有效促进农业剩余劳动力向工业部门的转移[48]，而且还可以显著提高工业部门的增长率（Matsuyama，1992）[49]。Pianta等（2003）则认为，在短期内，尽管农业技术进步对农业就业具有负效应，但长期是具有正效应的[50]。国内学者关于两者关系的结论也不尽相同。作为该方面国内较早的研究，徐加等（1992）以浙江农村20世纪80年代的农村劳动力转移进行了实证分析，虽未明确说明两者之间的关系，但预测了如果没有非替代劳力性的技术进步，那么20世纪90年代的工业产业对劳动力的吸纳将明显下降[51]；牛若峰（1995）的研究客观上说明了农村劳动力转移可以导致农业技术进步[52]。一些学者的研究结论证实了该想法，陈开军等（2010）认为，农村剩余劳动力的转移会引起渐进累积的资本偏向型技术创新[53]；尹向飞

（2010）研究成果表明，乡村劳动力转移是影响 TFP 增长最主要的因素[54]。刘洪银（2011）[55]、赵德昭等（2012）[56]均认为，技术进步对农村劳动力转移具有正向作用，前者认为该关系长期时才存在，后者通过对比分析认为该中西部地区的正向作用明显高于东部地区。还有一些学者认为，农业技术进步对中国农村劳动力转移的影响并不显著。罗润东（2006）认为，技术进步对就业影响取决于就业岗位所需要的技术升级与劳动者实际的技术升级之间的时滞长短[57]；程名望等（2010）的实证结论表明，农业技术进步对农村剩余劳动力转移有正负效应，两个效应会相互作用或抵消[60]；马轶群（2013）研究表明，第一产业技术进步对劳动力转移均不具有稳定影响[61]；王卫等（2013）的研究则表明，农业技术进步对农村劳动力转移具有正向显著影响，而非农技术进步对农村劳动力转移的影响则不显著[62]。周振等（2016）更加具体地聚焦到了农业机械化视角，以机耕、机播、机收三者乘积为机械化衡量指标时机械化对劳动力转移的贡献度达72.50%[58]；劳动力选择性转移因素也解释了部分机械投入的增长（林善浪等，2017）[59]。

（4）其他因素。随着中国农村劳动力转移研究的不断深入，从宏观层面的研究远不止以上四个方面，笔者对宏观层面的其他具有代表性的研究进行简单阐述，重点把握近几年来中国农村劳动力转移的相关研究。程名望等（2009）和纪月清等（2009）的研究均强调非经济因素对农村劳动力转移的影响和作用[63]，前者侧重于研究城镇生活适应性、技能型收益和精神收益等非经济因素[64]，后者侧重于农村居民心理评价和外出打工时家人离别的心理成本等非经济因素[65]。林善浪等（2010）的实证结果认为，劳动力转移距离和转移时间将影响土地流转的意愿[66]。蒋贤锋（2010）借鉴实物期权思想研究表明，转移成本与转移意愿成反比[67]；朱晶等（2011）也从迁移成本角度认为，刘易斯转折点与工资上涨的关系不具有必然关系[68]。随着农村劳动力转移的持续，最近几年关于劳动力转移与粮食安全的研究也成为热点话题，秦立建等（2011）认为，劳动力非农转移降低了粮食生产效率[69]；李敬等（2012）通过农业劳动力转移与中国粮食产量的关系的实证分析认为，中国农业劳动力存在着过度转移的现象[70]；而许庆等（2013）则持有不同观点，认为中国在现有农业生产技术条件下以及完成工业化之后还有 5000 万至 2 亿能够继续转移的农村劳动力[71]。赵德昭等（2012）将FDI 引入劳动力转移的研究中，结果表明，FDI 对农村剩余劳动力转移均有显著的正向影响[56]，并在其进一步实证检验中表明，FDI 已成为影响农村剩余劳动转移收敛性的主要因素[72]。另外，张虎等（2013）[73]和刘传江等（2013）[74]分别实证研究了通货膨胀率和区域竞争力对农村劳动力转移的影响和效应关系。不仅如此，职业预期、情感预期和城市归属预期在内的非收入预期因素已成为影响新生代农村劳动力城乡转移决策的重要因素（何微微，2016）[75]。

3. 微观因素与农村劳动力转移相关研究

周其仁（1997）较早提出国家发展策略和体制选择决定农村就业的机会空间，农村劳动者的素质决定他们抓住就业机会的能力[76]。罗仁福（2011）提出，有两个办法应对工资增长和劳动力成本快速上升带来的挑战，一是提高劳动力供应数量，二是提高劳动力质量[77]。这些观点明确了提升农村劳动力素质的重要性。然而微观视角的研究并不限于劳动力素质的提升，很多微观视角的研究都将与农村劳动力转移具有影响关系。针对本书的需要，从以下六个方面进行相关研究成果阐述：

（1）教育因素。韩俊等（2005）提出，要将开展农村劳动力培训作为一项政策[78]。赵耀辉（1997）的研究认为，尽管迁移的净收益与受教育程度成正比，但教育程度较高的人并没有很强的动机想到城市就业[79]；而王广惠等（2008）的观点有所不同，认为农村劳动力受教育程度越高，流动倾向越高，受教育程度与其收入水平正相关[80]。韩秀华（2008）认为，文化技能等因素的限制使转移劳动力集中在城镇的非正规部门从事简单劳动[81]。当代中国社会阶层结构课题组（2010）的抽样调查显示，大量受教育程度偏低、不具备专业知识与技能的农村劳动力直接进入城镇，不仅使其个人在社会生产生活的诸多方面受到极大限制，而且还有可能给城镇社会的和谐稳定带来巨大隐患。熊婕等（2010）实证分析结果显示，高中文化程度的劳动力对城乡差距缩小有显著的正面作用[82]。在教育水平影响劳动力转移的同时，王小龙等（2010）实证分析发现，农村劳动力转移对于农户教育支出也存在显著的抑制作用[83]。在新一代农民中，教育对纯务工的促进作用随着年龄增长而迅速加强，呈现教育的积累性优势（曾旭晖等，2016）[84]，而且子女教育需求成为影响农村劳动力转移的关键因素（刘燕等，2018）[85]。

（2）培训因素。关于农村劳动力素质提升的研究不仅限于教育水平的提升，技能培训也是一个有效的手段。张兴华等（2003）分析表明，受过专业培训的劳动力回流农业的比例较未受培训的低[86]；任国强（2005）认为，专业技术培训和文化程度在对劳动力转移参与的作用方而存在着某种程度的替代关系，尽管一个劳动力文化程度较低，但通过专业技术培训，掌握某种职业技能后，也能大大提高其非农就业的机会[87]；许昆鹏等（2007）用微观经济学方法分析了农村劳动力转移培训的市场机制，提出应发挥市场机制的作用，采取"政府主导、市场化运作"的培训机制[88]；张务伟等（2012）也强调了接受职业培训是掌握技术特长的基础[89]。

（3）年龄因素。研究表明，转移概率随年龄的增加而降低（赵耀辉，1999）[90]，且女性在地区之间流动的发生年龄比男性早，但持续发生的年龄段却比男性短得多（严善平，2004）[91]。程名望等（2006）的实证结果表明，农民工的年龄与农村推力呈同向变动关系，而与城镇拉力呈反向变动关系[92]；Frandberg（2008）用时间地理标记方法分析了瑞典年轻人跨国移动的时空间路径[93]；李剑阁（2010）指出，尽管现在大部分学者认为中国农村仍有 1 亿左右剩余劳动力需要转移出来，但由于这部分劳动力年龄偏大，其转移的可能性较低[94]；袁霓（2011）对《中国流动人口发展报告 2010》的数据分析也强调了年龄因素的影响，认为城乡间农民工流动以青壮年劳动力为主[95]。

（4）性别与婚姻因素。研究表明，女性流动较早且到省外、城市、沿海地区的比例明显高于男性（张晓辉，1999）[96]，女性流动呈现年轻化和回流率高等特点（宋晓蓝，2011）[97]。朱农（2002）发现，农村收入水平的提高能显著抑制男性劳动力的迁移倾向[98]；程名望等（2006）从性别的比较来看，2000 年农村拉力对女性进城的阻碍显然大于男性，而 2004 年农村拉力对女性进城的阻碍显然低于男性，说明有了城镇务工经历的女性越来越对城镇生活充满向往[92]。

（5）家庭与健康因素。研究表明，提高健康资本存量对于农民获得非农就业机会具有重要的作用（魏众，2004）[99]，农村劳动力外出务工总体上可以显著提高农村居民的健康水平（刘晓昀，2010）[100]。林善浪等（2010）研究发现，家庭生命周期对农村家庭劳动力外出务工有显著的影响[101]，其进一步的研究成果显示家庭生命周期对农村劳动力回流亦具有显著的影响[102]；同时家庭关系网络对家庭成员外出就业也具有显著的正向影响（张建华等，2015）[103]。

（6）转移意愿。针对劳动力转移意愿的研究，学者们大多通过局部抽样调查，运用 Logit 回归模型进行劳动力转移个体的定量分析。吴秀敏等（2005）研究表明，职业类型、人均耕地面积、交通状况、外出劳动力比例、本地非农就业机会等多种因素都会影响到劳动力的转移意愿影响[104]；黄宁阳等（2010）研究结论认为，单位性质、打工年限、打工收入和家庭耕地面积对于农村劳动力跨省转移意愿有显著影响[105]；朱乾宇等（2012）研究表明，年龄、家庭参加医疗保险人数、移民政策了解程度、现有居住环境及对环境满意度等因素对农村人口的转移意愿有显著性影响[106]。程名望等（2013）研究了非经济因素对农村劳动力转移的影响，认为城镇生活适应性、技能性收益和精神收益等非经济因素对农村劳动力转移决策有显著影响[64]。何微微等（2017）代际差异视域下的农村劳动力转移影响动因研究得到的结论显示，职业预期、情感预期和城市融入预期对农村劳动力转移意愿的影响均存在代际差异[107]。

二、国内外劳务品牌相关研究

上节从宏观和微观两个层面将农村劳动力转移的相关研究成果进行了归纳，可见关于中国农村劳动力转移的研究范围非常广阔，涵盖了各个领域和各个方面。本书以区域劳务品牌为视角研究中国农村劳动力转移，因此，本小节重点探讨劳务品牌的相关研究。

1. 国外劳务品牌相关研究

尽管国外一些劳务品牌如菲律宾女佣、摩洛哥园丁和英国管家等早已形成规模，但相关理论研究仍滞后于现实发展。虽然国外早已形成较为知名的劳务品牌，但学术界并没有对劳务品牌进行系统的研究。国外研究没有明确提出"Labor Brand"的文献，大多定义为"Service Brand"（Grace 等，2005[108]；Berry 等，2007[109]）和"Employee Brand"（Miles 等，2005[110]；Mangold 等，2007[111]）。研读发现，这两种提法并不是所谓意义的"劳务品牌"。在国内研究领域，"Service Brand"有"服务品牌"与之对应，而"Employee Brand"有"员工品牌"与之对应。虽然品牌核心均体现人力资源，但服务品牌与员工品牌的出发点大多基于企业和公司主体视角，与具有地域性质和地区特色的劳务品牌差异很大。国外研究相对缺乏的主要原因可能由于学术研究相对丰富的国家并没有中国这样大农村劳动力群体样本，就业方式和转移途径的不同并没有形成劳务品牌群体。国外发达国家早已完成农村劳动力转移，农村劳动力比重低于20%甚至处于10%以下，已不存在研究农村劳动力转移和农村劳动力就业方面的问题的必要。中国人口特点和发展的特殊性导致劳动力转移就业情况与国外发展历程不尽相同，劳务品牌在中国劳动力市场的出现是符合中国劳务市场规律的。因此，以中国农村劳动力为样本对劳务品牌的系统研究显得尤为迫切，从中国自身角度出发研究劳务品牌更具有理论和现实意义。

尽管如此，从服务视角出发的一些相关的研究也可能对劳务品牌的理论带来一些启发。Turley 等（1995）提到，随着服务被越来越多地重视，对服务品牌的研究将逐渐成为热门，甚至压倒实物品牌的研究[112]。消费者和顾客视角成为国外学术界热衷的研究角度。Fornell（1996）建立了美国顾客满意指数（American Customer Satisfaction Index，ACSI）模型，该模型被认为是较好解释顾客满意与顾客忠诚关系的模型[113]；Berry（2000）提到服务品牌资产模型，并且认为服务品牌资产由品牌认知和品牌意义两部分组成，顾客体验是服务品牌资产的重要驱动因素[114]；Grace 等（2005）构建了服务品牌消费者选择模型，通过实证研究服务品牌沟通方式对服务品牌的影响作用[115]。自 2007 年以来，学者们开始从其他视角开展服务品牌研究。Berry 等（2007）认为，强有力服务品牌的建立和维持，依赖于服务提供方与客户的互动，同时建立了服务品牌模型描述创建品牌的动力机制[109]；Brodie 等（2009）从消费者价值角度出发，通过样本调查，认为品牌、公司形象和员工的信任通过消费者对质量的感觉对消费者价值有间接影响[116]；Coleman 等（2011）总结出规模化发展的服务品牌主要涉及以员工和客户为中心、视觉识别、品牌个性、稳定的通信和人力资源举措[117]。以上的国外学者研究虽然没有明确的提出劳务品牌，但以服务视角研究为劳务品牌蕴含的服务理念提供了有价值的参考。

2. 国内劳务品牌相关研究

国内研究多以劳务品牌为核心概念命名，未见冠以区域劳务品牌的研究，故本小节评述中出现的只是"劳务品牌"。由于中国具有庞大规模的农村劳动力资源，如何推动农村劳动力外出转移就业更加迫切。因此，劳务品牌对于国内农村劳动力转移的意义重大。研究与评述该领域的国内相关研究，可以把握劳务品牌的理论与实践研究进程，可以进一步完善劳务品牌的理论研究，可以进一步探索劳务品牌的未来发展方向与重点。劳务品牌是农村劳动力进入劳务市场非农就业过程的产物，产生于 21 世纪初期，并以"劳务品牌"名词形式出现在国内报纸和新闻中。自 2003 年中国第一个劳务品牌商标——"川妹子"的注册以来，国内学者逐渐开始对劳务品牌进行相关研究。陈志新等（2004）以"衢州保姆"为例，最早明确了劳动力品牌的内涵和特征[118]。虽然提出的是"劳动力品牌"，并非"劳务品牌"，但内涵与劳务品牌基本一致，这也开创了国内劳务品牌的理论研究之路。围绕其展开的国内相关理论研究，主要成果可归结为以下五个方面。

（1）劳务品牌内涵的确定。在国内，劳务品牌是个新名词，随着农村劳动力转移与就业的推进，不少学者开始关注这一领域，劳务品牌的内涵也得以丰富与发展。陈志新等（2004）首次明确提出劳动力品牌，并将其定义为以劳动力为经营对象，以劳动力市场为导向，以人力资本投资、收益为主要经营方式，以确立所开发劳动力强势市场地位为目标，并具有劳动力差异性识别功能的市场标记[118]。受国外服务品牌定义的影响，也可能更多考虑国内农村劳动力兼业的现实，更多学者的研究倾向于使用劳务品牌这一内涵更为丰富的概念。但因相关研究刚刚起步，两者混用现象较为普遍，劳务品牌的定义角度也有所不同。众多学者从品牌形成视角（王文礼，2005）[119]、品牌内涵视角（孙玮，2006）[120]、品牌对比视角（马永堂，2008）[121]、区域特征视角（何亦名，2009）[122]、品牌形态视角（赵应文等，2010）[123]、市场营销学视角和经济学视角（黄光伟，2011）[124]等不同视角对劳务品牌进行了概念界定和内涵分析。赵利清等（2018）认为，劳务品牌除了具有一般品牌所具有的识别性、价值性、领导型特征之外，还有三个方面特征：对象的特殊性、经营方式的特殊性和对应市场的特殊性[125]。尽管各位学者从不同的视角对劳务品牌的概念内涵进行了界定，但在劳务品牌的区域性、规模性与技术性三个方面基本达成了共识。他们普遍认为，劳务品牌的产生是以区域为载体、以规模为依托、以技术为核心的，只有满足这三个要素才可称为劳务品牌。

（2）劳务品牌的作用影响。报纸与新闻形式的劳务品牌报到均体现其现实意义，证明劳务品牌对中国农村劳动力转移就业的影响作用。而在现实成效得以验证的同时，理论层面的探讨档显滞后，学者的相关理论研究大多停留在对现实效果的总结层面。基于劳务品牌的内涵特征，针对劳务品牌的作用，国内学者从自身研究角度给予了多种解释，结合目前已有成果，劳务品牌作用影响可以划分为三个方面。

1）劳务品牌对农村劳动力转移的作用影响。劳务品牌增加了务工人员的收入（王文礼，2005）[119]，而且这种报酬大大高于农业性生产的收入（周建成，2010）[126]，为雇用方提供较为全面、真实的务工者信息，降低雇佣双方的交易风险和维护雇佣双方的合法权益（周建成，2010）[126]，约定俗成的劳动力权益也避免劳务纠纷（王文礼，2005）[119]。劳务品牌通过引导和激励农民工自发学习，提升了务工人员的专业技能和综合素质（张宏生，2009）[127]，并在务工者之间相互竞争的过程中提高了市场竞争力（赵应文等，2010）[123]。

2）劳务品牌对输出区域的作用影响。劳务品牌通过降低劳务市场的开拓成本，扩大品牌输出区域的劳务输出规模（赵应文等，2010）[123]，不仅促进农民增收和本地经济的发展（何亦名，2009）[122]，而且使农民逐渐摆脱小农意识羁绊，使农村劳动力的市场、竞争、生育和婚姻家庭等观念等都发生了很大变化（周建成，2010）[126]。

3）劳务品牌对输入区域的作用影响。劳务品牌为需求方提供强有力的选择信号，改善劳务市场信息不对称的状况，降低需求方的劳务搜寻成本和市场风险（高晓勤，2008）[128]，并且在有效地提高企业生产率的同时，在区域内同行业的务工者竞争过程中，也提高了区域劳动生产率（周建成，2010）[126]。

（3）劳务品牌发展的制约因素。2019 年中国就业促进会组织编写的《典型劳务品牌风采录》中针对劳务品牌发展建设中存在的困难总结为三个方面：品牌意识和发展理念有待加强、品牌整体水平有待提高、市场调节和配置作用尚未能得到有效发挥[129]。事实上，这些困难的背后是源于劳务品牌发展的制约因素，学者们曾从不同种类、不同区域的劳务品牌入手，展开了相关研究，认为制约劳务品牌发展的主要因素有四个，即农村劳动力素质、农村劳动力观念、劳务品牌非专业化运作和现存制度约束。

1）农村劳动力素质方面。随着经济结构调整和产业结构升级，劳务市场正由单纯的体能型向技术型转变，而劳务人员综合素质（罗雪梅，2006）[130]、农民职业教育培训机制、职业技能培训规模、培训档次相对落后（丁孟春等，2009）[131]，远远无法满足当前企业对技能型劳动力的实际需要。中西部地区农村劳动力整体素质的研究表明，农村劳动力教育的平均年限只有 8 年，而且有一技之长的劳动力资源较少，给劳务品牌的创造带来巨大阻力（聂绍群，2006）[132]。中国普遍的素质偏低特别是文化素质偏低，已经成为提升劳务品牌质量、阻碍劳务品牌创建的关键因素（王勇术等，2011）[133]。

2）农村劳动力观念方面。学者们大多通过具体事例进行劳动力转移观念角度的研究。以贵州省为例，研究将外出务工人员观念总结为两个方面：一方面，部分农民思想观念不够解放，不愿离开家乡就业；另一方面，贵州是多民族省份，由于民族风俗习惯和传统思想情节，仍存在女性不宜在外抛头露面的观念（程守满，2010）[134]。因此，农村劳动力观念问题已成为制约劳务品牌向高水平发展的深层次障碍（王勇术等，2011）[133]。

3）劳务品牌非专业化运作方面。中国劳务品牌管理主体大多为劳动就业保障职能部门的政府官员，他们缺乏必要的专业知识和实践操作能力（聂绍群，2006）[132]，缺乏品牌劳务的专业化运作的意识和能力，制约了劳务品牌的建设与发展（杨燕曦，2012）[135]。中国大多数的劳务品牌仅仅是地名和工种的结合，例如，"川建工""新乡海员""吉林保安"等，并没有形成统一的标准，甚至出现品牌区域的重叠（如安阳建筑和林州建筑），难以体现区域文化内涵和人文特征，大大影响了劳务品牌的知名度。

4）现存制度约束方面。城乡分割的用工制度、土地使用制度等体制机制障碍阻碍农村劳动力的就地输出（丁孟春等，2009）[131]。内部环境中政府和中介组织没有发挥应有作用，深层次的制度性问题并没有真正解决，外部环境中部分大中城市为了保护本地劳动力就业，推出对外来劳动力就业的各种限制政策，设置各种制度障碍（周建成，2010）[126]。因此，制度因素也是制约劳务品牌发展的重要因素，特别是传统的户籍制度已成为劳务品牌培育的最大制度障碍（王勇术等，2011）[133]。

针对上述四点制约因素，相关文献也都提出相应的解决对策，学者们大多从深化品牌意识、提高劳动力素质、建立培训机制、完善服务体系、专业化运作模式、加大品牌传播力度、改善市场环境等方面提出了具体建议。

（4）劳务品牌的构建研究。由于中国的劳务品牌仍处于初期构建和培育阶段，因此，针对劳务品牌运营和管理的研究相对较少，因此，更多的研究侧重于探讨劳务品牌的构建主体。早期的研究大多从培训视角强调了政府职能。孙宝强（2004）认为，"劳务品牌"的战略推行需要政府统筹、行业组织、重点依托各类教育培训机构和用人单位开展培训的工作格局为前提[136]；薛选登（2006）认为，只有地方政府把农民组织起来进行素质教育和技能培训才能全方位推进品牌战略[137]；吴菊安（2008）提出"政企合力、校企联姻"的新的培训模式[138]。2008年以后的研究，开始考虑行业协会、社会团体和企业等多部门的主体职能。就劳务品牌构建各主体关系而言，后期研究并没有否定地方政府的主导职能，认为劳务品牌的经营主体只能是地方政府、行业协会和社会团体等，在其他社团组织没有成长起来以前，经营劳务品牌的主体必须由地方政府担当（王义民等，2008）[139]，地方政府的主导作用高于市场自身的发展趋向，并且在不同阶段发挥不同作用（刘雪曼等，2013）[140]。然而很多研究也认为，在劳务品牌构建过程中，政府职能应该有所转变，地方政府部门应通过有序引导成立行业协会，依靠行业管理规范经营行为，进行品牌发展统筹规划（朱强，2009）[141]，并且重点强调政府部门的服务职能（黄光伟，2011）[124]，从文化环境、人力资源环境、产业科技资源环境、制度环境等方面入手，调配多方力量，为培育区域劳务品牌创造适宜的条件（徐明，2015）[142]，明确政府在劳务市场化中宏观决策、监督、管理和公益服务等基本职责（周建成，2010）[126]。围绕着劳务品牌的构建主体，一些学者对品牌构建阶段和模式进行了研究。研究表明，劳务品牌的构建分为三个阶段：第一阶段，依据传统优势，在外出务工中逐步形成；第二阶段，示范效应带动，政府参与做大做强；第三阶段，劳务品牌群体效应凸现，内涵亟须提高（王义民等，2008）[139]。同时，劳务品牌的构建也分为三种模式：第一种模式，民间自发形成的区域劳务品牌；第二种模式，前期自发形成后期得到政府扶持的区域劳务品牌；第三种模式，政府发起并主导的区域劳务品牌（何亦名，2009）[122]。李朝阳（2016）以重庆鲜面产业为例，认为地方劳务品牌培育应坚持以市场为导向、发挥地方文化优势、注重技术和制度创新、强化品牌意识等思路[143]。

（5）劳务品牌的其他视角研究。随着劳务品牌研究的深入推进和发展，学者们的研究已不仅局限于简单解释劳务品牌的社会现象。周宇飞（2008）首次提出劳务品牌的核心竞争力[144]；丁孟春等（2009）首次提到劳务品牌的评估指标及模型的建立[131]；张峻鸣（2012）从区域和行业价值两个角度，建立区域劳务品牌价值综合评估的指标及模型[145]；何亦名（2009）从统计性歧视和声誉机制角度，对区域劳动力品牌运行机理进行经济学解释[122]；王卫等（2013）分析品牌信号在劳务市场中的作用机制[146]，并在其后续研究中建立劳务品牌的功能模型，并模型推导劳务品牌功能甄别机制充分发挥作用的条件[147]。可见，学者们关于劳务品牌的研究已不仅停留在表明解释现象和问题层面上，更多的研究开始倾向于补充和丰富劳务品牌相关理论以及深入到研究劳务品牌作用机制的理论层面上。

三、研究评述

国内外学者关于中国农村劳动力是否到达刘易斯拐点并未形成一致结论，不同视角的研究也得到了不同的结论，充分的论据支撑了各位学者的研究结论。从宏观和微观层面的研究结论可以看出，不同影响因素、不同研究视角的研究成果丰富了中国农村劳动力转移的理论体系，而劳务品牌的相关研究只在近几年伴随着实践开展，理论深度和覆盖面相对较窄，而且研究大多是与农村劳动力转移结合发展的。鉴于劳务品牌是农村劳动力转移过程的产物，评述部分重点探讨劳务品牌与农村劳动力结合研究的发展态势。

　　劳务品牌是 21 世纪的新兴名词，由于发展历史较短，相关研究成果较少，理论研究尚处于起步阶段，目前未能形成足够的理论积累，甚至在很多领域方面还是空白。尽管如此，近些年，国内学者针对劳务品牌的理论研究仍取得了一些成果，主要集中在以下四个方面：一是研究从区域性、规模性和技能性视角对劳务品牌的内涵进行了较为广泛的讨论，基本形成了较统一的概念与内涵；二是研究从对劳动力转移、劳务输入区域和劳务输出区域的作用影响角度，阐释了劳务品牌发展的必要性与现实意义；三是研究从农村劳动力素质、农村劳动力观念、劳务品牌非专业化运作和现存制度约束四个方面分析了劳务品牌发展中的制约因素和具体问题，并有针对性地提出了对策建议；四是研究从构建视角研究了劳务品牌构建主体及相应模式，特别是近几年的相关研究更侧重于内在机制和机理研究。纵观近些年相关研究，学者们大多停留在初级的解释层面进行阐释，缺乏深入的理论探讨，也导致了研究存在一些不足，主要体现在以下五个方面：一是研究大多从劳动力特征、区域和技能等视角进行劳务品牌概念和内涵界定，劳务品牌尚未形成自身的理论体系。二是研究大多停留在解释劳务品牌对劳动力转移作用层面，并没有深入分析劳务品牌对农村劳动力转移影响的内在机理。三是研究大多从具体案例着手，缺乏一般性的理论升华，缺乏宏观层面上的研究。例如，劳务品牌对农村劳动力转移的结构、总量的影响，以及对经济、社会发展的影响等。四是关于劳务品牌构建的研究只停留在构建初期的主体和问题探讨上，缺乏对构建过程、构建后期维护及管理的研究，缺乏理论对实践的指导意义。五是研究大多从政府视角等方面着手，缺乏从市场视角进行劳务品牌的相关研究，而且忽视了农村劳动力对劳务品牌的影响作用。

　　总体上，劳务品牌的理论研究刚刚起步且滞后于实践，需要进行原始资料基础上的经验概括，建立相关的劳务品牌理论模型，完善和丰富劳务品牌的相关理论空白，并借此努力实现量化诠释，深化实证研究。劳务品牌是农村劳动力转移过程中的产物，研究劳务品牌与农村劳动力转移之间关系是丰富区域劳务品牌和农村劳动力转移理论的基础。为了弥补上述劳务品牌对农村劳动力转移研究的不足和理论空白，有必要深入研究劳务品牌对农村劳动力转移的影响机理、对农村劳动力转移经济效果作用以及对农村劳动力转移作用发挥的路径。当然，从宏观层面进行相关理论的升华也显得尤为重要。研究不应该仅停留在劳务品牌初期构建层面上，而应该对劳务品牌后期的运行和管理进行理论研究；不应该仅停留在政府主体视角的相关研究上，而应该从市场主体视角进行劳务品牌与农村劳动力转移的相关研究。这些也是本书研究和写作的着眼点。

第三节　相关概念及辨析

劳务品牌产生于劳务经济的发展过程中，而劳务经济是中国劳动力转移过程中自创的一个概念，并没有教科书式的定义。根据国内学者的相关研究，认为劳务经济就是劳动者出卖劳务而获得报酬的生产方式和经济现象（段庆林，2002）[148]，其实就是提供劳动力服务的经济过程。随着对劳务经济认识的深化，劳务经济已不再是一般的组织劳务输出，而是以培养技能型人才、打造劳务品牌为前提和重点。

一、区域劳务品牌的概念界定

国内研究多以劳务品牌为概念核心，众多学者虽然在劳务品牌的区域性上达成共识，但未见文献中出现"区域劳务品牌"的成果，相关研究不同程度地忽视了劳务品牌的公共性与社会性，也就在很大程度上削弱了政府扶持的理由。纵观国内外相关品牌的形成与影响，不难看出其都是某地文化禀赋积淀基础上的升华。中国文化源于农业、农村、农民，将其研究聚焦在中国农村劳动力转移的过程之中，也就在情理之中了。本书研究所涉及的样本主要是指在农村劳动力务工过程中发挥影响的区域劳务品牌。而强调劳务品牌的区域性旨在说明劳务品牌的准公共品性质，突出其经政府引导，劳务企业及组织在打造成形后会形成区域性的辐射影响效应，推动区域内企业（组织）内外的农村劳动力群体向区域外及第二、第三产业转移的效果。因此，笔者在相关研究基础上，为更加突出其区域性内涵，将劳务品牌定义为"区域劳务品牌"，并将其界定为区域劳务品牌是依托区域内特有的文化禀赋及人力资源等打造的，能够被区域内的务工人员共用的品牌标志。它是品牌主体（包括区域、组织和个人等）所有无形资产总和的全息浓缩，是在其作用过程中，给主体带来溢价与增值收益、使客体获得超值性价比消费的一种无形资产。它通常是由政府引导、相关劳务输出组织与务工者等多方共同培育而成的，伴随着发展逐渐被社会和消费者认同，并且具有较高的知名度、较强的影响力和明显的区域影响特征。后续研究均以"区域劳务品牌"的这一定义展开。

二、区域劳务品牌的内涵解析

从理论视角来看，区域劳务品牌是品牌理论、人力资本理论、劳动力市场理论的结合点，是品牌理论不断发展与升级的产物；从实践视角来看，区域劳务品牌是提升农民素质，同步推进工业化、城镇化、农业现代化，增加农民收入的综合着力点。从纵向发展角度来看，区域劳务品牌是在长期的实践过程中，某地文化禀赋积淀基础上的升华，是区域品牌、产品品牌和服务品牌等的组合、拓展和延伸；从横向发展角度来看，区域劳务品牌是劳务市场竞争的结果，是劳务市场中劳动力间人力资本差异化竞争的产物。

2011 年在湖北省宜昌市举办了全国劳务品牌建设研讨会，其主题为"强化素质，提升质量，科学管理，诚信服务"，它丰富、发展了 2007 年全国劳务品牌交流大会"素质、管理、质量"的主题。主题中的四点恰恰体现了区域劳务品牌的核心内涵，可以归结为区域劳务品牌的四大内核要素：素质、质量、管理和服务。素质，即劳务人员的整体素质，是区域劳务品牌长久发展的基础；质量，即劳务人员的工作质量，是区域劳务品牌发展的原动力；管理，即对区域劳务品牌的管理和监督，是区域劳务品牌标准化统一的保障；服务，即区域劳务品牌的诚信度，是维持区域劳务品牌生命力的关键。虽然区域劳务品牌各具特色，但揭开不同行业、工种的表象，其建立与发展都离不开这四大核心要素，只有抓住了这些，才能真正实现区域劳务品牌持续发展和农村劳动力稳定、长效的转移。

三、区域劳务品牌的特征辨析

区域劳务品牌除了具有品牌的一般特征之外，还具有其他特殊性，例如，区域性、规模性和准公共产品性等。在品牌内核上，区域劳务品牌与服务品牌具有一些相似性，其核心都是服务质量。不同之处在于服务品牌强调的企业形象，而劳务品牌体现的是特定区域人员的劳务服务质量，主体与范围均有所不同。目前，关于区域品牌的研究大多集中于区域产品品牌，理论体系较为完善。因此，将区域劳务品牌与同区域产品品牌对比进行特征辨析，可以更好地把握区域劳务品牌特征，完善区域劳务品牌的理论体系。由于区域产品品牌和区域劳务品牌均归属于区域品牌，两者均具有区域品牌的共同特征，因此，可以忽略其区域性及区域性相关特点，就两者差异进行特征辨析。

1. 品牌创建依托不同

区域产品品牌的创建主要依托于独特的自然资源禀赋，例如，优势的地理位置、适宜的气候、丰富的矿藏等；而区域劳务品牌的创建主要依托于独特的社会资源禀赋，例如，独特的专业技能、人力资源、文化积淀等。区域劳务品牌大都是依托于当地独特的人文环境而逐渐被培育起来的，具有其他地区无法跨越的技能"壁垒"，因而形成区别于其他区域的独具特色的劳务品牌。

2. 市场适应程度不同

区域产品品牌大多依托于固定的自然资源优势，其产品性质较为单一，特别是区域农产品品牌，其品质基本完全取决于当地的自然条件，这也决定了其市场敏锐度较低，一旦市场需求发生变化，由于自然资源的刚性拘束，就无法针对市场进行调整，市场适应性较弱。而区域劳务品牌是以农村劳动力为载体的，伴随着市场需求的不断变化，劳务人员可以在自身劳务形式基础上进行改进与完善，以便于快速迎合市场需求和消费者要求。

3. 标准化统一程度不同

标准化是品牌之树常青的秘诀。区域产品品牌的标准化制定较为简单，根据标准化的质量监督体系对产品进行管理较为容易，相对于区域劳务品牌标准化程度高。区域劳务品牌的标准化必须靠每一个劳务人员的服务进行传达与积淀，而劳务人员不同于普通产品，其标准化的传递十分困难，需要每个性格迥异的劳务人员的用心呵护。因此，区域劳务品牌的监督和管理必然出现真空与断层，难以保证区域劳务品牌的长治久安。

4. 经营对象不同

区域产品品牌的体现与经营对象都是产品本身，产品作为品牌的表现形式，经营对象仍然是产品；而区域劳务品牌的体现与经营对象则不统一，劳务品牌不是以劳务人员作为自身目标，而是以内在的劳动品质作为经营对象，这种劳动力是以劳务人员为载体的。两者的根本区别就在于劳动力不可能离开劳务人员以独立的形式出售给他人支配和使用。

5. 内涵体现不同

质量是品牌得以生存的根本保证。区域产品品牌的内涵主要体现在产品质量方面，代表着高品质的产品，意味着高质量的承诺；而区域劳务品牌的内涵由有形能力和无形品格组成，其内涵不仅体现高质量的劳务水平和劳务价值，也体现劳务人员的文化素质、敬业精神和职业道德等无形品格。

6. 信息不对称程度不同

区域产品品牌作为实体品牌，产品质量容易通过外观进行识别，消费者可以根据产品质量标准进行识别选择；而区域劳务品牌用于交易的劳务价值则依附于劳务人员，雇主从外观只能识别劳务人员外部信息，无法掌握劳务人员的内在劳动品质，无法从外观进行识别，因此，导致了雇主与劳务人员信息的高度不对称。

7. 交易方式不同

区域产品品牌的生产与消费具有时序性，生产在先消费在后。而区域劳务品牌的生产和消费同时进行，区域劳务品牌不仅包括雇主雇佣的最后结果，更重要的是提供劳务服务的方式和过程，是在雇主与劳动力互动中完成价值实现的。这也体现了人的无形品格因素在劳务品牌中的重要性，要求劳务人员有高度的敬业精神与服务意识。

8. 区域劳务品牌是区域产品品牌的升级

对比区域劳务品牌和区域产品品牌可以发现，劳务品牌较产品品牌更高级一些。产品品牌的产生需要区域内具有专业技术人才，这些专业技术人才逐渐形成了区域劳务品牌，从而带动产品品牌的发展。因为专业的人是有限的，而产品却是无限的。

虽然区域劳务品牌与区域产品品牌有明显的区别，但并不是毫无联系的，除其具有明显的区域特征之外，两者还相辅相成、互相促进。一部分优秀的区域劳务品牌可以生产产品，形成区域产品品牌，通过产业优势扩散带动本地区经济的发展；另一部分优秀的区域产品品牌可以形成相关的区域劳务品牌，在产品销售的同时带动相关劳务的输出。两者合理有机结合，可以形成区域的劳务品牌、技术品牌和产品品牌的良性互动局面，利于地区劳务输出和经济的快速发展。

第四节 研究内容和方法

一、研究内容

本书在核心概念辨析与理论回顾的基础上，首先，阐述中国农村劳动力转移与区域劳务品牌的发展状况，并深入分析现阶段中国农村劳动力转移的供需矛盾；其次，分别运用结构主义方法、新古典主义方法和新经济地理学理论分析区域劳务品牌对农村劳动力转移的影响机理，再次，以转移成本为切入点分析区域劳务品牌对农村劳动力的作用效果，并以转移成本上升的原因为路径，从宏观、中观和微观层面分析区域劳务品牌对农村劳动力转移的作用发挥；最后，在全书研究的基础上提出区域劳务品牌推进中国农村劳动力转移的建议。

总体结构：本书共分为九章。

第一章为绪论。作为本书的导论部分，主要阐述研究问题的目的与意义，并回顾国内外相关的研究，对相关概念进行阐述与辨析，提出本书的主要内容、研究方法、技术路线。

第二章为相关基础理论。从宏观层面和微观层面对劳动力转移的经典理论进行详细阐述，并对本书所使用的相关基础理论进行具体阐述。在内容上把握了本书的研究方向，提出的相关理论和方法为后文的研究奠定了理论基础。

第三章为中国农村劳动力转移与区域劳务品牌的发展状况。在回顾中国农村劳动力发展历程的基础上，分析各个阶段农村劳动力转移的特点和形式以及近些年农村劳动力转移的现实数据和变化特点，分析区域劳务品牌的发展状况，提出区域劳务品牌现存的问题。对中国劳动力转移和区域劳务品牌发展状况的分析，把握了时代背景，为本书的研究奠定了现实基础。

第四章为区域劳务品牌对农村劳动力转移的矛盾化解。结合中国农村劳动力转移的时代背景，从供需视角对农村劳动力转移进行更深入的分析解释，分析区域劳务品牌对中国农村劳动力转移的深层次矛盾的化解，引出下文关于区域劳务品牌对农村劳动力转移影响机理的研究。

第五章为区域劳务品牌对农村劳动力转移的影响机理。分别运用结构主义方法、新古典主义方法和新经济地理学理论，从外生和内生两个视角分析区域劳务品牌对农村劳动力转移的影响机理。本章的研究重点在于阐述区域劳务品牌作用于农村劳动力转移的内在机理。

第六章为区域劳务品牌对农村劳动力转移的作用效果。将新经济地理学理论与 H－T 模型相结合，以共同要素转移成本为切入点，分析区域劳务品牌对农村劳动力转移的作用效果，并对转移成本及其上升原因进行深入分析。本章起到了承上启下的作用，为后文研究区域劳务品牌对农村劳动力转移的作用路径的选择提供了方向。

第七章为区域劳务品牌对农村劳动力转移的作用路径。以宏观、中观和微观层面为研究路径，分析区域劳务品牌对农村劳动力转移的作用发挥。在宏观和中观层面，区域劳务品牌的构建与组织化运行将有效地解决产权弱化和组织缺失的问题；在微观层面，区域劳务品牌的功能模型和甄别机制将有效地解决劳务市场信息的不对称。

第八章为区域劳务品牌推进中国农村劳动力转移的建议。在相关问题和研究结论基础上，提出发展和完善区域劳务品牌的八点对策建议，并结合区域劳务品牌的现实可行性，从总体战略层面提出区域劳务品牌推进中国农村劳动力转移的四点政策建议。

结论。本部分归纳本书研究的主要结论，提出本书研究的不足之处，并对今后进一步开展深入研究提出努力的重点方向。

二、研究方法

根据本书的研究内容框架，主要采用的研究方法有文献研究法、归纳与演绎相结合的研究方法、实证与规范相结合的研究方法、定性与定量相结合的研究方法。

1. 文献研究法

利用相关文献研究方法对国内外中国农村劳动力转移及劳务品牌的相关研究、理论进行归纳和总结，通过对文献的进一步分析和梳理，掌握国内外研究的成果和方法，寻找研究的缺口与空白，并以此作为研究的切入点，为后续的研究奠定基础并建立分析框架。

2. 归纳与演绎相结合的研究方法

归纳是指从个别推出一般，演绎是指从一般推出个别。归纳是从大量典型案例形成一般性的理论，演绎则是将一般的理论运用到个别案例形成结论。本书通过归纳中国农村劳动力转移现状得到中国农村劳动力的转移特点，并通过105个区域劳务品牌案例归纳区域劳务品牌一般规律，进行政府职能定位。本书通过演绎分析方法，说明研究结论的普遍意义，并提出具有共同性的政策建议。

3. 实证与规范相结合的研究方法

实证研究方法要求事先对现实提出一些前提或假设，然后通过经验及实际证据来证明，进而用数据去修订有关的具体原则、准则和程序；规范性研究方法更注重从逻辑性方面概括指明"应该怎样，应当怎样，或应该怎样解决"的方法。

本书运用实证研究方法分析区域劳务品牌对中国农村劳动力转移的影响机理与作用路径，并运用规范研究方法指明区域劳务品牌推进中国农村劳动力转移的对策与政策建议。

4. 定性与定量相结合的研究方法

定性研究是探索性研究的一种方法，定性分析是定量分析的基础。本书定性分析了中国农村劳动力转移和区域劳务品牌的现状，并定量分析中国农村劳动力的供给与需求关系。定量分析得到中国农村劳动力转移意愿及技术进步对中国农村劳动力的影响效应等。

三、技术路线

结合本书各章节框架和逻辑关系，形成如图 1 - 1 所示的技术路线。

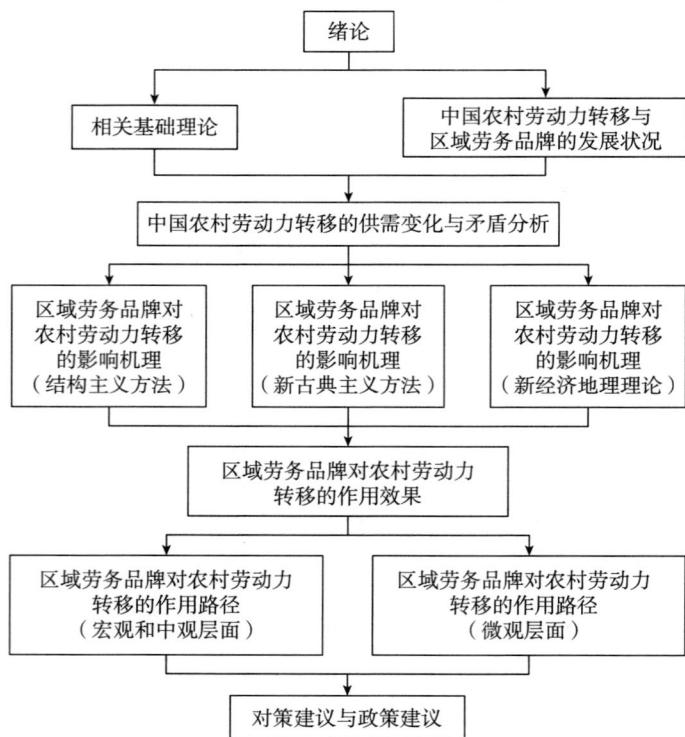

图 1 - 1 技术路线

第二章　相关基础理论

目前已形成很多成熟的农村劳动力转移的理论，对这些基础理论的回顾和综述，是深入研究中国农村劳动力转移的出发点和基础。本章从宏观和微观两个层面着重论述劳动力转移理论，对劳动力市场与就业理论进行简要阐述，将本书运用的理论方法进行归总与介绍。

第一节　劳动力转移理论

一、宏观层面——结构主义方法理论

宏观层面的劳动力转移研究模型基本以社会经济结构为切入点，考虑到社会结构决定的发展不均衡状态是导致劳动力转移的出发点，故农村劳动力转移的研究从结构主义角度出发进行解释和评价。持这种研究思路的学者很多，最具代表性的理论模型当数刘易斯模型、费—拉模型、乔根森模型和推拉模型。

1. 刘易斯两部门发展模式理论

刘易斯（1954）在其《无限劳动力供给条件下的经济发展》的著名论文中，提出二元结构模型，成为了二元经济理论的开创者。他将国民经济假设为两个部门（传统的农业部门和现代的工业部门），即表现为二元经济结构。在传统的农业部门中，农业的自然资源和土地有限，而农村人口增长迅速，导致部分农村劳动力的边际生产率为零，出现劳动力剩余情况；与此同时，在现代的工业部门中，工业生产不断进行资本投入，劳动力的边际生产率较高，经济剩余带来对农

业部门劳动力的需求。此时，传统的农业部门和现代的工业部门之间的劳动力生产率和工资收入水平差距明显，吸引农村劳动力向城市转移，加上工业部门规模的不断扩大使农村劳动力不断地向工业部门转移，由于这部分劳动力的边际生产率为零，不仅不会导致农业产值减少，反而会增加农村劳动力生产率，当农村劳动力生产率随着转移不断提高到与工业工资水平接近时，农村劳动力转移逐渐完成，国民经济也由二元转化为一元状态。

在刘易斯模型（见图 2-1）中，假定农村劳动力转移条件仅取决于城乡收入差异，且在劳动力转移过程中不存在失业问题，只要工业部门工资水平高于农业部门，劳动力就会从农业部门转移到工业部门就业。如图 2-1 所示，横轴 L 表示农业部门劳动力数量，纵轴 W 表示劳动力工资水平。由于工业部门的工资水平 W_0 高于农业部门工资水平，且假设工业部门劳动力供给无限，那么劳动力供给曲线 S 为一条水平线。K 线表示劳动边际生产率，即劳动力需求曲线。那么遵循利润最大化原则，在 K_1 的需求曲线下，工业部门将雇用 L_1 数量的劳动力，根据消费者剩余，$W_1 W_0 S_1$ 为资本家利润，工业部门将这部分利润扩大再生产转为资本，需求曲线便由 K_1 上升至 K_2，对劳动力的需求也由 L_1 上升至 L_2，产量和利润的持续扩大带来劳动力需求的不断上升，直到农村剩余劳动力完全被工业部门吸收，到达 S_0 点，即通常所说的刘易斯拐点。在该点之后，工业部门只有提高工资才能雇用到农业部门的劳动力，即劳动力由无限供给变为有限供给，此时经济增长进入第二阶段，即由二元经济转变为一元经济。

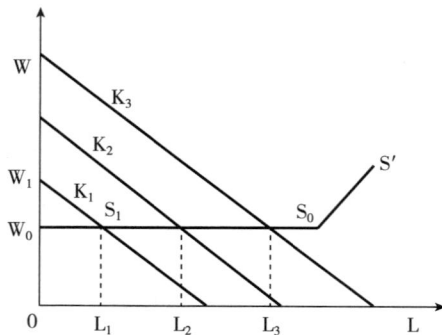

图 2-1 刘易斯模型

刘易斯模型的劳动力转移过程分为两个阶段，即劳动力无限供给阶段和劳动力有限供给阶段。从刘易斯模型可以看出，随着工业部门的不断扩大，劳动力将不断向工业部门转移，这一模式适用于大多数发展中国家，受到了很多经济学家的追捧。特别是将经济增长和劳动力转移有机结合的模式，对于分析发展中国家的农村劳动力转移问题产生了很大的影响。但刘易斯模型的假设和缺陷也受到了一些质疑，总结为以下五个方面：

（1）舒尔茨（1964）批判了刘易斯模型中零边际生产率剩余劳动力的基本假定[149]，从根本上否定了农村劳动力的同质性假设，而且现实中也不可能存在刘易斯模型中的无限劳动力供给模式，即使劳动力边际生产率很低，也不可能大部分接近于零（陈吉元，1993）[150]。

（2）刘易斯过分强调工业部门的扩张，而忽视了农业部门的发展。刘易斯认为，农业部门对经济发展不具有大的贡献，农民仅仅是被动地从农业部门转移到工业部门，农业部门的意义仅在于为工业部门提供无限劳动力，从农业部门向工业部门流动是消极的。

（3）刘易斯模型基于固定的劳资比例认为资本积累与劳动力需求同比变化，但经验研究并非如此，随着人均资本的上升，资本积累带来的就业需求呈下降趋势[151]。因此，工业部门对劳动力的需求并不是无节制和无要求的。

（4）刘易斯模型隐含假设认为，劳动力由农业部门转移工业部门直接就业，这与大部分发展国家的实际情况不符，而现实中存在的失业现象并没有被模型考虑进去（托达罗，1988）[152]，使刘易斯模型在解释发展中国家的一些现实问题上出现了困难。

（5）刘易斯模型认为，劳动力是否从农业部门流动到工业部门完全取决于城乡收入差距，并且以不变的工资率作为判断和分析基础，并不符合实际。按照实际工资水平的上涨趋势，城乡收入差距不断扩大而非缩小，而且并非实际城乡收入差距而是城乡预期收入差距决定了劳动力的转移决策（Todaro，1969[153]；Harris 等，1970[154]）。

2. 费景汉—拉尼斯模型

费景汉和拉尼斯（1961）[155]在刘易斯两部门模型的基础上，将农村劳动力转移与农业和工业发展相结合，修正和发展了该模型，认为二元经济向一元经济转变的力量不仅来自劳动力由农业部门向工业部门转移，而且与农业部门、工业部门技术进步和生产率提高密切相关。因其模型建立在刘易斯模型基础之上，被称为"刘易斯—费景汉—拉尼斯模型"。

该模型在刘易斯模型基础上将劳动力转移划分为三个阶段（见图2-2），国内学者李刚（2012）将三个阶段总结为显性剩余劳动力转移阶段、隐性剩余劳动力转移阶段和农业剩余劳动力全部转移完毕阶段[156]。第一阶段为显性剩余劳动力转移阶段，该阶段在图中表示为 $W_0 - S_2$ 阶段，即劳动力的无限供给状态。此时，农业部门转移的劳动力边际生产率为零，转移不会引起农业产量的减少，也不会引起工业部门工资水平上涨，这段供给曲线呈水平状。第二阶段为隐性剩余劳动力转移阶段，该阶段在图中表示为 $S_2 - S_3$ 阶段，即劳动力的有限供给阶段。该阶段中边际生产率为零的劳动力转移完毕，但还存在一些边际生产率大于零低于制度工资的劳动力，这种隐性失业依旧存在，这个阶段的任务就是将这些劳动力转移完毕。在转移的过程中，虽然对农业总产量影响不大，但还是会导致产量略微下降和农产品价格上涨，使工业部门的比较价格降低，会带来工人实际工资的缓慢增长，这段供给曲线呈缓慢上升状。第三阶段为农业剩余劳动力完全转移阶段，图中表示为 S_3 点以后的阶段。该阶段农业部门工资将高于制度工资，劳动力的工资不再受制度工资的约束，而是取决于劳动边际生产率的市场原则，只有工业部门工资上升快于农业部门才能使农业劳动力转移出来，这个阶段的供给曲线上升得更快更高。衔接三阶段的两个拐点的意义也有所不同，第一拐点 S_2 表示农村边际劳动生产率为零的劳动力完全转移，按照刘易斯描述的其标准为工资水平的上升；第二拐点 S_3 表示农村边际劳动生产率大于零但小于农业劳动力平均工资，此时工业部门需要提高工资补偿劳动力离开农业的机会成本，第二阶段终结的标志是两个部门劳动生产率相等，因此，该点也被称为"商业化点"。

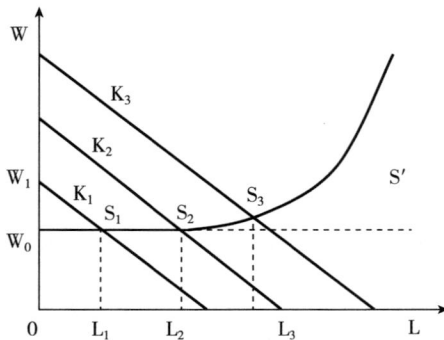

图2-2　费景汉—拉尼斯模型

在该模型中，转移的重点在于第二阶段，实现由第二阶段向第三阶段的合理过渡与转变的关键，是要保证农业和工业的平衡发展。该观点弥补了刘易斯模型对农业部门的忽略，但这种平衡路线在发展中国家的实际增长中难以遵循，势必出现不同程度上的偏离，很可能出现尚未到达第二转折点时工业部门的发展已经终结，此时市场和政府的纠正和调节显现尤为重要。另外，还有一个关键因素是进入第二转折点的必要条件：转移速度要快于人口增长速度，即劳动生产率的增长要快于人口的增长。一般来说，劳动生产率的增长在农业部门依靠科技进步，在工业部门依靠资本积累。

费景汉和拉尼斯对刘易斯模型的修正强调了农业部门的重要性，对其模型的扩展强调了工业部门和农业部门平衡增长是二元经济转变的关键，虽然考虑农业部门的重要性、科技进步对资本积累的作用、技术进步的不同偏向性以及人口增长对劳动力转移的影响，但仍然保留了刘易斯模型的部分缺陷，例如，假设工业部门不存在失业问题、假设生存成本不变等，依旧不能完全和充分解释劳动力转移的各种状况及内在原因。

3. 乔根森模型

乔根森（1961[157]，1967[158]）并没有延续刘易斯模型的若干假设，从人口增长内生和消费结构变化的独特视角解释了劳动力转移的内在原因，形成劳动力由农业部门向工业部门转移的力量。这里不详细描述乔根森模型的复杂的数学推导，仅结合其研究和李德洗（2004）[159]的研究，总结概括和描述其基本思想及结论。

乔根森认为，劳动力之所以由农业部门向工业部门转移是消费结构变化的结果，并且认为人口增长是由人均粮食供给决定的，属于内生变量。当农产品需求满足劳动力需求时，由于劳动力对于工业品需求无限制，劳动力便向工业部门进行转移。他认为劳动力剩余的存在是劳动力转移工业部门的前提，他否认了农业部门存在边际生产率为零或小于制度工资的劳动力，认为转移的基础是农业剩余，这种剩余体现为人均粮食供给增长率大于人口增长率。由于人口增长是由经济增长决定的，因此，经济增长的无限和人口增长的有限决定了农业剩余出现的必然。在乔根森模型中，修正了刘易斯等所认为的工资水平固定假设，认为工资水平是不断上升的。这种上升不仅体现在工业部门提升工资水平吸引农业部门劳动力，还体现在农业部门技术进步带来的生产率提高导致的工资上涨。

乔根森认为，农业产出的增长导致了农业部门劳动力的剩余，剩余劳动力是工业部门得以发展的根本和推动力。与刘易斯模型及费景汉—拉尼斯模型相比，从农业部门的角度出发丰富和发展了劳动力转移理论，从其独特实际解释了劳动力转移的动因，但从根本上并没有超越宏观结构主义研究的局限性，无法解释即使在城市存在失业的情况下，农业部门劳动力仍然向工业部门转移。

4. 推拉理论

推拉理论的正式形成和提出源于赫伯拉（1938）和米切尔（1946）两位学者，但 19 世纪末雷文斯坦（Ravenstein）的研究认为，追求生产和生活条件改善的经济因素是劳动力转移的根本动机，这一观点也被认为是人口推拉理论的前身[160]。推拉理论认为，推力源于原住地的就业不足、耕地不足、基本设施缺乏、生活条件落后等因素；拉力源于目的地的较高的生活收入、较高的生活质量、更好的教育和医疗等因素。转移便是推力和拉力共同作用的结果。唐纳德·博格（D. J. Bogue）在前述研究的基础上，系统地提出人口转移的推拉理论[161]。该理论将影响劳动力转移的力量系统性地分成了两个部分，即推力和拉力。只有当推力的刺激大于拉力的刺激时，劳动力才会实现转移；反之，劳动力不会进行转移。

以上学者对于推拉理论的丰富和发展做出了很大贡献，但仅讨论外部因素在转移中的作用，无法解释受到同样转移推力和拉力的劳动力，有的进行转移而有的却不转移，这种对个人作用的明显忽略暴露了推拉理论的弊端。基于此，李（E. S. Lee）在上述研究的基础上加入个人因素[162]，形成迁入地因素、迁出地因素、中间障碍因素和个人因素四方面的解释框架（见图 2 - 3），并且认为在迁入地因素和迁出地因素方面均涉及推力和拉力，劳动力转移决策是各方面共同作用的结果，使我们对推力和拉力有了更深刻的认识，它区别于从单经济方面解释劳

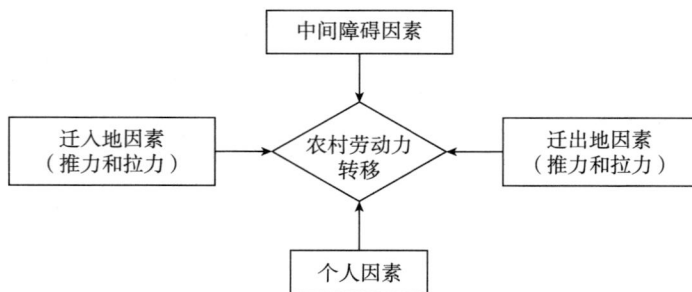

图 2 - 3 推拉理论模型

动力转移的理论。虽然推拉理论考虑到劳动力转移是受各种因素制约的,但因素的外生化和仅仅在经验层面的总结,仍具有历史局限性。

二、微观层面——新古典主义方法理论

随着研究的深入,一些学者认识到结构主义研究方法存在的缺失,劳动力转移终究是个体行为,从宏观角度无法进行全面的解释。因此,着力从劳动力个人角度出发,强调个体利益最大化对转移决策的影响,这种研究方法通常也被称为新古典主义方法。新古典主义的经典理论当数托达罗模型、哈里斯模型、斯塔克假说和新劳动力转移理论。

1. 托达罗模型

针对刘易斯模型和费景汉—拉尼斯模型等宏观模型无法解决的问题,托达罗(1969)建立了城乡劳动力转移决策模型[153],很好地解释了即使城镇存在失业问题,劳动力仍然会义无反顾地向工业部门转移的现象。该模型与宏观模型最大的不同是致力于个人理性决策的微观劳动力转移模型,尽管同样用城乡收入差距作为劳动力转移动力,但认为转移决策并不是实际收入差距的结果,而是预期城乡收入差距的结果。只要城镇工业部门的预期收入现值大于农村,劳动力转移决策就是合理的。托达罗的一个重要贡献就是将失业率引入模型中,将预期的城乡收入差距表示为实际城乡收入差距和就业率两者的相关关系。最终的托达罗模型结果认为,如果劳动力愿意转移到工业部门,那么工业部门的人数将增加;如果劳动力不愿意转移到工业部门,那么工业部门的人数将不变,甚至减少。托达罗模型认为,之所以出现发展中国家的劳动力流向城镇,主要是城乡预期收入差距结果的表现。

托达罗在劳动力流动模型基础上,引入失业要素构建的动态均衡模型描述劳动力转移的市场调节过程,模型结果表明,就业概率作为一种有效调节机制,导致城市工业部门处于均衡失业状态。托达罗模型产生的背景是发展中国家大量的劳动力转移和城市严重的失业问题,其政策意义在于通过缩小城乡收入差距减缓劳动力转移,进而解决城镇失业问题。该模型对这个问题进行了合理的解释,成为了劳动力转移的经典模型,对于发展中国家在劳动力转移中制定合理政策提供了重要的指导。与前述宏观模型相比,托达罗模型的假设体现了新古典主义的特征:①托达罗模型假定农业部门不存在剩余劳动,而城市中存在大量失业;②托达罗模型认为工资水平受到人为因素影响,并呈上升态势;③托达罗模型认为转移决策不

受城乡实际收入差距的影响，而受城乡预期收入差距的影响；④托达罗模型认为城市不是充分就业状态，就业率是影响劳动力转移的重要因素；⑤托达罗模型认为农业部门同工业部门一样在二元经济转型过程中具有重要作用。

尽管如此，托达罗模型还是存在一些缺陷的。例如，托达罗模型假设农村不存在剩余劳动力，这与大部分的发展中国家的实际情况并不相符。而且对于劳动力的短期转移考虑得并不充分，没有考虑到制度因素的影响，并且对转移成本估计过于简单。

2. 哈里斯模型

针对托达罗模型中存在的一些缺陷和不足，哈里斯和托达罗在 1970 年的《人口流动、失业和发展》一文中建立了哈里斯—托达罗模型，将城市工资率假定为外生变量，将农村劳动力转移的焦点放在工业部门的失业率上[154]。这一假定条件使工业部门工资具有刚性并存在失业状态，劳动力由农业部门转移到工业部门的人数将减少。哈里斯模型结论认为，劳动力是否转移取决于农业部门劳动力预期的工业部门收入和农业实际工资的大小，只有当工业部门预期工资高于农业实际工资时，才可能发生转移决策。

哈里斯模型认为，在劳动力发生转移决策时，越来越多的劳动力向城市工业部门转移，工业部门的失业人数将会上升，期望工资就会下降，当下降至农业部门实际工资时，劳动力的转移就会停止。由此也可以引申出模型的基本结论：工业部门的高工资将导致城市的高失业率。如果城乡收入差距太大，农业部门的工资水平一直处于较低水平，城市必然会出现高的失业率，在城市创造就业机会的同时，将导致更多的农村劳动力转移到城市工业部门。

虽然哈里斯模型在一定程度上弥补了托达罗模型的缺陷，但它们都是基于转移个体的个体效应和绝对收入进行研究的，并没有充分考虑到人在社会中的位置和关系，缺乏较强的解释力。

3. 斯塔克假说

为了弥补托达罗模型和哈里斯模型只考虑转移个体绝对收入或效用最大化的缺陷，斯塔克（1991）[163]考虑到人在社会中的网络关系和社会特征，引入相对贫困概念解释了劳动力转移问题，在上述模型基础上强化了对转移的解释力度。相对贫困假说认为，劳动力转移不仅取决于城乡之间的预期收入差距，还取决于他们在迁出地感受到的相对贫困程度与迁入地期望生活对比的相对贫困程度。相对贫困假设强调对比，当劳动力在农村生活时，他们与周围的农户进行对比，他们感觉在周围比较中经济地位有所下降，那么他们就有转移的动机；当他们转移到城市后，比较的对象不再是从前的农户，而是以城市的标准来评估自身的位置。斯塔克为了不改变转移农户的对比参照系，假设其转移至十分生疏的地方，利用劳动力转移至国内或国外其他地区检验了相对贫困假设的转移决策。

斯塔克的相对贫困假设在前述研究的基础上进行了重要的扩展，不仅解释了劳动力个体转移的社会性特征，也解释了劳动力转移的阶段性和回流性特征，理论思路由单一向多元化方向发展。但该研究仅是一种间接经验，是否具有广泛性不得而知，还需要进一步检验（蔡昉等，2002）[164]。

4. 新劳动力转移理论

新劳动力转移理论的提出，实质上是对托达罗模型的一个丰富和完善。以前的模型虽然考虑了个人的转移决策，但没有考虑家庭在转移过程中的影响作用，而该理论正式强调了家庭在转移决策中所起到的重要性。尽管劳动力转移是以个体形式出现，但背后的家庭关系直接导致了决策的执行。根据新劳动力转移理论，从事农业生产的家庭收入处于波动状态，与长期平稳的消费者需求偏好矛盾，为了避免这种波动和弥补波动影响，以家庭为单位的内部劳动力将进行重新配置。如果其转移就业的收入波动与农业波动不同，那么就会减小农业收入波动，也就是说劳动力转移就业在获取高收入的同时，也规避了农业的波动风险，如果从兼业理论来看，转移行为的发生可能更具动力。同时，模型更加注重转移劳动力与迁入地周围环境的直接关系。只有转移个体和家庭在转移过程中都获得了利益，转移才可能得以持久发生。

新劳动力转移理论从家庭假定更加全面地扩展和丰富了微观视角的劳动力转移理论，不仅考虑个体医素、家庭因素和环境因素，还考虑了社会关系网络，因此，具有更强的现实解释力。但又从微观层面来看，仍然无法全面地解释在相同的外部条件下，家庭和个人的转移决策大相径庭的问题。

第二节　劳动力市场与就业理论

一、劳动力市场分割理论

劳动力市场分割理论（Labor Market Segmentation Theory），也被称为双重劳

动力市场模型，是美国经济学家多林格尔和皮奥里于 20 世纪 60 年代提出的[165]。该理论认为，由于制度和社会因素不同，劳动力进入劳动力市场的方式和途径也有所不同，因此，导致不同的人群的就业职位、工资和环境的不同。Piore（1970）以发达国家为例，通过资本密集型和劳动力密集型将劳动力市场分为两个主要层次[166]。通过研究劳动力的国际移民，认为发达国家的本国劳动力仅愿意从事上层的劳动工作，对于报酬低、危险度高的工作不屑于从事，这就为发展中国家的低廉劳动力提供了就业市场。由于工资水平较高，即使工作环境较差、有碍颜面，又由于转移到一个陌生环境，这种感觉要弱于在本国的感受。正是基于此，发达国家的低层次劳动力市场需求促进了劳动力的跨国转移。该理论否定了劳动力转移国外就业对迁入国劳动力就业机会的影响，认为这种需求的产生并不会影响本国劳动力的就业机会。该理论运用到中国农村劳动力转移实际过程中，可以解释为劳动力由农业部门转移到城市的工业部门，并不会给原有的城镇居民带来就业机会的减少。黄宁阳（2012）用农民工和城镇劳动力的关系解释了这一理论[105]，也是符合中国劳动力市场情况的，农民工与城镇劳动力的关系表现为互补关系。

然而就劳动力市场分割理论本身来看，该理论将劳动力市场分割为两个层次，符合大多数国家的实际情况。但劳动力的转移是供求两者关系作用的结果，仅考虑需求一方有失偏颇，这虽然与上述的新劳动力转移理论可以形成互补，但都仅从一方面进行了分析。该理论虽然对中国的劳动力市场具有一定的借鉴意义，但随着社会关系网络的开放，分层次的劳动力市场是否得以永存，还需要时间和经验数据的验证。

二、配第—克拉克定理

配第—克拉克定理是提示经济发展过程中产业结构变化的经验性学说。早在17 世纪，西方经济学家威廉·配第就已经发现，随着经济的不断发展，产业中心将逐渐由有形财物的生产转向无形的服务性生产。1691 年，威廉·配第根据当时英国的实际情况明确指出：由于工业往往比农业、商业往往比工业的利润多得多。因此，劳动力必然由农转工，而后再由工转商。1940 年，英国经济学家科林·克拉克在威廉·配第的关于收入与劳动力流动之间关系学说研究成果基础上，计量和比较了不同收入水平下，就业人口在三个产业中分布结构的变动趋势后得出了该定理。克拉克认为，他的发现只是印证了配第在 1691 年提出的观点而已，故后人把克拉克的发现称为配第—克拉克定理。

配第—克拉克定理主要内容为：不同产业间相对收入的差异会促使劳动力向能够获得更高收入的部门移动。随着国民人均收入水平的提高，劳动力首先由第一次产业向第二次产业移动；当人均国民收入水平进一步提高时，劳动力便向第三次产业移动。结果，劳动力在产业间的分布上呈现第一次产业人数减少，第二次和第三次产业人数增加的格局。随着经济的发展，第一次产业国民收入和劳动力的相对比重逐渐下降，第二次产业国民收入和劳动力的相对比重上升。再通过经济的进一步发展，第三次产业国民收入和劳动力的相对比重也开始上升。

配第—克拉克定理有三个重要前提：一是该定理对产业结构演变规律的探讨，是以若干国家在时间的推移中发生的变化为依据的；二是该定理在分析产业结构演变时，首先使用了劳动力这一指标，考察了伴随经济发展，劳动力在各产业中的分布状况及所发生的变化；三是该定理是以三次产业为分类标准，即以将全部经济活动分为第一次产业、第二次产业和第三次产业为基本框架的。配第—克拉克定理属于产业结构变动的经验总结，它不仅可以从一个国家经济发展的时间序列中得到印证，也可以从处于不同发展水平的国家在同一时点上的横断面比较中得到类似结论。也就是说，从处于同一时期而发展水平不同的国家的经济情况来看，人均国民收入较低的国家，第一次产业劳动力所占的比重相对较大，第二次产业、第三次产业劳动力所占的比重相对较小；反之，人均国民收入水平较高的国家，其劳动力在第一次产业中所占的比重相对较小，第二次产业、第三次产业中劳动力所占的比重相对较大。

三、库兹涅兹产业结构论

库兹涅兹产业结构论是指国民收入和劳动力在各产业间分布结构的演变趋势及其原因的学说。美国经济学家西蒙·库兹涅兹在1941年《国民收入及其构成》的著作中就阐述了国民收入与产业结构间的重要联系，并在此基础上，通过对大量历史经济资料的研究，提出了产业结构论的学说。

库兹涅兹在继承克拉克研究成果的基础上，把第一次、第二次、第三次产业分别称为"农业部门""工业部门""服务部门"，根据十多个国家国民收入和劳动力在产业间分布结构的大量统计数据，从时间系列分析和横断面分析中得出三点结论：一是农业部门实现国民收入的相对比重和劳动力在全部劳动力中的相对比重都处在不断下降之中，并且农业的国民收入相对比重下降的程度超过劳动力相对比重下降的程度。农业部门的相对国民收入在大多数国家都低于工业部门和服务部门，因此，在大多数国家农业劳动力减少的趋势仍不会停止。二是工业部门国民收入的相对比重呈上升趋势，而劳动力的相对比重则大体不变；从横断面分析来看，国民收入相对比重上升是各国的普遍现象；虽然劳动力相对比重因不同国家工业化水平而有所差异，但综合起来看没有太大的变化。三是服务部门的劳动力相对比重几乎在所有国家中都是上升的，而国民收入的相对比重大体不变，略有上升；从时间系列的分析来看，服务部门的相对国民收入（比较劳动生产率）一般呈下降趋势，在服务部门中，教育与科研及政府部门中的劳动力在总劳动力中的比重上升最快。

库兹涅兹认为，引起国民收入和劳动力在各产业间变动的原因主要有以下三点：一是由于受农产品需求的低收入弹性、一、二产业间技术进步的差异性和农业劳动生产率提高等因素影响，农业部门的劳动力相对比重和国民收入下降；二是由于消费结构的变化、国民收入的支出结构和技术进步变化等使工业部门国民收入相对比重上升、劳动力相对比重大体不变；三是由于第三产业更高的收入弹性和行业的易进入性，使服务部门劳动力相对比重上升，第三产业商品相对于工业品处于价格劣势，使在国民收入方面提升较慢。由此也得出该理论的结论：不发达国家的第一次产业和第二次产业的比较劳动生产率的差距比发达国家要大；不发达国家多为农业国，发达国家多为工业国；穷国要从穷变富，必须发展非农业部门。

第三节　其他相关理论和方法

一、新经济地理学理论

空间经济学是当代经济学对人类最伟大的贡献之一，研究的是空间的经济现象和规律，研究生产要素的空间布局和经济活动的空间区位。空间经济学的代表是新经济地理学理论，该理论最初是由保罗·克鲁格曼等（Krugman，1991[167]；Krugman 等，1995[168]）于 20 世纪 90 年代发展起来的，用于解释地理空间的大量经济集聚现象的分析框架。克鲁格曼认为，以往的主流经济学，正是由于缺乏

"规模经济"和"不完全竞争"等分析工具，才导致空间问题长期被排斥在主流经济学之外。由于"规模经济""不完全竞争"等分析工具的发展，有望将空间问题纳入主流经济学的范畴。

克鲁格曼通过建立"中心—外围"模型来解释国家内部产业集聚的原因，特别是将运输成本引入，认为工业布局取决于规模经济和运输成本的相互影响。克鲁格曼肯定了早期马歇尔的外部经济性思想，认为是经济活动在地理位置上趋向集中。在此基础上，克鲁格曼又重新诠释了马歇尔的观点，认为产业地方化现象有三个原因：基本要素、中间投入品和技术使用，它们的产生都来自供应方面的外部经济性。作为区域经济理论的最新进展，新经济地理学理论也需要不断地发展和完善。从某种程度上说，新经济地理学的区位选择，反映的是运输成本、外部性收益递增与产业聚集之间的一种取舍。

尽管新经济地理学模型的初衷并不是解释劳动力转移问题，但克鲁格曼的"中心—外围"模型阐述了规模经济与运输成本之间相互作用为生决定劳动力集聚的作用机制，这与传统的二元经济模型相比，解决了传统二元经济模型无法内生决定劳动力转移的问题，很好地弥补了二元经济模型的不足。目前，也有很多学者开始利用新经济地理学理论解释劳动力转移的现象和问题。赵伟等（2007）将流动劳动力分为高技能与低技能两种类型，通过引入高技能劳动力集聚所产生的知识溢出效应，对新经济地理学经典模型进行扩展，探讨了这两种不同类型劳动力流动性、经济集聚和地区收入差距之间的互动关系[169]；张杰飞等（2009）将托达罗模型和新经济地理学模型相结合，引入劳动力转移成本代替运输成本，建立一个内生的劳动力转移模型[47]；张黎娜等（2013）利用新经济地理学模型分析框架，分析了刘易斯拐点对城市集聚的影响机制[170]。尽管新经济地理学模型内生地说明农村劳动力的转移，但模型中农民不可流动的假设，无法直接应用于发展中国家，忽视了农村劳动力和劳动力异质性特点，并且缺乏相应的政策含义。

二、人力资本理论

传统的结构主义研究模型没有考虑劳动力个体因素，尽管新古典主义关注微观个体的情况，但没有充分认识人力资本的作用。20 世纪 60 年代，美国经济学家舒尔茨[171]和贝克尔[172]创立了人力资本理论，开辟了关于人类生产能力的崭新思路。该理论的最突出贡献在于打破一直以来的结构主义和新古典主义的劳动力同质性假设，认为人力资本是社会进步的决定性因素。将该理论运用到劳动力转移理论和就业理论中，可以解释很多现象和问题。在劳动力转移过程中，劳动力和资本共同作用于经济增长过程中，两者是相互促进并可相互替代的关系。考虑到人力资本的劳动力可以更多地替代其他生产要素，舒尔茨指出，投入与产出比是经济增长的重要标志，一方面，取决于要素的规模效益；另一方面，则是由于人力资本提高带来的技术进步作用，使曾经的生产要素产生更多的效益和产出。这一观点否定了刘易斯等模型中隐含的工业部门中性技术进步的假设，考虑到人力资本的技术进步应该是偏向性的。

该理论认为，人力资本是体现劳动力技能、素质、身体等一系列价值的总和，资本的形成同物质资本类似，也需要投资。更加强调的是，对于人力资本的投资是一个持续的过程，例如，教育水平、技能培训等，劳动者通过被投资获得的人力资本提升对经济增长的效用也是长期的。教育和培训是提高人力资本的两个重要方式，教育是一个长期投入，回报也是长期的，而培训是有针对性的技能培训，可以使劳动力在短期内适应某种工作的要求，都将提升劳动力的市场就业竞争力和适应程度。舒尔茨将人力资本与劳动力转移结合认为，劳动力从农业部门转移到工业部门就业的过程需要不断适应就业机会和要求的变化，人力资本投资就是花费一定的转移成本实现这种转移行为获得更高的经济收入，实质上劳动力转移也是人力资本投资，是追求更大经济效益的行为过程。

三、成本收益理论

对于农村劳动力向城镇转移就业的原因和动机的研究，微观层面的新古典主义从个体方面进行了出色的研究，其实质是对劳动力个体成本与收益的分析。越来越多的学者从这个角度进行个体转移决策的分析。不仅如此，宏观角度的刘易斯模型也体现了成本概念，他认为劳动力转移成本包括机会成本和心理成本；微观角度的托达罗模型虽然没有明确提出机会成本，但其引入失业和预期城乡收入客观上表达了机会成本的含义。

舒尔茨就在其《论人力资本投资》一书中，将成本与收益形成了成本收益理论，系统地分析了该理论在劳动力转移过程发挥的机制作用，认为劳动力个体的转移决策源于成本与收益的比较结果。成本主要是指劳动力从转移初期到实现转移所花费的直接成本和机会成本，其中，直接成本包括转移计划、信息采集、转移决定和转移过程中所花费的各种费用，机会成本包括因转移过程和寻找新工作带来的等同时间的工作收入以及进入新的生活和工作环境带来的心理成本；收益主要是指劳动力转移后在工作、生活等方面获得的更高的收益。成本与收益的差值决定了劳动力转移决策是否可行。劳动力转移不仅是一个资源重新配置的过程，也是一个投资的过程，投资必然考虑成本与收益，因此，劳动力在做出转移决策时必须考虑转移成本与转移收益的问题。该理论的核心思想就是指劳动力最终是否决定转移关键取决于迁入地与迁出地差值与转移成本的大小。

四、信息不对称理论

西方经济学的经济人假设认为，人类具有尽可能增加利益的意愿，是理性经济人，即人具有理性的知识和分析能力，通过收集必要的信息，比较可选方案，从而做出满足自身偏好的决定，这种有限理性也使信息不对称成为一种常态。

信息不对称理论主要是指在经济个体之间信息的不对称和不均匀分布，即在两个相互交易的经济体之间，其中，一方较另一方具有信息优势。造成信息不对称的原因有很多，主观方面主要是由于各信息主体获取信息的能力不同，这种能力体现为对同样信息的分析、预测的程度深浅不同；客观方面是由于受到社会因素的影响，其中，专业化分工的影响最大。随着社会专业化分工的发展，各行各业、专业与非专业之间的信息差异越来越大，所以说，一直以来，信息不对称都是客观存在的。一般来说，在市场中的信息不对称状况可以分为以下三种：一是买卖双方之间的信息不对称，二是买方与买方之间的信息不对称，三是卖方与卖方之间的信息不对称。其中，第一种情况对市场机制的影响最大，也最为常见，因此，大多数的信息不对称研究的都是买卖交易双方之间的信息不对称。

根据信息不对称的内容和发生的时间，可从两个角度将信息不对称分类（见表2-1）。从不对称的内容角度出发，基于不对称信息的内容有可能是行动，也有可能是信息，因此，研究不可观测行动模型为隐藏行动模型，研究不可观测信息模型为隐藏信息模型。从不对称信息发生的时间角度出发，基于不对称信息可能发生在签约前，也可能发生在签约后，因此，研究事前不对称信息模型为事前逆向选择模型，研究事后不对称信息模型为事后道德风险模型。值得关注的是，信息不对称不仅发生在产品市场上，在劳务市场上也同样存在。

表 2 - 1　信息不对称的基本分类及模型

	隐藏行动	隐藏信息
		逆向选择模型
事前逆向选择	—	信号传递模型
		信息甄别模型
事后道德风险	隐藏行动的道德风险模型	隐藏信息的道德风险模型

资料来源：张维迎．博弈论与信息经济学［M］．上海：上海人民出版社，2004：236。

本章小结

　　本章从宏观层面和微观层面对劳动力转移的经典理论进行了详细阐述，经典理论对于研究中国的农村劳动力转移具有一定的理论参考价值。从众多的理论可以看出，关于农村劳动力转移的理论是在不断完善和发展之中的，尽管从一个视角层面的研究不能说明全部问题，但在综合众多理论的基础上，从多个方面的研究可以在一定程度上完善和发展中国的农村劳动力转移理论。本章总结的相关理论为本书的发展把握了研究方向，提出的相关理论和方法为后文的研究奠定了理论基础。

第三章　中国农村劳动力转移与区域劳务品牌的发展状况

在运用西方经济学理论和现代经济学模型，研究区域劳务品牌对中国农村劳动力转移的影响和作用之前，有必要对中国农村劳动力转移的历程、现状和特点以及中国区域劳务品牌的发展状况进行全面和透彻的了解。本章从中国农村劳动力转移的发展历程入手，在较全面了解中国农村劳动力转移现状的基础上，对中国农村劳动力转移的发展特点进行深入分析，同时阐述区域劳务品牌的发展状况，并对其存在的问题进行总结。

第一节　中国农村劳动力转移的发展历程

中国是世界上第一人口大国，其中，尤以农民人数居多。《中国统计年鉴2012》的数据显示，2011 年末的乡村人口为 65656 万人，而《中国家庭金融调查报告》的数据显示，2011 年中国的流动人口约为 2.64 亿，其中，农村户籍进城人员则约为 2.3 亿[173]。从户籍角度来看，中国 8 亿农民的现状仍没有多大改变。随着中国经济发展进程的推进，规模和压力使中国农村劳动力转移面临很多问题，这也使农村劳动力转移在不同阶段表现出不同特点，相应的中央政府的农村劳动力转移的政策也有所不同。自新中国成立以来，农业就业比重①呈下降趋

---

① 在《中国统计年鉴》中，农业就业比重表现为第一产业就业人员比重，非农就业比重表现为第二、第三产业就业人员比重。

势，而非农就业比重呈上升趋势。《中国统计年鉴 2012》的统计数据表明，农业就业比重由 1952 年的 83.5% 下降到 2011 年的 34.8%，相应的非农就业比重由 1952 年的 16.5% 上升到 2011 年的 55.2%，这一比重的变化说明中国农村劳动力正由农村农业部门向农村非农及城市非农部门不断转移。同时国际经验也表明，随着一个国家由农业国向工业国转变，农村劳动力会不断地由农业部门转移至非农部门。新中国成立以来的中国发展正是由农业国向工业国转变，农业部门的劳动力数量相对减少，逐渐转移至非农部门，农业就业比重不断下降。在中国农村劳动力转移的发展历程中，1978 年是一个明确的分割点，是由计划分配到市场主导的一个转变点。因此，研究新中国成立以来，特别是改革开放之后的发展历程，对于研究中国农村劳动力转移相关问题具有重要意义。

一、1978 年改革开放之前的农村劳动力转移

自 1949 年新中国成立以来，中国进入了大规模的工业化建设时期，中国政府选择排斥劳动力走资本路线，重点发展重工业，在一定程度上限制了农村劳动力的转移。因此，1978 年前的农业就业结构整体变化表现为较为平稳的状态。农业就业比重仅由 1952 年的 83.5% 下降到 1977 年的 74.5%，在这 26 年中年均下降 0.35 个百分点，而从 1952~2011 年，这 60 年间农业就业比重年均下降达 0.81 个百分点，说明在 1978 年以前的劳动力转移较为乏力，转移速度整体缓慢。但由图 3-1 可以看出，在农业就业人数平稳上升的过程中，1958~1962 年农业就业比重出现了巨大波动，农业就业人数骤减，农业就业比重在 1958 年达到了低点 58.2%，是在正常发展状态下 1992 年才达到的数值。

新中国成立初期，农业劳动力没有受到政府的限制，可以自由转移到城市及非农产业中，政府大力发展经济建设也在一定程度上吸引了农村劳动力向城市转移，但由于经济发展处于初级阶段，对农村劳动力的消化有一定程度上的限制，因此，尽管农村劳动力不受转移限制，但其转移速度仍然较慢。从 1958 年开始，中国农村劳动力转移经历了政治因素影响的波动阶段，即通常所说的工业"大跃进"阶段。在这个阶段，过高经济指标的要求造成了经济工作急于求成和冒进行为，农村大炼钢铁占用了大量的农村劳动力，使农业就业人数由 1957 年的 19309 万人急速下降至 1958 年的 15492 万人，农业就业比重由 1957 年的 81.2% 下降至 1958 年的 58.2%，仅一年就下降了 23 个百分点。"大跃进"一直持续到 1960 年，这时国家开始认识到了问题的严重性，在进行经济调整的同时，也制定了严

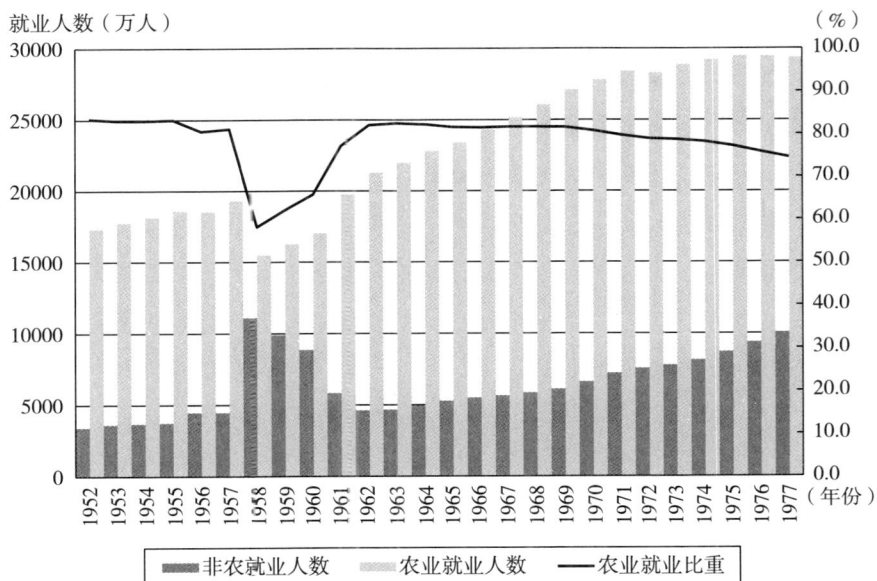

图 3-1　1978 年之前中国社会劳动力数量与结构

格的政策来约束农村劳动力的转移，在相关政策的限制下，仅仅用了两三年的时间，到了 1963 年，农业就业比重又恢复至 82.5%。自 1958 年国务院颁布《中华人民共和国户口登记条例》之后，农村劳动力转移一直被政府严格控制，农村劳动力无法进行转移，农村与城市被完全分离，农民被孤立于工业化和城镇化发展之外。在"文革"期间，"上山下乡"反而在一定程度上促使了劳动力由城市向农村转移，这些都说明在新中国成立后至改革开放期间农村劳动力转移基本处于停滞状态。

总体说来，从 1952～1977 年 GDP 构成发生了较大变化，尽管农业 GDP 比重从 1952 年的 45.4% 下降为 1977 年的 23.3%，较 1952 年下降了 51.32%，年均下降了 0.85 个百分点，但就业结构的变化却不太明显，农业就业比重仅从 1952 年的 83.5% 下降为 1977 年的 74.5%，仅下降了 10.78%，年均仅下降 0.35 个百分点。这也说明在改革开放之前，中国的农村存在着大量的待转移农村劳动力，但是制度的限制却使中国的城乡二元结构进一步加深，农村劳动力无法转移出来。

二、1978 年改革开放之后的农村劳动力转移

由于 1978 年以前农业生产率不断提升导致农村劳动力出现剩余的现象，改革开放的深入也改变了先前农村劳动力转移停滞的现象，农业劳动力开始向非农部门和城镇转移。如图 3－2 所示，1978～2018 年，农业就业比重处于明显且稳定的下降趋势，由 1978 年的 70.5% 下降到了 2018 年的 26.1%，在改革开放的 40 年过程中，农业就业比重年均下降 1.11%，远远高于 1978 年之前下降速度（0.35%）。2000 年的中国农业就业人数与非农就业人数持平，自 2003 年之后，非农就业人数开始大于农业就业人数，非农就业比重突破了 50%。在 GDP 构成方面变化更是巨大，农业 GDP 比重由 1978 年的 28.2% 下降到 2018 年的 7.2%，年均下降 0.53 个百分点，城镇化水平也由 1978 年的 19% 提升到了 2018 年的 59.6%，年均增长 1 个百分点。这些数据表明，农业就业结构的变动与农业 GDP 和城镇化率变化基本一致，特别是经过 2002～2003 年的农业就业与非农就业人数持平阶段以后，农业就业比重稳定持续下降，而且年均变化程度均高于城镇化率和农业 GDP 比重的变化。

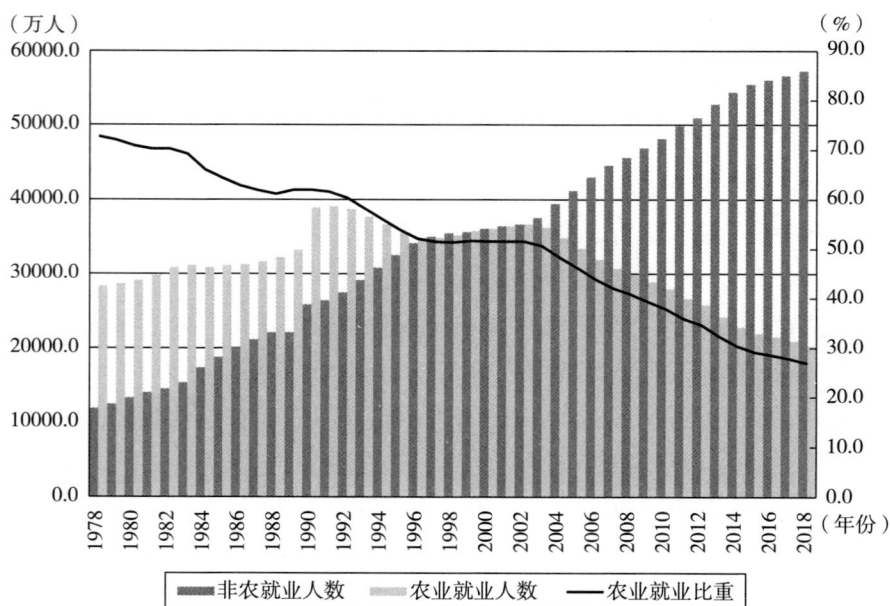

图 3－2　1978 年之后社会劳动力数量与结构

　　尽管在 1978 年改革开放之后，农村劳动力转移效果明显，但这个阶段的变化程度并非稳定变化，由图 3 - 3 的农业就业比重变化程度可以发现，有的阶段下降十分显著，有的阶段下降较为缓慢，而有的阶段甚至出现停滞不前和上升，根据比重变化情况可以将改革开放之后的农村劳动力转移分为以下六个阶段：

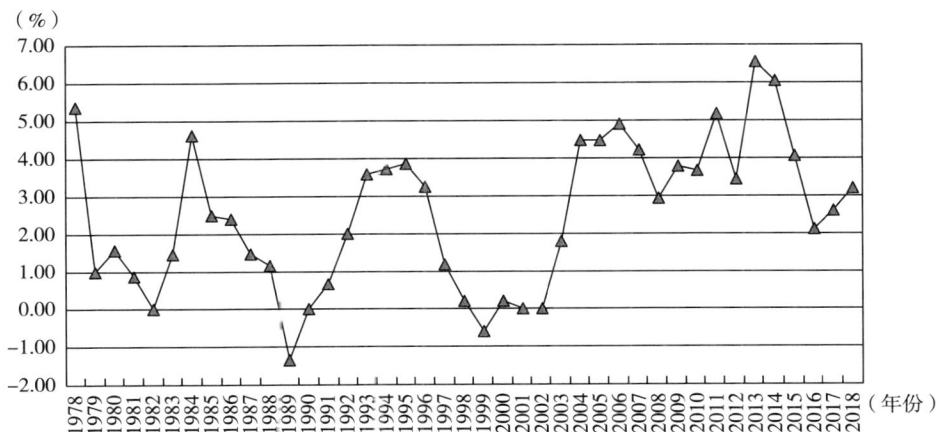

图 3 - 3　改革开放之后农业就业比重变化程度

　　1. 萌动阶段（1978 ~ 1983 年）

　　这一阶段的农业就业比重下降速度逐渐降低，且 1981 年和 1982 年的农业就业比重是相同的，均为 68.1%；农村开始实施家庭联产承包责任制，通过调动农民的生产积极性，解放了大量农村劳动力，农业剩余劳动力现象也得以显现，生产力水平和收入的低下为农村劳动力向外转移提供了推力，另外，改革开放带动政策的松动为农村劳动力外出转移提供了现实可能。因此，1977 年与 1978 年在农业就业方面变化明显，达到 5.33%。但政策松动并不等于取消劳动力转移限制。1979 年 9 月国务院规定"全民所有制单位在国家劳动计划外使用的农村劳动力，地、市以上全民所有制单位在国家劳动计划以外使用的来自农村的临时工、合同工、协议工、亦工亦农人员等，都要坚决进行清退，今后不得再使用"；1981 年中共中央和国务院指出："严格控制使用农村劳动力，继续清退来自农村的计划外用工。"这些宏观政策限制了农村劳动力的转移。另外，联产承包责任制在解放生产力的同时也提高了农业生产率和农民收入，对于农村劳动力转移产生了来自农业部门的拉力。因此，尽管该阶段的非农就业比重有所上升，但变化量是下降的，从统计数据上来看，1978 ~ 1983 年，农业就业比重仅下降了 3.45

个百分点，年均下降 0.69 个百分点。

2. 迅猛阶段（1984~1988 年）

这一阶段的农业就业比重变化总体呈下降趋势，1984 年处于农业就业比重变化量高位。1984 年 1 月 1 日，中共中央发出《关于 1984 年农村工作的通知》，其中明确指出："各省、自治区、直辖市可选若干集镇进行试点，允许务工、经商、办服务业的农民自理口粮到集镇落户。"同年 10 月国务院颁布《关于农民进入集镇落后问题的通知》放宽了户籍制度要求，允许农业户口转为非农户口，鼓励农村劳动力转移城镇，拓宽了农村劳动力就业门路。这一阶段的政策导向促进了农村劳动力转移，尽管转移速度逐步减慢，但整体上是一个农村劳动力高速转移的阶段。在这一过程中乡镇企业成为农村劳动力转移的重要出路①，主要表现为离土不离乡、进厂不进城的特征。这一阶段的农业就业比重由 1984 年的 64%下降至 1988 年的 59.3%，农业比重下降 4.7 个百分点，年均下降 1.18 个百分点。

3. 调整阶段（1989~1998 年）

这一阶段的农业就业比重变化是一个先增后减的过程，1989 年出现负值，到 1995 年达到高点，于 1998 年又下降到 0.2%。如果说 1984 年和 1985 年中央一号文件令城乡隔绝体制松动，允许"务工、经商、办服务业的农民自理口粮到集镇落户"，那么到 1989 年春节后的农村劳动力转移是爆发性的集聚。因此，1989 年 3 月国务院办公厅发出紧急通知，要求严格控制民工盲目外出。随后民政部和公安部发出《关于进一步做好控制民工盲目外流的通知》，要求严格控制民工盲目外流。另外，1989 年的政治风波延缓了中国经济的发展，使农村劳动力在该年出现回流，农业就业比重上升至 60.1%，劳动力转移出现负增长现象。中央政府的果断决策使中国经济在 1990 年恢复到正常轨道，1990 年的政府报告指出，要严格控制农业人口转为非农人口，以便减轻社会就业压力。1990 年 12 月，时任劳动部部长阮崇武指出，农村劳动力转移要坚持离土不离乡、就地消化为主的原则。此后的发展政策是在限制的基础上，鼓励和引导农村劳动力就近转移，合理调控进城务工的规模。在这一周期中，尽管农业就业比重变化有快有慢，但从总体上来看，农业就业比重是在不断下降的，农业就业比重由 1989 年的 60.1%下降到 1998 年的 49.8%，年均下降了 1.14 个百分点。

---

① 1988 年 5 月 18 日的《人民日报》报道："发展非农产业和乡镇企业成为解决农民工转移的出路。"

4. 徘徊阶段（1999～2002 年）

这一阶段的农业就业比重基本没有明显变化，均为 50%，较 1998 年有所提升。产生该现象的主要原因是：中国经济体制由计划经济向市场经济转化基本完成，经济运行由以前的供给小于需求转化为供给大于需求，出现了通货紧缩现象；工业品产生剩余，企业的技术升级使对劳动力的需求减少；另外，大量的工人下岗也使城市自身就业出现一些困难，农村劳动力转移城市就业更加困难。2000 年 7 月，劳动保障部等部委和国务院发展研究中心发出《关于进一步开展农村劳动力开发就业试点工作的通知》，提出改革城乡分割体制，取消对农民进城就业的不合理限制。2001 年 3 月的《中华人民共和国国民经济和社会发展第十个五年计划纲要》提出引导农村富余劳动力在城乡、地区间有序流动，同年年底，国家计委要求面向农民工的七项收费在 2002 年 2 月底前必须取消。这些都为农村劳动力转移提供了现实可能，该阶段的农业就业比重之所以没有明显下降，主要是因为经济处于调整期，对农村劳动力的需求相对较少。

5. 发展阶段（2003～2008 年）

经过三年的调整，中国经济走入一个平稳高速发展阶段，农村劳动力转移进入一个新的发展阶段。2004 年中共中央国务院《关于促进农民增加收入若干政策的意见》，使人们转变了对农村劳动力转移的根本性认识，同年的中央一号文件也指出，要推进大中城市户籍制度改革，放宽农民进城务工和定居条件。2005 年国务院《关于进一步加强农村工作提高农业综合生产能力若干政策的意见》，明确了中央鼓励农村劳动力转移的政策。尽管一些户籍、养老、教育等问题没有从根本上得以改变，但农村劳动力转移有了实质性的进展。在这一阶段，农业就业比重由 2003 年的 49.1% 下降到 2008 年的 39.6%，年均下降 1.9 个百分点。到 2008 年末，农民工总数为 22542 万人，其中，本乡镇以外就业农民工占农民工总数的 62.3%。

6. 成熟阶段（2009 年以来）

由于受 2008 年国际金融危机的影响，中国众多沿海省份的企业倒闭，产业经济的局部萧条减少了劳动力的需求。数据显示，2009 年 1 月底返乡农村劳动力占到转移劳动力总数的 50%。如此多的农村劳动力回流，凸显了城市非农部门的"民工荒"现象，增加的农村就业压力，这为"新生代农民工"[①] 提供了转移

---

① 2010 年 1 月，国务院发布中央一号文件《关于加大统筹城乡发展力度进一步夯实农业农村发展基础的若干意见》首次提出"新生代农民工"。

机会。2009 年以来，农业就业比重年均下降 1.65 个百分点，新生代农民工与第一代农民工不同，不再基于生存理性外出，而是更多地为了改变生存环境、提高生活质量和发展机会而进行转移，这便为以后的农村劳动力转移结构、速度和规模带来一定的影响。

通过分析中国农村劳动力在改革开放前和改革开放后两个阶段的特点可以看出，改革开放之前农村劳动力转移基本处于停滞阶段，改革开放之后农村劳动力转移开始逐步提升，具有稳定性和周期性。其中，不乏由于种种原因导致个别年份农业劳动力转移的调整与停滞，但总体上仍处于转移的稳步发展阶段。比较以上两个阶段可以看出，改革开放之前的计划经济限制了农村劳动力转移；改革开放后，中国的经济政策由计划经济转向市场经济，政府依据市场经济要求与规律制定相应的政策和方针，导致了中国农村劳动力转移的飞跃式发展。农民工——这个农业劳动力转移产生的社会角色，为中国经济的发展发挥了不可限量的作用。

第二节　中国农村劳动力转移的现状与特点

针对中国农村劳动力转移的历程，前文通过 1952 年至今的纵向宏观数据进行了历史趋势分析。本节通过选取 2003 年以来的面板数据对中国劳动力转移的总体现状进行把握和分析，并分析现阶段中国农村劳动力转移的主要特点。

一、中国农村劳动力转移的现状

数据来源如下：2003～2009 年的全国农村固定观察点调查数据（全国农村固定观察点系统 1984 年经中央书记处批准建立，1986 年运行至今已有 28 年，其统计制度国家统计局已正式批准，截至 2009 年已有调查农户 23000 户，调查村 355 个行政村）；2009 以来的农民工监测调查报告以及历年的《中国统计年鉴》，其中，涉及 2012 年数据部分来自《2012 年国民经济和社会发展统计公报》。如果在数据重复年中出现数字差异，以最新发布的数据为准。

1. 农村劳动力转移的基本情况

根据 2003～2009 年的全国农村固定观察点调查的数据（农村劳动力除从事

农业家庭经营以外活动的每户人数结合农村人口每户人数），可以计算出 2003～2009 年农村劳动力转移数量；2009 年以来的农民工监测调查报告中有近几年农民工总量的数据资料。根据农民工监测调查报告的注释①，认为该报告中的农民工等同于本书研究的农村转移劳动力，因此，本书采用农村劳动力转移数量代替农民工数量。由于这些数据均为抽样调查数据，在计算总量上会有出入。以 2008 年为例，全国农村固定观察点调查数据计算农村劳动力转移总量为 22035 万人，在农民工监测调查报告中的农民工总量为 22542 万人。当出现类似问题时，均以最新的数据和报告为准。

从表 3－1 中可以看出，2003～2018 年，中国农村劳动力转移人数逐年上升，由 2003 年的 19162 万人上升至 2018 年的 28836 万人，年均转移 645 万人。在农村劳动力转移过程中（见表 3－2），外出劳动力的就业比重近些年呈现下降趋势。

表 3－1　农村劳动力转移数量

年份	农村人口总量（万人）	农村人口（人/户）	农村劳动力（人/户）	非农劳动力（人/户）	非农劳动力占农村总人口比重（%）	农村劳动力转移数量（万人）
2003	76851	3.31	2.67	0.95	24.93	19162
2004	75705	3.78	2.68	0.99	26.19	19828
2005	74544	3.77	2.84	1.1	29.18	21750
2006	73160	3.76	2.75	1.09	28.99	21209
2007	71496	3.78	2.75	1.17	30.95	22130
2008	70399	3.77	2.73	1.18	31.30	22542
2009	68938	3.74	2.65	1.28	34.22	22978
2010	67113	—	—	—	—	24223
2011	65656	—	—	—	—	25278
2012	64222	—	—	—	—	26261
2013	62961	—	—	—	—	26894
2014	61866	—	—	—	—	27395

①　农民工数量包括年内外出从业 6 个月以上的外出农民工和本地非农从业 6 个月以上的本地农民工两部分。年度农民工与年末外出务工劳动力口径不同，年末数据是指调查时点在外从业的农村劳动力人数，包括外出不满 6 个月的人。

续表

年份	农村人口总量（万人）	农村人口（人/户）	农村劳动力（人/户）	非农劳动力（人/户）	非农劳动力占农村总人口比重（％）	农村劳动力转移数量（万人）
2015	60346	—	—	—	—	27747
2016	58973	—	—	—	—	28171
2017	57661	—	—	—	—	28652
2018	56401	—	—	—	—	28836

资料来源：2003～2009 年全国农村固定观察点调查数据、2009 年以来的农民工监测调查报告以及《中国统计年鉴》等。

表 3－2　农村劳动力转移结构

年份	农村劳动力转移数量（万人）	外出劳动力数量（万人）	外出劳动力比重（％）	本地劳动力转移（万人）
2003	19162	11390	59.44	7772
2004	19828	11823	59.63	8005
2005	21750	12578	57.83	9172
2006	21209	13212	62.29	7997
2007	22130	13679	61.81	8451
2008	22542	14041	62.29	8501
2009	22978	14533	63.25	8445
2010	24223	15335	63.31	8888
2011	25278	15863	62.75	9415
2012	26261	16336	62.21	9925
2013	26894	16610	61.76	10284
2014	27395	16821	61.40	10574
2015	27747	16884	60.85	10863
2016	28171	16934	60.11	11237
2017	28652	17185	59.98	11467
2018	28836	17266	59.88	11570

资料来源：2009 年以来的农民工监测调查报告。

由于数据来源不同，因此，在讨论农村劳动力转移速度时，统一采用2008～2018 年的数据（数据来源于农民工监测调查报告），由后一年的数据与前一年的差值除以前一年的基数徥到农村劳动力的转移速度（见图3-4）。由于2008年国际金融危机于2009年在中国显现，农村劳动力转移速度明显下降。2010年农村劳动力转移速度明显上升，保持在5%左右，随后几年的农村劳动力转移虽然仍在继续，但转移速度偏缓。从整体上来看，外出劳动力转移速度趋势同总体劳动力转移趋势大致相同。以2010年为分界点可以明显看出，2010年前外出劳动力转移速度快于本地劳动力转移速度，而2010年后本地劳动力转移速度快于外出劳动力转移速度。总体来看，农村劳动力转移更加趋向于本地区的非农产业就业，并且农村劳动力的整体转移速度趋势变缓。

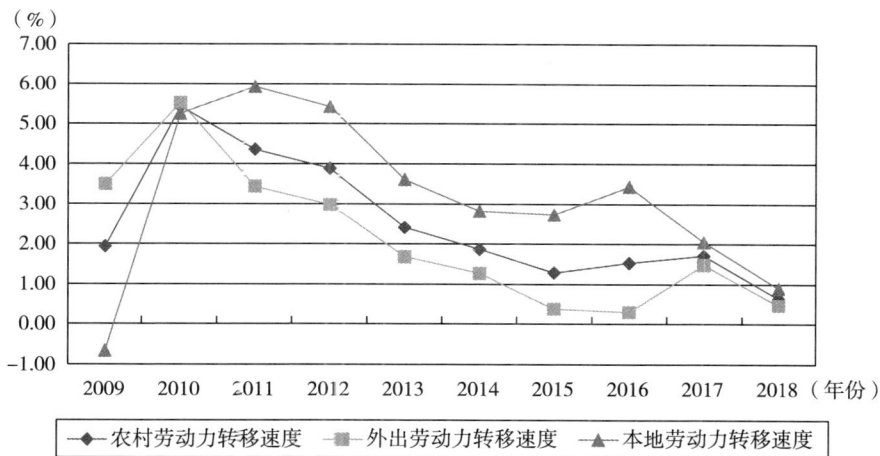

图3-4 2009~2018年农村劳动力转移速度

2. 农村劳动力转移的地区结构

（1）农村劳动力转移输出地分布。从农村劳动力转移的输出地来看，近几年，农村劳动力转移的主要劳动力来自东部地区，转移劳动力比重在36%左右。2018年较2017年劳动力转移在输出地方面有所变化，东部地区减少20万人，中部地区增加88万人，西部地区增加104万人，东北地区增加12万人。2016年的中国农民工监测调查报告将输出地口径增加了东北地区，但之前并未单独涉及东北地区，故在表3-3中仍然统计三个区域。由表3-3可见，在劳动力基数相对较少的西部地区，劳动力转移的数量和规模都在扩大，从整体趋势也可以看出，西部地区的劳动力比重在逐年上升。

表 3 - 3　农村劳动力转移输出地分布

年份	东部地区（万人）	比重（%）	中部地区（万人）	比重（%）	西部地区（万人）	比重（%）
2008	9768	43.23	7082	31.34	5746	25.43
2009	10071	43.73	7146	31.02	5815	25.25
2010	10467	43.21	7621	31.46	6137	25.33
2011	10790	42.69	7942	31.41	6546	25.90
2012	11191	42.61	8256	31.44	6814	25.95
2013	10454	38.87	9335	34.71	7105	26.42
2014	10664	38.93	9446	34.48	7285	26.59
2015	10760	38.78	9609	34.63	7378	26.59
2016	10860	38.60	9714	34.52	7563	26.88
2017	10890	38.09	9885	34.58	7814	27.33
2018	10870	37.79	9973	34.68	7918	27.53

资料来源：2009 年以来中国农民工监测调查报告整理。

（2）农村劳动力转移的输入地与省级转移。农村劳动力转移的就业地区主要以东部为主，2018 年东部务工的农村劳动力占转移劳动力总量的 54.8%。从外出的农村劳动力角度来看，东部地区的务工比重由 2003 年的 69.9% 下降至 2018 年的 54.8%，仍具有继续下降趋势；中部和西部则保持上升态势，中部由 2003 年的 14.9% 上升至 2018 年的 21%，西部由 2003 年的 15.2% 上升至 20.8%，中西部务工比重上升势头明显。这说明外出转移东部地区的劳动力在减少，外出农村劳动力向中西部转移。在农村劳动力吸纳能力最强的长三角和珠三角地区，2018 年转移到这里的农村劳动力达 9988 万人，占农村劳动力转移总量的 34.64%，但与 2017 年转移到长三角和珠三角地区的 10109 万人的农村劳动力相比，占农村劳动力转移总量比重下降了 0.64 个百分点，这说明长三角和珠三角地区对农村劳动力转移的吸引力正在下降，也印证了劳动力正逐步向中西部转移的趋势。一直以来，转移到外省就业的劳动力人数是大于留在本省内的转移劳动力人数的。但在 2011 年，这个格局被打破了。从全国范围来看（见表 3 - 4），省内就业比重达到了 53.1%，较 2010 年上升了 3.4 个百分点，2012 年比重达到了 53.2%，到了 2018 年，省内就业农民工占外出农民工的 56.0%。另外，在 2018 年外出农民工中，进城农民工 13506 万人，比上年减少 204 万人，下降 1.5%，在乡内就地就近就业的本地农民工 11570 万人，比上年增加 103 万人，这些均从侧面说明了农村劳动力越来越倾向于就近转移。

表 3 – 4　外出劳动力在省内外务工的分布情况　　　单位:%

地区	2010 年		2012 年		2014 年		2016 年		2018 年	
	省内	省外	省内	省外	省内	省外	省内	省外	省内	省外
全国	53.1	46.9	53.2	46.8	53.2	46.8	54.7	45.3	56.0	46.8
东部地区	83.4	16.6	83.7	16.3	81.7	18.3	82.2	17.8	82.8	17.2
中部地区	32.8	67.2	33.8	66.2	37.2	62.8	38.0	62.0	39.4	60.6
西部地区	43	57	43.4	56.6	46.1	53.9	47.8	52.2	50.4	49.6

资料来源：2009 年以来中国农民工监测调查报告整理。

3. 农村劳动力转移的个体特征

2018 年中国农民工监测调查报告显示，在已转移的农村劳动力中，男性占 65.2%，女性占 34.8%。报告显示，农村劳动力仍以青壮年为主，但 40 岁以上劳动力比重正逐年上升，由 2008 年的 30% 上升至 2018 年的 47.9%，平均年龄也在这 10 年中上升到了 40.2 岁。农村劳动力转移是一个持续供给和回流的过程，这一数据也显示出农村劳动力转移年龄结构的变化，说明农村劳动力的无限供给状态有所改变（见表 3 – 5）。在家庭结构方面，已婚劳动力更加倾向于就近转移，本地转移就业的已婚劳动力占本来劳动力的 90.8%，而外出劳动力中已婚劳动力仅占 68.1%。这一数字更加说明农村劳动力转移中地域的远近与年龄结构有关。数据显示，本地农民工平均年龄 44.9 岁，外出农民工平均年龄为 35.2 岁，就近转移劳动力的平均年龄比外出转移劳动力的平均年龄高出 9.7 岁。这说明，一方面，年龄较大的劳动力有较重的家庭负担，不易远出；另一方面，文化素质的匮乏使其外出缺乏竞争力。

表 3 – 5　农民工年龄构成　　　单位:%

年龄段	2010 年	2012 年	2014 年	2016 年	2018 年
16 ~ 20 岁	6.5	4.9	3.5	3.3	2.4
21 ~ 30 岁	35.9	31.9	30.2	28.6	25.2
31 ~ 40 岁	23.5	22.5	22.8	22.0	24.5
41 ~ 50 岁	21.2	25.6	26.4	27.0	25.5
50 岁以上	12.9	15.1	15.2	19.2	22.4

资料来源：2009 年以来中国农民工监测调查报告整理。

由表 3-6 可以看出，转移劳动力的文化程度明显高于农村居民的平均文化程度，初中以上文化程度（含初中）高出 20 个百分点。相应的，外出劳动力的文化程度明显高于本地转移劳动力的文化程度，大专及以上文化程度高出 5.6 个百分点，其中，30 岁以下新生代劳动力的文化素质最高，特别是高中以上学历高出总体转移劳动力比例更高。另外，在非农职业技能培训方面，30 岁以下青年劳动力接受培训的比例较高，同时，此人群对于农业技术的掌握越来越少。以上这些数据，均说明文化素质和技能是农村劳动力转移的关键因素。农村劳动力外出转移就业的年龄结构逐渐年轻化，青年农民工在逐渐丧失农业生产技能的同时，更加倾向于外出非农就业，而与此同时文化程度相对较低的农村劳动力可能更加倾向于选择本地非农就业。

表 3-6　2018 年转移农村劳动力的文化程度构成　　　　单位:%

文化程度	农村居民	全部农民工	外出农民工	本地农民工
未上过学	3.9	1.2	—	—
小学	32.8	15.5	—	—
初中	50.3	55.8	—	—
高中	11.1	16.6	—	—
大专及以上	1.9	10.9	13.8	8.1

资料来源：2018 年中国农民工监测调查报告和《中国农村统计年鉴 2019》。

4. 农村劳动力转移的就业状况

从农村劳动力转移就业行业来看，农村劳动力转移就业整体以制造业、建筑业和服务业为主。由于 2014 年前后房地产业的发展，建筑用工量明显增大，从事建筑业的农村劳动力比重上升较为明显。由表 3-7 可以看出，建筑业的就业比重由 2010 年的 16.1% 上升至 2014 年的 22.3%，制造业则由 2010 年的 36.7% 下降到了 2018 年的 27.9%，其他行业比重波动较小。

表 3-7　农民工从事的主要行业分布　　　　单位:%

行业分布	2010 年	2012 年	2014 年	2016 年	2018 年
制造业	36.7	35.7	31.3	30.5	27.9
建筑业	16.1	18.4	22.3	19.7	18.6
交通运输、仓储和邮政业	6.9	6.6	6.5	6.4	6.6
批发零售业	10.0	9.8	11.4	12.3	12.1

行业分布	2010 年	2012 年	2014 年	2016 年	2018 年
住宿餐饮业	6.0	5.2	6.0	5.9	6.7
居民服务和其他服务业	12.7	12.2	10.2	11.1	12.2

资料来源：2009 年以来中国农民工监测调查报告整理。

从农村劳动力转移的就业形式来看，受雇人员占有绝大比重，在 2011 年的外出劳动力中，受雇人员占 94.8%，2012 年已达 95.3%。2012 年，在本地转移劳动力中，该比例也达到了 72.8%。图 3-5 显示的是 2003~2015 年受雇人员占劳动力转移就业总量的比重（2016 年以后的中国农民工监测调查报告未明确提及该指标，但从趋势来看趋于平稳）。2008 年以前，受雇人员比重稳定在 48%，2009 年之后劳动力转移以受雇形式就业的劳动力数量猛增，由 2008 年的 50.85% 上升至 2012 年的 86.80%，之后未定在 83% 左右。以 2012 年为例，农村劳动力转移总量为 26261 万人，受雇劳动力有 22794 万人，其中，转移外地劳动力有 15568 万人。这些数据说明农村劳动力转移倾向于被雇佣形式，自营比例下降迅速，劳动力市场的雇佣形式是农村劳动力转移就业的主要形式，特别对于转移外地和进入地级市以上的农村劳动力而言，雇佣形式就业已经成为其不二选择。

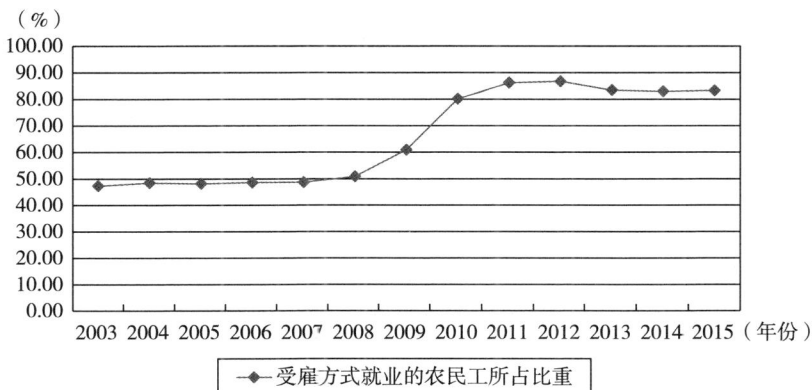

图 3-5　受雇劳动力占劳动力转移总量比重

资料来源：2003~2009 年数据由全国农村固定观察点调查数据计算整理得到，2010~2015 年数据由中国农民工监测调查报告计算整理得到。

5. 农村劳动力转移的工资状况

从农村劳动力转移就业工资上来看，2018 年农民工月均收入 3721 元，比上年增加 236 元，增长 6.8%。其中，外出务工农民工月均收入 4107 元，本地务工农民工月均收入 3340 元。外出务工农民工月均收入比本地务工农民工多 767 元，增速比本地务工农民工高 2.6 个百分点。

从农村劳动力转移不同地区就业的收入水平可以看出（见表 3 - 8），8 年外出农村劳动力收入增加较快，总体收入在这几年中上升了 220%，其中，东部地区上升了 233%，中部地区上升了 219%，西部地区上升了 214%。另外，农村劳动力转移就业的城市规模不同，收入也有所差异。从产业层面来看，2018 年从事第三产业的农民工比重为 50.5%，比上年提高 2.5 个百分点；从事第二产业的农民工比重为 49.1%，比上年下降 2.4 个百分点。从行业收入上来看，首先是交通运输、仓储和邮政业的农村劳动力收入最高，月均收入达到了 4345 元；其次是建筑业，月收入 4209 元；住宿和餐饮业的月均收入最少，只有 3148 元。

表 3 - 8　农村劳动力转移不同地区就业的收入水平　　　　　　单位：元

地区	2010 年	2012 年	2014 年	2016 年	2018 年
全国	1690	2290	2864	3275	3721
东部地区	1696	2286	2966	3454	3955
中部地区	1632	2257	2761	3132	3568
西部地区	1643	2226	2797	3117	3522

资料来源：2009 年以来中国农民工监测调查报告。

6. 农村劳动力转移的雇佣情况

前文数据说明由于雇佣劳动力占据农村劳动力的绝大比重，因此，这一部分劳动力更值得关注。2016 年数据显示（见表 3 - 9），建筑业的收入颇丰，但在被拖欠工资方面，建筑业农村劳动力的比例也最高，达到了 1.8%，比平均水平高出近 1 个百分点。但近几年解决拖欠农民工工资的政策措施还是取得了一定成效，2016 年被拖欠的工资总额为 270.9 亿元，比上年增加 0.9 亿元，与 2015 年被拖欠的工资总额增长 35.8% 相比，拖欠情况出现好转。从外出工作时间上来看，尽管雇佣劳动力的工作时间在不断缩短，但每周工作时间超过劳动法规定时间的仍占 84.5%，说明农村劳动力在雇用过程中依然处于弱势群体。

表3-9　外出农村劳动力雇佣工作时间

类别 ＼ 年份	2015 年	2016 年
全年外出从业时间（月）	10.1	10
平均每月工作时间（天）	25.2	25.2
平均每天工作时间（小时）	8.7	8.7
每周工作时间超过5天比重（%）	39.1	37.3
每天工作时间超过8小时的比重（%）	85	84.4
每周工作时间超过44小时的比重（%）	10.1	10

资料来源：2011年中国农民工监测调查报告。

　　关于雇用过程中的"五险一金"问题见表3-10，2014年以后的中国农民工监测调查报告并未涉及，而关于劳动合同签订问题，2016年以后得中国农民工监测调查报告亦未涉及，故以最新年份数据为例进行分析。从劳动合同来看，签订劳动合同的农民工比重下降。2016年与雇主或单位签订了劳动合同的农民工比重为35.1%，比上年下降1.1个百分点。其中，外出农民工与雇主或单位签订劳动合同的比重为38.2%，比上年下降1.5个百分点；本地农民工与雇主或单位签订劳动合同的比重为31.4%，比上年下降0.3个百分点。从社会保障来看，参加"五险一金"的农民工比例提高。农民工"五险一金"的参保率分别为工伤保险26.2%、医疗保险17.6%、养老保险16.7%、失业保险10.5%、生育保险7.8%、住房公积金5.5%，比上年分别提高1.2、0.5、0.5、0.7、0.6和0.5个百分点。外出农民工和本地农民工"五险一金"的参保率均有提高。从分区域来看，在东部地区务工的农民工"五险一金"参保率分别为工伤保险29.8%、医疗保险20.4%、养老保险20.0%、失业保险12.4%、生育保险9.1%、住房公积金6.0%，均好于中西部地区。但在中西部地区务工的农民工"五险一金"的参保率提高较快。

　　从行业角度而言，不同行业社会保险水平差异明显，特别是近几年上升势头最快的建筑业，其参与社会保险的比例最低。虽然此行业工伤风险较高，但工伤保险缴纳比例仅为14.9%，与《工伤保险条例》要求相差巨大，其他"四险"缴纳比例也明显低于其他行业。

表3－10　2014年分行业农民工参加"五险一金"的比例　　单位：%

行业	工伤保险	医疗保险	养老保险	失业保险	生育保险	住房公积金
制造业	34.2	22.1	21.4	13.1	9.3	5.3
建筑业	14.9	5.4	3.9	2.1	1.3	0.9
交通运输、仓储和邮政业	19.2	15	14.4	9.9	7.8	3.5
批发和零售业	27.8	19.2	17.6	12.8	9.2	8
住宿和餐饮业	17.2	10.8	10	5.4	4	2.6
居民服务和其他服务业	16.3	12.1	11.8	6.6	5.2	3.1

资料来源：2014年中国农民工监测调查报告。

二、中国农村劳动力转移的特点

1. 经济因素成为劳动力转移的主要力量

由统计数据可以看出，在中国农村劳动力转移经历两次的"民工潮"时期，GDP增长率均在10%以上。现阶段，中国已经进入经济发展新常态，进入了一个与过去高速增长期不同的新阶段，经济从高速增长转为中高速增长，相对降低的GDP增长率也说明中国农村劳动力转移在未来几年也无法维持高速的增长。从改革开放之后的农村劳动力转移速度（以农业就业比重变化率表示）来看，农村劳动力转移速度与经济增长率高度相关（见图3－6）。这也说明改革开放之后的农村劳动力转移与市场经济密切相关，体制和政策等非经济因素影响逐渐减

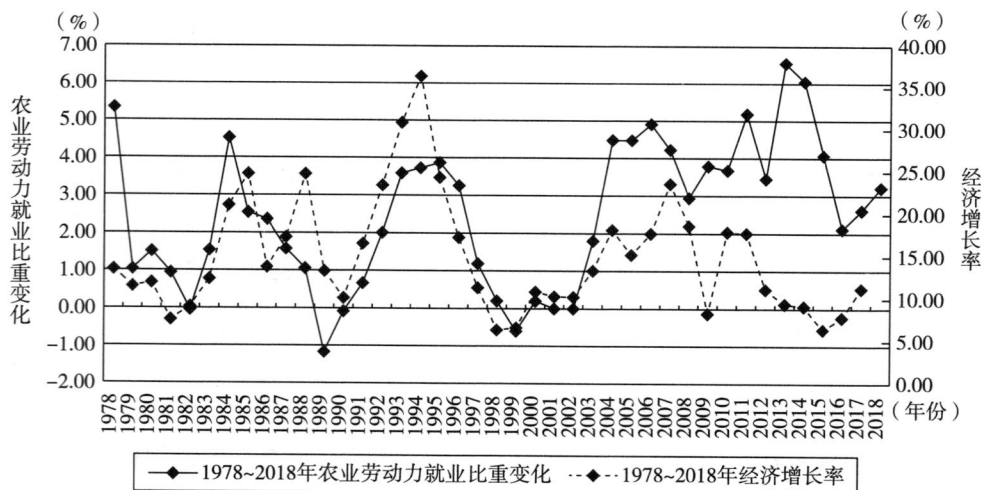

图3－6　1978～2018年农村劳动力转移速度与经济增长率

弱。另外，经济增长速度快于农村劳动力转移速度，对农村劳动力转移就业的拉动较小。

2. 农村劳动力无限供给时代即将终结

农村劳动力转移的平均年龄正在逐步上升，40 岁以上农村劳动力比重明显上升。从 2008～2018 年，农村劳动力转移平均年龄上升了 6.2 岁，转移劳动力年龄的上涨使其更加倾向于本地转移就业，婚姻、家庭和子女的种种约束限制了农村劳动力转移就业的地域范围。16～30 岁的新生代农民工数量由 2008 年的46% 下降到 2018 年的 27.6%，10 年下降近 15 个百分点[①]。另外，新生代农民工不再像父辈那样以家庭利益为主，更倾向于自我利益的满足，不单单要满足工资收入，对工作条件、社会保障等方面也具有了足够认识，转移城镇就业的工作倾向也不再是父辈的脏累苦的体力工作，而倾向于选择非体力劳动或体力劳动少的工作职业。各方面数据均显示中国农村劳动力的无限供给时代即将终结。

3. 农村劳动力成本已经进入上升通道

改革开放以来，工资水平的上涨成为一个普遍现象，农村劳动力无限供给的终结也意味着劳动力成本进入一个上升通道。但工资水平上涨并不一定说明劳动力成本是上升的，只有当工资的增速超过劳动力生产率增速时，才能说明劳动力的成本是真的上升。基于此，《中国统计年鉴 2019》的数据分析表明（见图 3 - 7），自 1998 年以后，城镇单位就业人员工资增速基本大于第二、第三产业劳动生产率，说明第二、第三产业的劳动力成本正在上升。2003～2009 年的农村固定观察

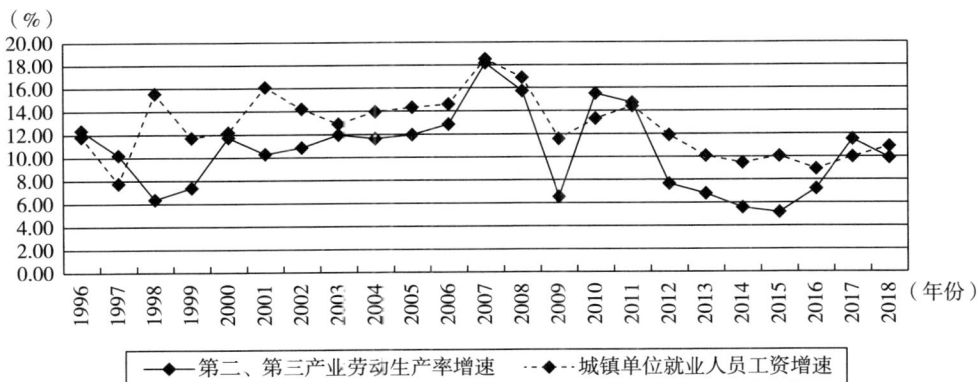

图 3 - 7　第二、第三产业劳动生产率增速与城镇单位就业人员工资增速对比

---

① 资料来源：历年农民工监测调查报告。

点调查数据以及 2009 年以来的农民工监测调查报告显示，外出农村劳动力的工资水平由 2003 年的 6968 元/人上升到 2018 年的 49284 元/人，年均工资增长达 47.15%，同期第二、第三产业生产率年均上升 30.44%，城镇就业人员平均工资年均上升 39.33%，说明外出劳动力的成本上升更快。

4. 雇佣形式成为劳动力转移主要形式

从农村劳动力转移就业形式上来看，2003～2008 年受雇劳动力比例一直停留在 50% 以下，而随后几年受雇劳动力比重直线上升，到 2012 年受雇劳动力比重已上升至 86.8%，后处于稳定状态。以峰值的 2012 年为例，外出劳动力受雇比重为 95.3%，本地劳动力受雇比重为 72.8%。受雇劳动力数量如此快速的上涨与权益保障情况的改善有直接关系。一方面，遏制农民工工资拖欠的政策措施效果明显，使拖欠工资比例由 2008 年的 4.1% 下降至 2012 年的 0.5%；另一方面，外出农民工和本地农民工"五险一金"的参保率均有提高，尽管总体水平依然较低，但进展明显，年均保险比例上升 2～3 个百分点。种种迹象表明，转移就业劳动力的雇佣关系正在逐步完善，数据趋势也显示雇佣形式是未来农村劳动力转移就业的主要形式。

第三节　区域劳务品牌的发展状况和问题

随着中国农村劳动力转移的逐步成熟化，农村劳动力原有离散自主转移已逐步转变为政府主导的品牌化劳务输出，劳动力的价格竞争逐步向技能竞争转变，甚至形成农村劳动力的人力资源的区域化优势互补。一种新的农村劳动力转移形式伴随着"民工荒"现象悄然产生。国内第一个区域性劳务品牌商标——"川妹子"在 2003 年注册，并于 2006 年获批，之后全国涌现出大批具有地方特色的劳务品牌，如"扬州三把刀""枣乡缝纫""衢州保姆""云和师傅""祥符建筑工"等。各地劳务品牌的形成与发展对农村劳动力有序流动发挥了不可估量的作用。

一、区域劳务品牌的起源

1. 源于区域内的资源

区域品牌的创建均依托于区域独特资源条件，资源条件不单单指自然资源，还包括社会资源。区域产品品牌的创建主要依托于独特的自然资源禀赋，如优势的地理位置、适宜的气候、丰富的矿藏等；而区域劳务品牌的创建主要依托于独特的社会资源禀赋，如独特的专业技能、人力资源、文化积淀等。区域劳务品牌充分体现了区域社会鲜明生命力的文明。例如，"吴忠阿语翻译""扬州搓澡工""兰州拉面工""蓝田勺勺客"和"川妹子家政"等，这些区域劳务品牌都洋溢着浓郁的地方风情，极具地域特色，淋漓尽致地展示出鲜明而生动的历史和文化色彩，从而成为当地的一种文化符号。

区域劳务品牌大都是依托当地独特的自然人文环境和就业优势逐渐培育起来的，其背后蕴藏着隽永而悠久的文化内涵，传说着美丽动人的历史传奇。区域劳务品牌具有先天的历史文化基础和深远的历史传承以及广泛的公众认知度，具有其他地区无法跨越的技能或资源"壁垒"，因而形成独具特色的劳务品牌。吴忠市地处宁夏中部，48%以上的人口是回族。一些回族群众有送子女进清真寺、阿语学校学习阿拉伯经文及语言的传统，当阿语翻译逐渐成为许多回族青年外出务工的新方式时，"吴忠阿语翻译"这一劳务品牌便应运而生；扬州搓澡源远流长，以细腻见长，鼎盛于明清之际。大运河吞吐天下盐粮，扬州自古便为其重要集散地，故而繁盛，澡堂搓澡技艺当然亦大有发展。相传乾隆帝微服江南，驾浴扬州，得享搓技，题十八字："扬州搓背，天下一绝，修脚之功乃肉上雕花也"，扬州搓澡工这一劳务品牌就是在这样的文化背景下产生的；在蓝田县的大街小巷流传着这样一句口头禅："凡是冒炊烟的地方，就有蓝田乡人，我们靠一把炒勺走天下"。在陕西省，凡是干厨师的几乎都是蓝田人，"蓝田勺勺客"名声遍布大江南北，自然不再稀奇。

2. 源于区域间的流动

区域特色劳务品牌建立的目的在于促进农村劳动力的转移就业，扩大农民收入。而劳务只有形成规模才能称之为品牌，而规模的形成源于劳动力的区域间的流动。劳动力的自由流动促进了劳务品牌的形成，反过来说，劳务品牌的形成也大大促使劳动力从民间的无序流动向政府引导的规模化流动的转变。事实证明，自从各地劳务品牌形成之后，规模化的劳务输出逐渐形成气候，并且越来越成为劳动力跨区域就业的主渠道。

在中国劳务品牌数量大省甘肃省的金塔县，仅2013年1~4月"航天人"劳务品牌便实现农村劳动力转移21516人，培训2109人，实现劳务收入1.2亿元。其中，移民乡输转移民劳动力1496人，培训243人，实现劳务收入886万元。

白银市大举"祖厉建筑焊、祖厉保安、乌兰建筑工、新平川建筑工、惠川陶工、芦阳金瓦刀、会州清真厨艺"七大具有白银特色的劳务品牌，通过劳务品牌创建推动农民工就业，2012 年全年劳务输转 30.69 万人，创劳务收入 34.36 亿元。四川遂宁市是"川建工"劳务品牌的来源地，95% 的川建工来自于此。2012 年全市实现劳务收入 120.01 亿元，农民人均劳务收入占农民人均纯收入的 53%。农村劳动力转移规模最大的河南省拥有 35 个全国优秀劳务品牌，目前已有较大规模的劳务品牌 90 多个，涉及 30 多个行业、50 多个工种。例如，"林州建筑""长垣厨师""鄢陵花工""遂平家政""新县涉外"等优秀劳务品牌在国内外享有较高知名度。在劳务品牌的作用下，至 2012 年底全省农村劳动力实现转移就业总量已达 2570 万人，全年劳务收入达 2810 亿元。劳务品牌与劳动力转移相互促进，相互发展。劳务品牌的确立，不仅实现了农村劳动力转移与稳定就业，也提高了就业的组织化程度和就业的稳定性，从而提高了农民的收入水平。

二、区域劳务品牌的发展状况

1. 区域劳务品牌发展历程

自 21 世纪以来，中国改革开放步伐逐步加快，劳务作为一种特殊的商品，其品牌特性逐步显现，从而有力地促进了劳务输出规模的不断扩大，促进了劳务经济产业的迅速发展。劳务品牌是劳务输出中的精品，是农民工的就业名片，是推动劳务经济健康发展的重要举措。首次直接涉及劳务品牌的重要文件始于 2005 年，到目前为止，出台了一系列关于加强劳务品牌培育的相关重要文件（见表 3 - 11）。发布政策的相关部门主要是劳动和社会保障部与国务院办公厅。

表 3 - 11　劳务品牌相关政策和内容摘要

日期	部门	名称	发文号	内容摘要
2005.12.19	劳动和社会保障部办公厅	《关于做好创建劳务输出工作示范县工作的通知》	劳社厅函〔2005〕453 号	结合当地认为和经济发展特点，制定扶持政策和鼓励措施，加强对培训品牌、服务品牌的扶持和劳务品牌的推介，努力打造劳务品牌
2006.5.12	劳动和社会保障部	《关于印发农村劳动力技能就业计划的通知》	劳社部发〔2006〕18 号	要求各地结合当地人文和经济发展特点，努力打造劳务品牌，以品牌促输出

日期	部门	名称	发文号	内容摘要
2007.4.11	劳动和社会保障部	《关于进一步做好创建劳务输出工作示范县工作的通知》	劳社厅函〔2007〕139号	要把技能培训与打造具有本地特色的劳务品牌结合起来，提升劳务输出的层次和质量
2008.12.20	国务院办公厅	《关于切实做好当前农民工工作的通知》	国办发〔2008〕130号	积极培育劳务品牌，建设劳务基地，形成示范效应，带动农村劳动力转移就业
2010.1.21	国务院办公厅	《关于进一步做好农民工培训工作的指导意见》	国办发〔2010〕11号	结合劳务输出开展专项培训，培育和扶持具有本地特色的劳务品牌，促进有组织的劳务输出
2010.8.24	国务院办公厅	《关于发展家庭服务业的指导意见》	国办发〔2010〕43号	培育和扶持具有本地特色的家庭服务劳务品牌，强化输出地与输入地的对接，促进有组织的劳务输出
2011.6.2	资源和社会保障部	《关于印发人力资源和社会保障事业发展"十二五"规划纲要的通知》	人社部发〔2011〕71号	加强就业信息引导，开展劳务输出对接，加强劳务品牌培育和推介，建设一批特色劳务基地
2018.7.25	人力资源社会保障部办公厅	《人力资源社会保障部办公厅关于深入推进扶贫劳务协作提升劳务组织化程度的通知》	人社厅发〔2018〕75号	输出地要宣传、推介一批有特色、有口碑、有规模的劳务品牌，发挥典型引路作用，借助品牌效应带动有组织劳务输出数量，提高劳务输出含金量和附加值
2018.8.31	人力资源社会保障部	《打赢人力资源社会保障扶贫攻坚战三年行动方案》	人社部发〔2018〕54号	要结合当地特色产业和人力资源优势，打造和推广一批劳务品牌，以劳务品牌带动转移就业

资料来源：中华人民共和国劳动和社会保障部、中央人民政府门户网站。

上述由人力资源社会保障部办公厅到国务院办公厅的具体相关文件表明，对于劳务品牌的重视逐渐政策化和具体化。在这些文件的指导下，中国就业促进会及省部级单位从2007年围绕劳务品牌的建设和发展，开展了多次研讨、交流和展示活动（见表3-12）。中国就业促进会在劳务品牌的发展过程中起到了重要的支持作用。2007年11月，中国就业促进会在河南郑州以劳务品牌的"素质、管理、质量"为主题，举办了全国劳务品牌展示交流大会，使劳务品牌在全国范围内真正得以重视。2008年1月，中国就业促进会在《关于表彰全国劳务品牌展示交流大会优秀劳务品牌的决定》中，对北京爱都月嫂等281个全国劳务品牌展示交流大会优秀劳务品牌予以表彰。2011年9月，以"强化素质、提升质量、科学管理、诚信服务"为主题的全国劳务品牌建设研讨会在宜昌市举行，这次研讨会丰富和发展了劳务品牌的内涵。近几年，劳务品牌的规模和被重视程度逐年上升，各省市也将打造知名劳务品牌作为一项重要工作。例如，吉林省开展劳务品牌评选活动，首次将"吉林保安""吉林大姐""岭城技工""双阳梅花鹿产业经纪人""农安服装工""舒兰赴俄商人""扶余木业工""吉林小棉袄"8个劳务品牌命名为"吉林省驰名劳务品牌"；河北省评出十佳劳务品牌："塞外技军""魏县实打实""山庄机电工""顺平电子电工""冀东侨城新人""唐尧建筑""衡水鲁班""井下普工""承德服务员"和"衡水织女"。可见，人们对劳务品牌的认识越来越深刻，区域劳务品牌的发展将成为中国劳动力转移和稳定就业的重要方式。

表3-12 劳务品牌相关具体工作

日期	工作名称	地点	具体内容
2007.11.7	全国劳务品牌展示交流大会	河南郑州	全国共有29个省、自治区、直辖市劳动保障厅局组团参展，参展劳务品牌和就业服务型品牌达到304个
2008.11.6	部分地区劳务品牌建设工作座谈会	北京	专题研究劳务品牌的发展方向、工作抓手问题
2010.8.5	部分省份劳务品牌建设工作座谈会	河南郑州	研究讨论进一步推进劳务品牌建设的工作意见
2010.8.23	《关于请协助做好劳务品牌调研工作的通知》	北京	向部分省市征集劳务品牌建设工作经验材料
2011.5.3	《关于印发〈中国就业促进会进一步推进劳务品牌建设工作意见〉的通知》	北京	提出今后将以强化素质、提升质量、科学管理、诚信服务为工作内容，以表彰宣传、交流推广为手段，开展劳务品牌建设推进工程
2011.6.7	劳务品牌工作实地调研	全国范围	中国就业促进会在四川、黑龙江、吉林、江苏、山东等地调研；当地就业促进会在河北、甘肃、新疆、湖北、深圳等地调研

日期	工作名称	地点	具体内容
2011.9.25	全国劳务品牌建设研讨会	湖北宜昌	会议期间组织了劳务品牌专题演讲、经验交流、分组讨论和参观考察等活动
2016.4.1	青海省评出12个劳务品牌	青海	省就业促进会、省就业服务局组织专家评定出12个劳务品牌
2016.4.26	广西评定12个2016年度广西优秀劳务品牌	广西	广西壮族自治区人社部门联合自治区财政厅首次开展"广西优秀劳务品牌"评选活动
2018.5.12	《人力资源社会保障部办公厅关于开展劳务品牌征集活动的通知》	全国	各省级人力资源社会保障部门负责本地区劳务品牌的征集、审核、推荐工作
2019.12.16	劳务品牌选树与调研	海南	中国就业促进会开展了劳务品牌选树工作,在各地推荐、深入调研和专家评议的基础上推选出了34个典型劳务品牌和6个创新型劳务品牌

资料来源:中华人民共和国劳动和社会保障部、中央人民政府门户网站。

2. 区域优秀劳务品牌名称及分布

全面范围的劳务品牌规模性交流活动迄今为止举办了三次,第一次是2007年全国劳务品牌展会,第二次是2011年的劳务品牌专题研讨交流活动,第三次是2019年的劳务品牌选树工作。

在2008年,中国就业促进会官方性质地提出了北京爱都月嫂等281个全国劳务品牌展示交流大会优秀劳务品牌(见表3-13)。

表3-13 中国优秀劳务品牌省份及名称

地区	区域劳务品牌名称
北京	爱都月嫂、东方慧博劳务派遣、德业兴劳务、信立强劳务
河北	承德服务员、承德机电、承德航空服务、承德建安技工、承德汽驾、承德汽修、承德英语护士、承德保安、承德保洁、承德宫廷烹饪、衡水织女、衡水鲁班、衡水装配能手、唐县唐尧建筑、顺平电子电工、滦南冀东奔城新人、滦县滦州矿工、沧州技工、沧州建筑、沧州家政服务、沧州保安、邯郸立世曰子、邯郸临漳民兵连、邯郸大名电气焊、邱县缝纫工、邯郸保安、涉县靠得住、魏县实打实、邯郸新天地IT产业操作工
山西	大同煤都就业、大同技工、大同纸艺、大同晋绣、大同服务员、大同人力派遣、汾西沼气技工、五台瓦刀大军

地区	区域劳务品牌名称
内蒙古	巴林左上京涂料人、敖汉望京保安
辽宁	法库陶瓷工、沈阳机加技工、康平塑编、新民保安、盘锦蒲草编织、盘锦船舶焊接、葫芦岛建昌建工、阜新服务员、抚顺司炉、抚顺矿工、昌图电焊工、鞍山康泰华刮痧、朝阳建筑王牌军、朝阳石材工、朝阳油田工、铁岭月嫂
吉林	吉林保安、双阳鹿业劳务、延边朝鲜族劳务、农安服装工、舒兰赴俄商人、扶余木业加工、吉林电子工、吉林大姐、梅河口日本农业研修生
黑龙江	克东数控机床、依安亮心大姐、牡丹江保安、海林保安、海林家政服务、东宁果菜种植、东宁制鞋工、宁安家政服务员、林口服装加工、林口餐饮服务、桦南对俄劳务、汤原服装加工、鹤岗北京保安、兰西亚麻纺编织工、海伦数控机床、五大连池电焊工、五大连池家政服务员、安达焊工、安达微机员、鸡东境外劳务、哈尔滨制药工、宾县赴俄种养、宾县赴俄建筑工
江苏	苏州汇思蓝领、南通建筑铁军、泰兴小提琴制作、扬州三把刀、徐州保安、如皋花木盆景巧匠、如皋数控、灌南焊工、灌南数控、盱眙龙虾烹饪、阜宁船员、阜宁建筑、淮安中式烹饪、淮安数控
浙江	大街钻井工
安徽	绩溪徽厨、休宁德胜木工匠士、宁国电子电工、贵池淡水育珠、寿县裁缝
福建	浦城眼镜定配工、四海人力、龙海电动平板车工、平和琯溪蜜柚劳务、劳务派遣、德化陶瓷工、仙游古典工艺家具制作工、清流珠绣业
江西	资溪面包工、广丰挖掘机工、吉安蔬菜配送、临川建筑工、南康木工、鄱阳缝纫工
山东	聊城鲁西人力、威海境外劳务、德州四方技工、滕州技工、滕州华生普工、薛城轮胎吊司机、临沂沂蒙之星劳务、惠远船员、临朐金桥劳务、菏泽天使家政、万家盛世山东大嫂、蓝翔技工
河南	长垣厨师、长垣防腐、开封服装加工、开封电子装配、开封数控加工、唐河保安、南召绣女、安阳建筑、安阳纺织、安阳电子、周口海燕技工、项城防水、遂平家政、平舆防水、西平缝纫、泌阳香菇种植工、河南摘棉工、少林保安、永城纺织、商城缝纫、河南民权工艺画制作、新县涉外劳务、禹州电子、鄢陵花工、栾川渔工、嵩县涉外劳务、汝阳保健、鲁山绢花、鹤壁焊工、新乡海员、原阳电焊、孟州皮毛加工、武陟电子、范县废金属处理工、漯河郾城建筑
湖北	湖北海员、湖北电子电工、湖北机加工、荆楚印刷工、建筑鄂军、湖北的哥、楚天豆腐郎、荆楚刺绣女、荆楚缝纫妹、荆楚家政妹、徐东人力
湖南	湖南的哥、湖南机加工、湖南保安、湘菜厨师、湘妹子导游、湘妹子纺织工、湘女家政、建筑湘军、装卸湘军、铸造湘军
广东	深圳三和人力、深圳新路程人力

地区	区域劳务品牌名称
广西	大新装卸工、龙州电焊工、宜州缫丝挡车工、上林电子工、阳朔导游、永福车缝工、平乐车缝工、全州建筑工、浦北建工、八桂月嫂、博业淡蓝领、道尔人力
重庆	彭水苗家巧手、彭水架子工、巫山建工
四川	川妹子、川数控、川厨师、川建工、苍溪建工、古蔺郎乡织女缝纫工、射洪建筑工、富顺建筑工、富顺缝纫工、绵竹掸绸缝纫工、资中建筑工、资中电子技工、宇辉人力
贵州	正安尹姑娘·珍汉子、天柱电子工、罗甸建筑工、遵义妹子、黔南码头装卸
陕西	西乡秦巴茶艺、咸阳足疗、宝鸡技工
甘肃	靖远乌兰建筑工、临县狄道汉建筑工、陇西李氏故里拾花嫂、陇西李氏故里焊大哥、金昌镍都铆管师、金昌金川装载、永昌骊轩焊匠、永昌鸢鸟缝纫、皋兰皋翔驾师、永登玫瑰之乡巧妹子、榆中兴陇运输、临夏东乡手抓师、临夏拉面师、礼县礼贤大嫂、礼县礼贤妹、甘肃崇信人、果都泾川人、金果之乡静宁人、庄浪梯田人、镇原家政巧妇、环县黄土汉子、肃庆阳陇东绣女、武威西凉石油工、武威天马电子工、天水白娃娃、天水龙城飞将保安、天水陇上江南缝纫工、天水女娲家政大嫂、天水羲皇故里建筑工、民乐憨小伙、临泽沙建劳务、临泽板桥货运、甘州劳务、张掖金瓦刀
青海	化隆牛肉拉面师
宁夏	中卫瓦工、同心阿语商务翻译代理、同心清真餐饮
新疆	新疆清真厨师、新疆清真烧烤工、新疆民族歌舞演员、疏附乐器制作工、疏附劳务、伽师丝毯编织工、伽师劳务、于田刺绣工、于田劳务、墨玉劳务、墨玉地毯编织工、巴里坤搬运

资料来源：中国就业促进会字〔2008〕1号——关于表彰全国劳务品牌展示交流大会优秀劳务品牌的决定。

在 2019 年，中国就业促进会受人力资源社会保障部委托组织劳务品牌选树工作，在各地推荐、深入调研和专家评议的基础上推选了 34 个典型劳务品牌和 6 个创新型劳务品牌（见表 3 - 14）。

表 3 - 14　全国典型劳务品牌及创新型劳务品牌

地区	典型劳务品牌	创新型劳务品牌
河北	冀东奔城新人	
山西	吕梁山护工、天镇保姆	
内蒙古	敖汉架线工	

地区	典型劳务品牌	创新型劳务品牌
辽宁	阜新阳光大姐	
吉林	东辽织袜工	
黑龙江	桦南家服	安达汽修与驾驶
江苏	盱眙龙虾厨师	
浙江	云和师傅	
安徽	宣城皖嫂	环滁就业超市
江西	资溪面包师、广昌物流	
山东	鲁西人力	山东大嫂
河南	平舆防水、林州建筑	
湖北	石首建筑防水工	蕲艾艾灸师
湖南	津市牛肉米粉师、电力湘军	
海南	儋州月嫂	
广西	南方月嫂	
重庆	笃诚土家刺绣织锦女	
四川	彩灯工匠、川筑劳务	
贵州	正安吉他工匠	泸遵劳务直通车
云南	剑川木雕工匠、鹤庆银匠	
西藏	扎囊虮雕、后藏庄园唐卡师	
陕西	紫阳修脚师	
甘肃	梯田人、陇原巧手	
青海	化隆拉面师	大通生态旅游
宁夏	吴忠厨师	
新疆	柯赛绣	

资料来源：中国就业促进会. 典型劳务品牌风采录［M］. 北京：中国劳动社会保障出版社，2019.

3. 区域劳务品牌的模式和类型

区域劳务品牌一般经历自发组织到政府引导建设的阶段，从而使转移劳动力就业形式由体力型向技能型和智力型转变，由分散向集中转变，由盲目转移向专业化分工模式转变。

就区域劳务品牌的形成模式来说，主要可以分为以下四种：第一种是纯自发形成的区域劳务品牌。这种自发一般源于区域特有的地域文化和历史传统，通过传帮带等形式带动区域内劳动力就业，通过背后深藏着的悠久丰富的文化底蕴，传说着美丽动人的历史传奇，形成众所周知的劳务品牌。如兰州拉面、邵阳文印和米脂婆姨等。第二种是在自发形成良好口碑的基础上，由地方政府和行业协会等官方形式主体参与进一步扶持的区域劳务品牌。这种形式的劳务品牌居多，地方政府为提升区域内劳动力转移就业效果和提高农民收入，有足够动力打造品牌。如唐河保安、潜江裁缝等。第三种与第二种类似，在自发形成的基础上，由企业继续打造和规范区域劳务品牌。众所周知的"川妹子"就是这种品牌。第四种是地方政府发起并主导的区域劳务品牌。在区域劳务品牌对区域经济和农村劳动力收入提升已见成效的今天，地方政府在其他区域经验的基础上，为发展本地经济和提升收入，挖掘自区域的优势资源打造劳务品牌，已屡见不鲜。

就区域劳务品牌的类型来说，主要可以分为体力型、技能型和智力型三种。所谓体力型劳务品牌是指劳动力转移就业通过体力劳动获得收益，最典型当数建筑业，对农村劳动力的吸纳最多。代表品牌有川建工、林州建筑、建筑湘军等，尽管是体力型劳动力，其打造的精品建筑工程使品牌劳动力较非品牌劳动力更具知名度和美誉度。技能型是指劳务品牌普遍存在的一个区别于普通劳动力的特征，因文化背景和区域资源特点形成其他品牌无法模仿的技术壁垒，通过其独特的技能、无形的品格来迎合雇主和市场需求，从而实现劳动力转移就业。长垣厨师、云和师傅和扬州三把刀就是典型的代表。智力型劳务品牌目前较少，但是未来的发展方向。随着企业技术的更新换代和社会文化水平的提升，劳动力的素质提升已成为必然趋势。在现有的劳务品牌中，承德英语护士、梅河口日本农业研修生和同心阿语商务翻译代理就是典型的智力型劳务品牌。

4. 区域劳务品牌的抽样分析

结合上述各省（直辖市）优秀劳务品牌，根据人社部职业技能鉴定中心劳务品牌课题组的《推动劳动输出由数量向质量转变——全国劳务品牌数据统计分析报告》的抽样调查，对劳务品牌总体概况进行分析。

从劳务品牌输出劳动力上来看，19 个主要劳务输出大省每年通过劳务品牌共输出劳动力 1571 万人。其中，通过劳务品牌输出劳动力 1 万人以下的县市占 26%；输出劳动力 1 万 ~ 5 万人的县市占 45%；输出劳动力 5 万 ~ 10 万人的县市占 13%；输出劳动力 10 万 ~ 50 万人的县市占 13%，输出劳动力 50 万人以上的县市占 3%。

从劳务品牌服务类型上来看，服务行业的从业人数占 35%，制造行业的从业人数占 24%，服装行业的从业人数占 13%，其他行业的从业人数占 28%。

从劳务品牌商标注册上来看，成功注册商标的占 55%，尚未注册商标的占 45%。在尚未注册的劳务品牌中，由于大部分因属于零散型、自发型的个体从业者，没有企业或培训机构作为依托，因此，尚无法进行商标注册。

从劳务品牌创建时间上来看，在全国各地的劳务品牌中，创建于 1981~1985 年的占 2%；创建于 1986~1990 年的占 3%；创建于 1991~1995 年的占 4%；创建于 1996~2000 年的占 11%；创建于 2001~2005 年的占 27%；创建于 2006~2010 年的占 53%。由此可以看出，2006~2010 年创建的劳务品牌明显增多，反映各地政府对劳务品牌的重要性认识不断提高，资金投入逐年增加，劳动者技能培训重点向劳务品牌培训转移，同时劳务品牌给当地财政和劳动者带来的效益越来越大。

从劳务品牌技术含量上来看，技术含量较高的劳务品牌占 29%，技术含量较低的占 16%，具备一定技术含量的占 55%。按传统工艺和现代工艺划分，含传统工艺的劳务品牌占 35%，含现代工艺的劳务品牌占 65%。

从劳务品牌培训成本上来看，劳务品牌所属行业从业人员参加技能培训的平均个人成本约为 1682 元。其中，选择培训成本 0~999 元的从业人员占 42%，选择培训成本 1000~4999 元的从业人员占 52%，选择培训成本 5000~9999 元的从业人员占 4%，选择培训成本 10000 元以上的从业人员占 2%。

5. 区域劳务品牌的地域分布

以北京爱都月嫂等 281 个优秀劳务品牌为对象，研究区域劳务品牌的地域分布。

区域劳务品牌数量隶属于第一级别的省份（直辖市）有河南省、甘肃省和河北省，区域劳务品牌数量分别为 35、34、29；第二级别的省份（直辖市）为黑龙江省和辽宁省，品牌数量分别为 23、16；第三级别的省份（直辖市）有 6 个，分别为江苏省、四川省、新疆维吾尔自治区、广西壮族自治区、山东省和湖北省，品牌数量依次为 14、13、12、12、12、11；第四级别的省份（直辖市）为湖南省、吉林省、福建省、山西省和江西省，品牌数量依次为 10、9、8、8、6；第五级别的省份（直辖市）最多，有 10 个，分别为贵州省、安徽省、北京市、宁夏回族自治区、陕西省、重庆市、广东省、内蒙古自治区、青海省和浙江省，品牌数量均小于或等于 5 个。

河南省的区域劳务品牌数量之所以称为中国之首，主要原因在于河南省的农民人口居全国之首，待转移农村劳动力的基数最大。《中国农村统计年鉴2012》数据显示，2011年河南乡村人口数量为5579万人，占总人口的59.4%，占全国乡村人口总量的8.5%。如此庞大的农村人口基数决定了河南省农村劳动力转移的难度，因此，需要尝试各种形式和方法进行农村劳动力转移。占区域劳务品牌数量第二位的甘肃省，虽然乡村人口数仅有1612万人，但是占人口比重达62.9%，如此高的比重也体现了待转移人口数量潜力。第三位的河北省的情况与河南省类似，虽然农村人口数量与所占比例均小于河南省，但在全国范围内仍然是农业人口大省，也需要依靠区域劳务品牌实现和加速农村劳动力转移。黑龙江省的区域劳务品牌数量居全国第四位，1668万人的乡村人口并不是很多，而且43.5%的乡村人口比重相对较小。由于黑龙江省特有的农垦区和大规模机械化生产导致对农业劳动力需求较少，因此，加大了待转移农村劳动力的潜力。

6. 区域劳务品牌的典型分布

2009年3月发布的《2008中国农民工（蓝领）报告》评选出了"中国十佳劳务品牌"。分别是川妹子、潜江裁缝、衢州保姆、唐河保安、湘妹子、林州建筑、衡水鲁班、扬州三把刀、石龙技工和长垣厨师。

十佳劳务品牌主要分布于中部省份，这主要是由中部省份的地理环境决定的。这些省份农村劳动力众多，人均耕地面积少，土地对劳动力的需求较少导致农村劳动力外出务工更加迫切，因而劳务品牌的发展比其他省份更加成熟。从这十佳品牌的性质上来看，大多为服务行业，属于技术性品牌，有着悠久的文化和区域特点。

"川妹子"于2003年12月向国家工商总局商标局递交商标注册申请，并于2006年8月获批，成为全国第一个区域性劳务品牌商标，成为全国最著名的家政和劳务品牌，劳务品牌"川妹子"注册的是第41类商标：教育、提供培训、娱乐、文体活动类。"潜江裁缝"是典型的政府主导型的劳务品牌，虽然其品牌集体性质和品牌运作机构不明确，导致仍未注册商标，但并没减弱潜江裁缝这个区域劳务品牌的特有影响力。它以人员最多、规模最大、劳务回报最佳的实际实力，可以与成都"川妹子"竞争"中国第一劳务品牌"的称号。"衢州保姆"是衢州精心打造新型农民的著名品牌，除"川妹子"是中国最有影响面的家政服务劳务品牌，目前已经不局限于保姆，还有月嫂、家政和保洁等。在区域劳务品牌中保安众多，以北京为服务核心的"唐河保安"成为一枝独秀，据2009年统计，在首都的6万余名保安中，1/3来自于唐河，唐河县300人以上的保安公司就有 66 个，劳务收入相当可观。"湘妹子"作为十佳劳务品牌之一，同"川妹子"一样是一个范围较广的区域劳务品牌，但不像"川妹子"仅局限于家政，"湘女家政""湘妹子导游"和"湘妹子纺织工"均可作为"湘妹子"品牌。"林州建筑"作为从事建筑业的劳务品牌，有着悠久的建筑历史，在 20 世纪 80 年代末就被建设部、农业部和国务院贫困地区经济开发领导小组确定为"首批建筑劳务基地县"，从 20 世纪 90 年代便开始进军国际市场，目前"林州建筑"已走进国内 26 个省份 300 多个城市。"衡水鲁班"是衡水市重点打造的劳务品牌之一，该品牌是指在外地从事建筑行业的务工人员，主要分布于北京、天津、石家庄、山东及东三省，品牌规模约有 7 万人。以沐浴足浴为代表的"三把刀"（厨刀、理发刀、修脚刀）行业是扬州市特色服务业，2013 年 4 月商务局将扬州市确立为全国唯一"三把刀"服务创新试点，标志着扬州"三把刀"的发展将进入"快车道"，"三把刀"行业标准建设、人才培训、技艺竞赛和展示平台等迈入"国家级"。"石龙技工"是重庆市的一个企业形式的劳务品牌，其掌握电子装配、家政服务、蔬菜种植等技术，目前在重庆石龙技工劳务（集团）注册的"石龙技工"有 3 万余人，仅 2012 年石龙镇"石龙技工"劳务（集团）有限公司就免费培训 3000～5000 人，组织 1 万多名农民工到新疆、黑龙江、广州等地企业就业，为家乡转移劳动力发展劳务经济 1.8 亿余元。长垣烹饪，历史悠久，博大精深，举世闻名。它源于春秋，成于唐宋，兴盛于明清，更辉煌于现代。河南长垣作为有名的厨师之乡，长垣烹饪业被称为"甜了整个中国，香了半个地球"，据不完全统计，全县现有专业厨师 2.3 万人，其中，在国外 46 个国家和地区掌勺者有 200 余人，年实现劳务收入达 10 余亿元。

7. 区域劳务品牌的经济效果

区域劳务品牌的出现与发展源于农村劳动力转移，农村劳动力转移的最终目的是要提高农民收入。因此，本小节重点研究区域劳务品牌对农村人均纯收入的影响，直观反映劳务品牌对农村人均纯收入的提升作用，从而分析区域劳务品牌的经济成效。

本书宏观数据样本选择农村劳动力人口规模最大和劳务品牌数量、质量均较高的河南省。在 2007 年的优秀劳务品牌评选中河南省以 35 个居榜首，2009 年的十佳劳务品牌唯独河南省独据三席，均说明河南省的区域劳务品牌发展在全国名列前茅。选择河南省作为宏观数据样本具有较强的代表性。更重要的是，在十佳劳务品牌中，例如，"川妹子"和"湘妹子"均以省级为地域特征，研究农村人均纯收入较为宽泛，数据代表性不显著，而河南省的"唐河保安""林州建筑"和"长垣厨师"的区域范围均为县级市，区域劳务品牌代表性较为明显，更好地体现出区域劳务品牌对农民人均纯收入的提升。以劳务品牌相关年份为对象进行典型样本分析，故相关年份选择为 2008~2011 年（见表 3 – 15）。

表 3 – 15　样本区的农村居民家庭人均纯收入　　　　　　单位：元

年份	河南省	唐河县	林州市	长垣县
2008	4454	4906	5500	5820
2009	4807	5423	6916	6281
2010	5524	5919	8007	7263
2011	6604	7095	9678	8789

资料来源：根据《河南省统计年鉴 2012》《南阳市统计年鉴 2012》和《安阳市统计年鉴 2012》整理。

截至 2012 年底，河南省农村劳动力转移就业总量已达 2570 万人，全年劳务收入达 2810 亿元，约占农民纯收入的 53%。作为人口大省、农业大省，河南农村劳动力 4800 万人，农村富余劳动力 3200 万人。据统计，2012 年，全省农村劳动力转移就业总量已达 2570 万人，其中，省内转移 1451 万人，省外输出 1119 万人（包括境外就业 7 万人），省内转移超过省外输出 300 多万人。中国统计年鉴 2012 年数据显示，2011 年全国农村居民家庭人均纯收入为 6977 元。河南省因人均资源占有量有限，农村居民家庭人均纯收入仅有 6604 元，低于全国平均水平。但从表 3 – 15 可以看出，河南省十佳劳务品牌地唐河县、林州市和长垣县的农村居民家庭纯收入分别为 7095 元、9678 元和 8789 元，分别高出同期河南省平均水平 7.43%、46.55% 和 33.09%。可见区域劳务品牌对农民收入的提升作用十分明显。

区域劳务品牌的种类和规模直接影响着劳务收入。唐河县有 129 万人口，是河南农业人口比重较大的农业县之一，目前不仅有全国知名的"唐河保安"，"唐河采煤工"也在 2012 年与"唐河保安"一同被评选为南阳知名品牌，在这两个区域劳务品牌的共同带领下，唐河县成为全国农村劳动力转移就业工作示范县。据统计，全县常年外出的农村劳动力达 28 万人，活跃在各地的经济人队伍超过 10 万人，年创收入近 34 亿元，占全县农民纯收入的 70% 以上。长垣县是全国首个"中国厨师之乡"，目前仅"中国烹饪大师"就达到 38 名，近 4 万名厨师分布在世界 46 个国家和地区，每年为长垣县带来 10 余亿元的劳务收入。近些年，房地产业的高速发展对建筑工需求较多，加之建筑业的劳动力成本上升较快，工资收入水平不断提高。因此，林州建筑对区域经济和收入水平的影响较唐河保安、长垣厨师更加明显。林州市 2011 年外出建筑从业人数达到 17.5 万人，劳务纯收入由 2006 年的 15.2 亿元增加到 28.7 亿元。

三、区域劳务品牌的总体问题

尽管区域劳务品牌对促进农村劳动力转移和提高农村居民家庭收入起到了不可忽视的作用，而且近几年发展势头迅猛，但中国在区域劳务品牌发展方面还存在着不少问题。结合本章宏观层面的研究和分析，可将这些共性问题归纳为以下五点：

1. 区域劳务品牌的发展意识薄弱

尽管区域劳务品牌的成效已经开始显现，但由于受传统小农思想的限制，部分劳动力的思想观念依旧滞后，往往安于现状，固守土地的思想依旧存在。同时，区域劳务品牌的发展离不开技能培训。很多农村劳动力对政府组织的免费技能培训认识不足，即使参加培训，普遍认为短时间的培训不能掌握一技之长，或者急功近利急于求成，难以保证劳务品牌的技能要求，从而导致劳动力进入劳务市场缺乏就业竞争力。在区域劳务品牌的培育上，地方政府缺乏品牌意识。虽然地方政府一直提倡大力发展劳务经济，但往往缺乏培育劳务品牌的决心，缺乏资金和政策的倾斜，甚至在劳务品牌的发展初期放任自流，劳务品牌难以形成合力。另外，农村劳动力作为品牌的参与主体，由于追求短期的利益，缺乏集体意识，追求自发型的个人经济收入，无法形成品牌效应。即使已形成劳务品牌，作为其中的一员，由于缺乏品牌的维护意识，很容易为追求私利而去破坏品牌的形象。

2. 区域劳务品牌发展不平衡

由图 3-8 可以看出，区域劳务品牌在中国各区域发展并不十分均衡，就优秀劳务品牌而言，河南省有 35 个之多，而全国范围内有近一半的省份（直辖市）仅有几个劳务品牌，甚至有的省份没有劳务品牌，优秀劳务品牌主要分布在中部地区。劳务品牌的区域性意味着品牌的发展过程中缺少不了地方政府的参与。如何将打造区域劳务品牌观念在全国范围内推广，通过区域劳动力的历史文化、技能特征来挖掘和打造技能型区域劳动品牌，对于提升品牌的整体影响力至关重要。地区劳务品牌发展的不平衡也说明中央政府缺乏宏观规划方面对劳务经济的整体调控，调控力度和范围不均匀。自区域劳务品牌进入市场有了理论研究以来，中国仅在2007年和2011年两次召开有关劳务品牌交流研讨会，鲜见政府报告中提到劳务品牌相关字眼。这种仅依靠个别部门和地方政府的各自为政打造区域劳务品牌的做法，势必形成某一区域多、某一区域少的现状。这不利于各区域的协调共同发展，也不利于调控各地区之间的收入差距，更难以全方位全面地建设全国性的区域劳务品牌。

3. 区域劳务品牌多而杂

区域劳务品牌在短短的十年间数量达到近500个左右。据2007年11月全国劳务品牌展示交流大会统计，全国共有29个省、自治区、直辖市劳动保障厅局组团参展，参展劳务品牌和就业服务型品牌达到304个。如此之多的区域劳务品牌，不仅规模参差不齐，而且重复品牌、品牌名称混乱时常发生。例如，2009年评选的十佳劳务品牌中的"潜江裁缝"，在2007年的全国劳务品牌展示交流大会中却没有提及，与之类似的品牌被称为"荆楚裁缝妹"，"林州建筑"和"安阳建筑"也出现了区域重叠的情况。品牌名称的混乱使体现区域特征的劳务品牌很难形成合力，各自为政的劳务品牌，质量标准自然参差不齐，这势必严重影响了品牌在雇主心目中的形象。

4. 区域劳务品牌运行主体混乱

区域劳务品牌的创建主体不一，难以统一指导。目前各地劳务品牌既有政府主导的，又有培训机构、中介机构打造的，还有劳务派遣企业建立的。各类创建主体并存，如何进行统筹规划、规范管理、政策扶持和有序竞争成为难题。劳务品牌的区域性要求区域内劳动力有着相同或相似的劳动技能，而以不同运行主体打造的劳务品牌难以形成统一技能和素质标准。地方政府、行业协会和劳务企业对于打造区域劳务品牌的目的不同，势必造成运行模式的不同。不同的运行模式导致认证体系和质量标准难以统一。中国的区域劳务品牌的创建、培育和管理，急需系统性的衡量标准和专业化的运作。

5. 区域劳务品牌认证体系不健全

目前区域劳务品牌没有统一的认证体系，只有少数品牌注册了商标，而以政府等多主体打造的区域劳务品牌因产权的不明晰，大多都没有办法注册商标。与区域劳务品牌类似的区域农产品品牌，国家已经有了"国家地理标志"、农产品地理标准等统一的质量标准和品牌认证。尽管参与的职能机构并不唯一，但在一定程度上已经形成了官方的认证体系。而区域劳务品牌认证并没有形成，仅在2007 年评选了 281 个优秀劳务品牌，实际上很多品牌根本没有达到"优秀"的标准。另外，将 2007 年的优秀劳务品牌与 2009 年评出的十佳劳务品牌对比发现，身为"十佳"的衢州保姆、林州建筑和石龙技工竟然不是优秀劳务品牌。更值得注意的是，在 2019 年的典型劳务品牌风云录中很多曾经的优秀劳务品牌也不见了踪迹。可见，在区域劳务品牌的认证和管理方面职能缺失严重。认证体系的不健全和质量标准的不确定，使劳务品牌无法实现自身价值，更无法形成规模的社会影响力，严重阻碍了区域劳务品牌的发展。

本章小结

首先，本章回顾了中国农村劳动力的发展历程，分析了各个阶段农村劳动力转移的特点和形式；其次，通过对近些年农村劳动力转移的现实数据的分析，归纳了中国农村劳动力转移的四个突出特点：一是经济因素成为劳动力转移的主要力量；二是农村劳动力无限供给时代即将终结；三是农村劳动力成本已经进入上升通道；四是雇佣形式成为劳动力转移主要形式。本章的第二部分是分析区域劳务品牌的发展状况。通过多方面的具体分析，将区域劳务品牌的共性问题归结为五点：①区域劳务品牌的发展意识薄弱；②区域劳务品牌发展不平衡；③区域劳务品牌多而杂；④区域劳务品牌运行主体混乱；⑤区域劳务品牌认证体系不健全。本章对中国劳动力转移和区域劳务品牌的发展状况进行了分析，把握了本书研究的时代背景，为本书的研究奠定了现实基础。

第四章　区域劳务品牌对农村
劳动力转移的矛盾化解

中国农村劳动力转移是由第一产业向第二、第三产业转移的过程。无论第一产业有多少规模的农村劳动力和潜在转移群体，如果第二、第三产业没有吸纳能力，也不可能实现转移；反之，无论第二、第三产业有多大需求空间，如果第一产业没有足够的供给能力，也不能实现转移。本章结合中国农村劳动力转移的时代背景，从供需视角对农村劳动力转移进行更深入分析解释，探求中国农村劳动力转移过程中的供需矛盾，并为区域劳务品牌对农村劳动力转移供需矛盾化解的研究提供了现实依据。

第一节　农村劳动力转移的供需分析

本节进行农村劳动力转移的供需分析。在宏观层面，基于结构主义方法从就业偏离度和就业弹性角度分析；在微观层面，基于新古典主义方法从劳动力转移意愿角度分析。

一、基于结构主义方法的供需分析

1. 就业偏离度分析

以 10% 作为实现农村劳动力转移的标志[105]，即使按照 2008～2018 年农业劳动力比重年均下降 1.35 个百分点的速度计算，也要到 2023 年左右，中国的农业劳动力份额才可能下降到 20% 以下，2030 年才能下降到 10%。农村劳动力转移速度的减缓使这个时间会更长。而根据 DRC - CGE 模型的计算结果（见表 4 - 1），到 2025 年农业劳动力份额仅下降至 23.9%。模拟结果说明今后十几年农村劳动力转移将更加缓慢。

表 4 - 1　中国未来劳动力从业结构变化　　　　单位:%

年份 就业结构	2010	2015	2020	2025	2030	2050
第一产业	36.9	31.5	27.3	23.9	21.0	14.3
第二产业	26.2	26.6	26.6	26.1	25.7	25.8
第三产业	36.9	41.9	46.1	50.0	53.3	59.9

资料来源：国务院农民工办课题组．中国农民工发展研究［M］．北京：中国劳动社会保障出版社，2013.

由表 4 - 2 可以看出，中国农村劳动力仍具有很大的转移潜力和空间。一般来说，偏离度反映各产业的劳动生产率，偏离度越大说明劳动力生产率越低。劳动力转移是从低生产率部门向高生产率部门流动的过程，在没有行业壁垒的情况下，劳动力资源的重新配置会形成各产业的劳动生产率逐渐一致，并且偏离度逐渐归于零。虽然第一产业的偏离度逐渐下降，但远远大于零，说明第一产业有大量劳动力需要转出；虽然第二和第三产业的偏离程度逐渐趋于零，但仍小于零，说明第二和第三产业需要第一产业转出的劳动力。劳动力转移资源的优化配置的路径是由第一产业向第二、第三产业转移，从偏离程度来看，中国的农村劳动力转移具有长期性。值得注意的是，第二产业的偏离程度远远大于第三产业，说明第二产业的就业空间更大。结合表 4 - 1 的预测结果可以看出，未来第二产业的就业结构变化不大，第三产业将成为吸纳农村劳动力的主要产业。

表 4 - 2　1978 ~ 2018 年中国三次产业的偏离度状况　　　　单位:%

年份	第一产业			第二产业			第三产业		
	GDP	就业	偏离度	GDP	就业	偏离度	GDP	就业	偏离度
1978	27.7	70.5	42.8	47.7	17.3	- 30.4	24.6	12.2	- 12.4
1979	30.7	69.8	39.1	47.0	17.6	- 29.4	22.3	12.6	- 9.7
1980	29.6	68.7	39.1	48.1	18.2	- 29.9	22.3	13.1	- 9.2

年份	第一产业			第二产业			第三产业		
	GDP	就业	偏离度	GDP	就业	偏离度	GDP	就业	偏离度
1981	31.3	68.1	36.8	46.0	18.3	−27.7	22.7	13.6	−9.1
1982	32.8	68.1	35.3	44.6	18.4	−26.2	22.6	13.5	−9.1
1983	32.6	67.1	34.5	44.2	18.7	−25.5	23.2	14.2	−9
1984	31.5	64.0	32.5	42.9	19.9	−23	25.5	16.1	−9.4
1985	27.9	62.4	34.5	42.7	20.8	−21.9	29.4	16.8	−12.6
1986	26.6	60.9	34.3	43.5	21.9	−21.6	29.8	17.2	−12.6
1987	26.3	60.0	33.7	43.3	22.2	−21.1	30.4	17.8	−12.6
1988	25.2	59.3	34.1	43.5	22.4	−21.1	31.2	18.3	−12.9
1989	24.6	60.1	35.5	42.5	21.6	−20.9	32.9	18.3	−14.6
1990	26.6	60.1	33.5	41.0	21.4	−19.6	32.4	18.5	−13.9
1991	24.0	59.7	35.7	41.5	21.4	−20.1	34.5	18.9	−15.6
1992	21.3	58.5	37.2	43.1	21.7	−21.4	35.6	19.8	−15.8
1993	19.3	56.4	37.1	46.2	22.4	−23.8	34.5	21.2	−13.3
1994	19.5	54.3	34.8	46.2	22.7	−23.5	34.4	23.0	−11.4
1995	19.6	52.2	32.6	46.8	23.0	−23.8	33.7	24.8	−8.9
1996	19.3	50.5	31.2	47.1	23.5	−23.6	33.6	26.0	−7.6
1997	17.9	49.9	32	47.1	23.7	−23.4	35.0	26.4	−8.6
1998	17.2	49.8	32.6	45.8	23.5	−22.3	37.0	26.7	−10.3
1999	16.1	50.1	34	45.4	23.0	−22.4	38.6	26.9	−11.7
2000	14.7	50.0	35.3	45.5	22.5	−23	39.8	27.5	−12.3
2001	14.0	50.0	36	44.8	22.3	−22.5	41.2	27.7	−13.5
2002	13.3	50.0	36.7	44.5	21.4	−23.1	42.2	28.6	−13.6
2003	12.3	49.1	36.8	45.6	21.6	−24	42.0	29.3	−12.7
2004	12.9	46.9	34	45.9	22.5	−23.4	41.2	30.6	−10.6
2005	11.6	44.8	33.2	47.0	23.8	−23.2	41.3	31.4	−9.9
2006	10.6	42.6	32	47.6	25.2	−22.4	41.8	32.2	−9.6
2007	10.2	40.8	30.6	46.9	26.8	−20.1	42.9	32.4	−10.5
2008	10.2	39.6	29.4	47.0	27.2	−19.8	42.9	33.2	−9.7
2009	9.6	38.1	28.5	46.0	27.8	−18.2	44.4	34.1	−10.3
2010	9.3	36.7	27.4	46.5	28.7	−17.8	44.2	34.6	−9.6

年份	第一产业			第二产业			第三产业		
	GDP	就业	偏离度	GDP	就业	偏离度	GDP	就业	偏离度
2011	9.2	34.8	25.6	46.5	29.5	-17	44.3	35.7	-8.6
2012	9.1	33.6	24.5	45.4	30.3	-15.1	45.5	36.1	-9.4
2013	8.9	31.4	22.5	44.2	30.1	-14.1	46.9	38.5	-8.4
2014	8.7	29.5	20.8	43.3	29.9	-13.4	48.0	40.6	-7.4
2015	8.4	28.3	19.9	41.1	29.3	-11.8	50.5	42.4	-8.1
2016	8.1	27.7	19.6	40.1	28.8	-11.3	51.8	43.5	-8.3
2017	7.6	27.0	19.4	40.5	28.1	-12.4	51.9	44.9	-7
2018	7.2	26.1	18.9	40.7	27.6	-13.1	52.2	46.3	-5.9

资料来源：《中国统计年鉴2019》。

2. 就业弹性分析

就业弹性是指经济增长对就业的拉动作用，表现为劳动力就业增长率与经济增长率的比值。一般来说，随着经济不断发展并趋于成熟，就业弹性有变小的趋势。就业弹性变小，说明一个单位的经济增量需要的边际劳动力减少了。从表4-3可以看出，三次产业的就业弹性整体上都相对较低。第一产业的就业弹性明显减少，21世纪以来呈现负值，说明在第一产业的发展过程中不仅不需求农村劳动力，甚至向外排挤农村劳动力；第二和第三产业整体上的就业弹性也趋于减少，但不是非常明显，并且具有明显的波动性。表4-1对第二产业和第三产业就业结构的预测，也说明了第二产业的就业弹性将不断减小，第三产业的就业弹性将逐渐增大。在第一产业逐渐将劳动力排挤出的同时，由于产业结构调整和技术升级，第二产业对农村劳动力需求将减少，甚至可能出现负需求，第三产业成为吸纳农村劳动力的支柱产业。

表4-3 1979~2018年中国三次产业就业弹性

年份	第一产业			第二产业			第三产业		
	产业增长率（%）	就业增长率（%）	就业弹性	产业增长率（%）	就业增长率（%）	就业弹性	产业增长率（%）	就业增长率（%）	就业弹性
1979	23.61	1.12	0.0473	9.70	3.87	0.3993	1.22	5.87	4.8108
1980	7.98	1.70	0.2136	14.51	6.83	0.4710	11.71	6.86	0.5856
1981	13.70	2.25	0.1642	2.92	3.84	1.3153	9.55	7.47	0.7817

续表

年份	第一产业			第二产业			第三产业		
	产业增长率（%）	就业增长率（%）	就业弹性	产业增长率（%）	就业增长率（%）	就业弹性	产业增长率（%）	就业增长率（%）	就业弹性
1982	13.97	3.63	0.2601	5.67	4.29	0.7559	8.29	2.44	0.2942
1983	11.31	0.95	0.0837	11.06	3.99	0.3608	15.07	8.47	0.5622
1984	17.07	−0.91	−0.0532	17.34	10.50	0.6053	33.01	17.15	0.5196
1985	10.72	0.85	0.0792	24.38	8.28	0.3396	43.73	8.01	0.1832
1986	8.75	0.40	0.0455	16.18	8.01	0.4952	15.96	5.41	0.3388
1987	15.93	1.31	0.0821	16.81	4.55	0.2705	19.35	6.63	0.3425
1988	19.56	1.85	0.0946	25.28	3.63	0.1437	28.29	5.73	0.2024
1989	10.36	3.03	0.2921	10.50	−1.45	−0.1379	19.17	1.97	0.1029
1990	18.66	17.12	0.9176	6.07	15.70	2.5862	8.15	18.26	2.2410
1991	5.41	0.47	0.0874	17.89	1.15	0.0641	24.15	3.33	0.1379
1992	9.67	−1.02	−0.1055	28.43	2.43	0.0853	27.44	5.82	0.2120
1993	18.75	−2.63	−0.1404	40.49	4.25	0.1049	27.34	8.13	0.2974
1994	37.52	−2.79	−0.0744	36.30	2.32	0.0639	35.73	9.55	0.2672
1995	26.91	−3.00	−0.1114	27.72	2.24	0.0808	23.51	8.80	0.3742
1996	15.46	−2.00	−0.1293	17.96	3.50	0.1949	16.79	6.20	0.3694
1997	2.79	0.06	0.0206	10.99	2.12	0.1932	15.75	2.82	0.1789
1998	2.48	0.97	0.3900	3.92	0.32	0.0817	13.10	2.32	0.1773
1999	−0.48	1.68	−3.5002	5.29	−1.08	−0.2038	10.70	1.83	0.1710
2000	1.16	0.77	0.6616	11.16	−1.23	−0.1102	14.21	3.22	0.2266
2001	5.33	0.99	0.1853	8.75	0.09	0.0103	14.54	1.72	0.1184
2002	4.44	0.66	0.1494	8.95	−3.40	−0.3798	12.52	3.93	0.3142
2003	4.82	−1.19	−0.2467	15.88	1.56	0.0984	12.32	3.09	0.2504
2004	23.18	−3.80	−0.1638	18.48	4.91	0.2658	15.40	5.18	0.3367
2005	4.32	−3.98	−0.9224	18.57	6.32	0.3405	16.17	3.14	0.1944
2006	6.93	−4.49	−0.6478	18.48	6.35	0.3437	18.51	3.00	0.1622
2007	18.69	−3.79	−0.2026	21.34	6.84	0.3203	26.18	1.08	0.0413
2008	17.31	−2.63	−0.1518	18.42	1.82	0.0988	18.17	2.80	0.1541
2009	3.45	−3.45	−1.0005	6.81	2.56	0.3764	13.11	3.07	0.2341
2010	14.43	−3.32	−0.2303	19.64	3.61	0.1840	17.64	1.84	0.1041

年份	第一产业			第二产业			第三产业		
	产业增长率（%）	就业增长率（%）	就业弹性	产业增长率（%）	就业增长率（%）	就业弹性	产业增长率（%）	就业增长率（%）	就业弹性
2011	16.52	−4.79	−0.2897	18.48	3.21	0.1739	18.71	3.61	0.1928
2012	9.61	−3.09	−0.3212	7.75	3.09	0.3989	13.29	1.50	0.1125
2013	8.03	−6.22	−0.7741	7.08	−0.31	−0.0431	13.53	7.03	0.5196
2014	4.90	−5.71	−1.1660	5.96	−0.31	−0.0514	10.83	5.83	0.5383
2015	3.86	−3.82	−0.9901	1.61	−1.76	−1.0917	12.37	4.70	0.3800
2016	4.09	−1.93	−0.4718	5.14	−1.51	−0.2941	10.74	2.80	0.2607
2017	3.26	−2.57	−0.7877	12.21	−2.35	−0.1927	11.10	3.30	0.2973
2018	4.24	−3.28	−0.7725	10.00	−1.99	−0.1989	10.25	3.06	0.2985

资料来源：《中国统计年鉴 2019》。

二、基于新古典主义方法的供需分析

农村劳动力转移终究是农村劳动力的个体行为，作为农村劳动力转移主体的农民具有转移的绝对决策权。无论边际劳动力是否为零，农业可容纳多少劳动力，耕地面积与劳动力比例如何，理性经济人认为，只要从事非农产业净收益多于农业产业净收益时，农村劳动力就具有转移意愿。对于劳动力转移意愿的研究，学者都大多通过局部抽样调查，运用 Logit 回归模型进行劳动力转移个体的定量分析（吴秀敏等，2005[104]；黄宁阳等，2010[105]；朱乾宇等，2012[106]），但鲜有运用数据样本，从时间序列角度对近些年农村劳动力整体转移意愿进行纵向分析。根据国家统计局住户调查，2009 年外出农民工在直辖市、省会城市、地级城市、县级城市和建制镇就业的比例为 95.6%[174]，考虑到 2011 年和 2012 年是受雇比重最高的年份，而且《中国统计年鉴》统计口径的变化，2012 年后不再统计农村居民家庭基本情况等相关数据，故本部分基于 2003～2011 年数据，将城乡预期净收益差额作为农村劳动力转移主要动力，对农村劳动力转移意愿程度进行量化估算以探寻农村劳动力转移规律。

1. 模型评述与假设

农村劳动力转移城镇就业意愿程度估算方法的选择是对侯风云（2004）研究

的修正，这里进行了两点修正①。第一点修正：侯风云（2004）认为，在农业就业收入小于农村第二、第三产业及城市就业收入水平将导致农村劳动力发生转移[175]，而实际上转移就业成本的上升，导致城乡消费指数差距明显，成本与消费成为不容忽视的因素，转移的条件是农业就业预期净收益小于第二、第三产业及城市就业预期净收益，而非收入差距。第二点修正：侯风云（2004）认为，收入差距越大，农业剩余劳动力的数量越多，用（1－农民农业收入/农民城镇收入）作为剩余劳动力比例。收入差距的增大只能说明对于个体劳动力的转移意愿增强了，而无法说明收入变动比列与劳动力剩余比例一致，假若农民进城非农就业的收入远远大于农业收入，那么农业剩余劳动力比例将趋近于 1，这是不符合实际的。

假设：（1）农村劳动力为理性经济人，农业净收益（$NR_农$）和非农净收益（$NR_非$）的差值是农村劳动力转移的动力，即满足 $NR_农 < NR_非$ 时农村劳动力才有意愿进行转移。

（2）为方便研究，劳动力转移只考虑到经济收入与成本，忽略非经济因素。基于农村劳动力的自身利益出发，农村劳动力实现优化配置的临界值为：$E_农 - C_农 = E_非 - C_非$。其中，$NR_农 = E_农 - C_农$，$E_农$ 表示农业劳动力的工资收入，$C_农$ 表示劳动力在农村生活的总支出；$NR_非 = E_非 - C_非$，$E_非$ 表示劳动力从事非农产业的工资收入，$C_非$ 表示劳动力在城市生活的总支出。故令转移城镇就业意愿比：$r = （1 - NR_农/NR_非）\times 100\%$，该值越大，说明农村劳动力转移城镇就业意愿越强。

2. 数据来源及实证分析

（1）劳动力从事农业的预期净收益（$NR_农$）（见表4-4）。劳动力从事农业的人均纯收入指农村住户当年从农林牧渔产业得到的总收入相应地扣除所发生的费用后的收入总和。该值也是农村劳动力从事农业的净收益（$NR_农$）。

（2）农村劳动力转移城镇从事非农产业预期净收益（$NR_非$）。农村劳动力转移城镇从事非农产业的收入数值选取外出农民工就业年平均工资水平，2003～2009 年数据参照《人口与劳动力绿皮书（2011）》，其中，2008 年与 2009 年工

---

① 侯风云（2004）认为，农民受利益驱动实现劳动力配置，以城乡收入差距估算农业剩余劳动力规模。笔者认为，运用该方法估计农业剩余劳动力规模不妥，该方法无法说明农业剩余劳动力的规模，只能说明农民个体的剩余意愿，因此，通过两点修正将该方法移植到农村劳动力转移意愿的研究中。

资数据与 2009 年农民工监测调查报告一致说明统计口径一致，因此，2010 年和 2011 年工资数据来源于 2011 年农民工监测调查报告。在农村劳动力从事非农产业的支出方面，目前国家没有统一数据，没有权威的 2003～2011 年的时间序列数据，大部分农民工外出支出数据来源于学者的抽样调查。钱雪飞（2003）以南京为样本得到，农民工月平均工资为 850.88 元，其中，月支出比重 580.22 元，占收入比重 68.19%[176]；严翅君（2007）以长三角江苏八城市为样本得到，2005 年人均年收入达 14524 元，年消费 7339.08 元，占收入比重 50.53%[177]；通过计算李晓峰等（2008）对北京农民工消费结构数据，得出农民工月平均工资约为 1519.27 元，月均消费 701.57 元，占收入比重为 46.18%[178]；于丽敏（2009）以东莞为样本得出，月平均工资为 1625.43 元，用于消费支出的占 68.78%[179]；褚荣伟等（2011）推算 2009 年全国农民工人数为 2.5 亿人，消费率为 40%[180]；潘烜等（2013）以上海市为样本得出，农民工月均生活消费占其月均收入总额的 33.18%[181]。

表 4 - 4　劳动力从事农业人均纯收益（NR$_农$）

年份	农村人口从事农业人均纯收入（元）	平均每户常住人口（人）	平均每户整半劳动力（人）	劳动力从事农业人均纯收入（元）
2003	1196	4.1	2.8	1751
2004	1398	4.08	2.82	2023
2005	1470	4.07	2.82	2121
2006	1521	4.05	2.83	2177
2007	1745	4.03	2.84	2476
2008	1946	4.01	2.85	2738
2009	1988	3.98	2.85	2777
2010	2231	3.95	2.85	3092
2011	2520	3.90	2.78	3535

资料来源：根据 2004～2012 年《中国统计年鉴》整理计算所得。

劳动力就业的年龄、结构和区域的差异均会导致消费结构的截然不同。为获得统一时间序列数据，假设农民工群体与其相同收入水平的城镇居民有相同的消费偏好，并依据 2003～2011 年不同收入等级城镇居民支出情况确定农民工历年消费比重和金额。具体方法有两种：①根据历年不同等级下城镇就业人口的年收入与当年农民工年工资相比，确定收入等级（收入差额最小的组别）；②在选定等级下，通过"城镇居民年支出╱城镇居民年收入＝农民工年支出╱农民工年收入"，确定农民工年支出金额（见表4－5）。

表4－5　农村劳动力转移就业支出情况

年份	农民工人均年收入（元）	城镇就业人均年收入（元）	组别（匹配等级）	城镇人口人均消费性支出（元）	消费性支出占支出比重(%)	城镇人口人均总支出（元）	支出占收入比重（%）	农民工人均年支出（元）
2003	8424	9024	较低收入户	3549	79	4493	49.79	4194
2004	9360	10013	较低收入户	3942	79	4990	49.84	4665
2005	10332	11552	较低收入户	4295	79	5437	47.07	4863
2006	11352	12518	较低收入户	4766	79	6032	48.19	5470
2007	12720	14436	较低收入户	5634	79	7132	49.40	6284
2008	16080	17702	较低收入户	6195	79	7842	44.30	7124
2009	17004	19815	较低收入户	6743	79	8536	43.08	7325
2010	20280	21573	较低收入户	7360	79.24	9289	43.06	8732
2011	24588	24903	较低收入户	8509	79.16	10749	43.16	10613

资料来源：2003～2011年《中国统计年鉴》《人口与劳动力绿皮书（2011）》和2011年农民工监测调查报告。

　　其中，在城镇人口总支出方面存在数据缺失①。为得出农民工年均支出金额，笔者根据已有统计数据对2003～2009年的消费性支出比重进行了假定。由表4－6可以看出，最低收入户和较低收入户的消费性支出占总支出比重最大，与农民工的消费偏好相似。另外，从中可以看出两年总体变化不大，而且不同收入等级的变化不同。收入较高的城镇居民该比例是上升的，但是低收入群体该比例是下降的。农民工的特征决定了消费性支出比重较高，考虑到较低收入户该比重变动较小，假设2003～2009年的消费性支出占总支出比重均为79%，并以此计算支出占收入的比重，得到历年的年均支出金额。

---

　　①　只有2011年和2012年《中国统计数据》统计了该数据。

表4-6　城镇居民消费性支出占总支出比重　　　　　单位：%

| 年份 | 全国 | 按收入等级分 | | | | | | |
| | | 最低收入 | 较低收入 | 中等偏下 | 中等收入 | 中等偏上 | 较高收入 | 最高收入 |
		（10%）	（10%）	（20%）	（20%）	（20%）	（10%）	（10%）
2010	73.78	79.64	79.24	77.89	75.54	74.49	72.39	67.01
2011	74.44	78.94	79.16	78.08	76.29	74.81	72.51	68.71
变化量	0.66	-0.69	-0.08	0.19	0.76	0.32	0.13	1.71

资料来源：2011年和2012年《中国统计年鉴》。

由农民工支出占收入的估计比重可以看出，支出占收入比重总体是下降的态势。2012年，《中国投资参考》（*FT China Confidential*）对中国各地1500名农民工的调查显示，90后农民工支出占收入的53%，80后和70后该比重分别为47.2%和38.3%[182]。经过计算验证，2012年农民工支出占收入的平均比重大致为43.72%①，与本书估计比重基本一致，说明估算结果较合理。

3. 实证结果

从上述公式计算的结果（见表4-7）可以看出，农村劳动力转移中，城镇就业意愿在不断上升，由2003年的58.61%上升至2011年的74.70%。特别是2008年以后，城镇就业转移意愿明显上升，整体数据仍然表现为较为乐观的农村劳动力转移态势。

表4-7　农村劳动力转移就业的意愿

年份	NR农（元）	农民工人均年收入（元）	农民工人均年支出（元）	NR非（元）	r（%）
2003	1751	8424	4194	4230	58.61
2004	2023	9360	4665	4695	56.92
2005	2121	10332	4863	5469	61.22
2006	2177	11352	5470	5882	62.98
2007	2476	12720	6284	6436	61.52

① 根据2009年我国农民工监测调查报告，在外出农民工中，16～19岁（90后）占29.3%，20～29岁（80后）占29.1%，30～39岁（70后）占23.8%，40岁以上占17.8%。如果假设40岁以上外出农民工支出占收入比为30%，那么平均比重＝53%×29.3%＋47.2%×29.1%＋38.3%×23.8%＋30%×17.8%＝43.72%。

年份	NR$_农$（元）	农民工人均年收入（元）	农民工人均年支出（元）	NR$_非$（元）	r（%）
2008	2738	16080	7124	8957	69.43
2009	2777	17004	7325	9680	71.32
2010	3092	20280	8732	11548	73.22
2011	3535	24588	10613	13975	74.70

资料来源：笔者计算整理得到。

4. 农村劳动力转移意愿的动力分析

对于农村劳动力转移意愿的估算，仅从可见的经济收益和支出角度出发，缺乏对心理等非经济成本因素的衡量，可能导致转移意愿的高估。但通过前文分析可以看出，农村劳动力进城务工的工资性收益的上涨趋势远远快于农业收益，农村劳动力预期收益的快速增加是导致农村劳动力倾向转移的主要原因。相对于20 世纪90 年代，中国的农村劳动力的剩余规模已大幅度降低，农村劳动力供求关系已出现了重要的转折点。根据最新预测，劳动力年龄人口从2013 年开始上升趋于平缓，在2016 ~ 2017 年达到峰值后开始绝对减少[183]。同时，农村劳动力转移的年龄段已开始趋于上升。这些都将预示着中国农村劳动力结构性短缺的矛盾将会更加突出。

这种结构性短缺的矛盾会直接导致农村劳动非农就业的工资水平的上涨（见表4－8）。虽然2003 ~ 2011 年外出农民工的工资增长达到了23.99%，高于农村务农收入增长率的21.78%，但仍低于城镇职工的工资增长率24.90%。由上述分析可以看出，农村劳动力外出就业的收入与农村务农的绝对收入差距之大是农村劳动力非农就业的动力之一，农民工的收入是务农人员收入的两倍之多，但仍不到城镇职工收入的60%。说明中国农民工工资水平普遍处于较低的水平。从国际比较来看，中国农民工工资仍有较大的上升空间。德国科隆经济所对42 个样本国家的研究数据表明，2009 年中国劳动力成本以2.25 欧元/工时排在第28位，大大低于西方发达国家，仅相当于美国的1/10。

中国人口转变是一个不可逆的过程，同很多学者研究的结论相似。第一次人口红利终将消失，带来的普通工资水平的上涨似乎说明中国单位劳动力成本的上升，导致了中国产业特别是劳动密集型产业优势的丧失。劳动力成本并不是完全取决于工资水平，还与劳动力生产率有直接的关系。如果劳动生产率的上升速度较快，中国的劳动力仍然具有成本优势，在产业结构调整和技术进步的要求下，劳动力素质和技能的提高直接影响了劳动生产率。因此，提高农村劳动力的素质和技能，可以使中国在第一次人口红利即将消失的情况下，保证第二次人口红利的无限量发展。

表4-8 农民工、城镇职工和农民人均月收入 单位：元

年份	农民工（Ⅰ）	城镇职工（Ⅱ）	农民（Ⅲ）	（Ⅰ）／（Ⅱ）	（Ⅰ）／（Ⅲ）
2003	702	1164	299	0.6031	2.3478
2004	780	1327	337	0.5878	2.3145
2005	861	1517	386	0.5676	2.2306
2006	946	1738	419	0.5443	2.2578
2007	1060	2060	483	0.5146	2.1946
2008	1340	2408	558	0.5565	2.4014
2009	1417	2687	593	0.5274	2.3895
2010	1690	3045	677	0.5550	2.4963
2011	2049	3483	820	0.5883	2.4988

资料来源：历年《中国统计年鉴》、2011年中国农民工监测调查报告和人口与劳动绿皮书（2011）计算整理。

第二节　农村劳动力转移的供需矛盾

尽管受数据限制仅分析到了2011年，但趋势明显，2003年以来农村劳动力的转移意愿呈上升趋势，就转移速度而言，自2010年以后呈下降趋势。究竟什么原因导致中国农村劳动力转移的这种悖论，如何解决这一问题是中国农村劳动力转移面临的一个难题。

一、供给角度的考虑

中国整体经济形势的发展需要农村劳动力由第一产业向第二、第三产业不断转移，而且中国农村劳动力数量与经验数据比较，农村劳动力仍有剩余，规模依

旧庞大。但从微观个体而言，剩余劳动力的年龄、文化程度都相当高，而且主要表现为劳动时间的剩余，使转移的难度加大。自 2008 年以来，农村劳动力转移平均年龄不断上升，婚姻、家庭和子女的种种约束限制了农村劳动力转移就业的地域范围，很多劳动力逐渐从外出就业转为本地非农就业。国家农村政策也导致一部分农村劳动力留在了农村。另外，外出城镇就业的农民工大多以新生代为主，其消费观念、生活理念和生活目标的不同，造成非经济成本的上升，从而使现有的转移意愿估计值偏高。

二、需求角度的考虑

农村劳动力以受雇形式转移城市就业已经成为农村劳动力转移的主要形式，城镇非农产业对农村劳动力的需求成为影响转移的重要因素。受 2008 年国际金融危机的影响，中国众多沿海省份的企业倒闭，产业经济的局部萧条，减少了劳动力的需求。数据显示，2009 年 1 月底，返乡农村劳动力占到转移劳动力总数的 50%。劳动力成本的增长，特别是农村劳动力所从事的制造业、建筑业成本的上升，使企业在雇用农村劳动力方面需要付出更多的工资并承担更大的风险。按照现代化的发展路径，中国已开始转变经济增长方式，劳动密集型的产业将逐渐淘汰或改造升级，取而代之的是高科技、高附加值的可持续发展产业，这也对劳动力素质和技能提出了较高要求。据统计，外出劳动力的文化程度明显高于本地转移劳动力的文化程度，其中，初中以上文化程度高出 8.9 个百分点。特别是 30 岁以下新生代劳动力的文化素质为最高，其高中以上学历高出总体转移劳动力 12.9 个百分点。但外出农民工高中以上文化程度仅占 25.5%，加上非农技能的缺乏，造成了农村劳动力供给的短期性、结构性短缺。同时，企业在雇用农村劳动力时存在明显信息不对称。为了降低信息不对称风险，企业产生了拖欠工资和不签订劳动合同的行为，使受雇劳动力承担巨大风险。不稳定的工作环境令农村劳动力在城市中往往没有归属感，加之户籍、医疗和教育等制度的约束，农村劳动力即便有极大的意愿转移城市，但最终还是因种种原因无法留在城市，而不得不返乡就业。

三、供需矛盾分析

农村劳动力无限供给时代的结束将导致劳动力转移就业工资的上升，驱动农村劳动力放弃学业、培训等提升人力资本、素质的机会而转移就业，必然会导致劳动力无法满足未来劳动力市场的技能需求，从而使其面临结构性失业（见图4-1）。受雇劳动力比重的上升预示着雇佣形式成为市场经济下劳动力转移就业的重要形式。在城市生活成本、素质等非经济因素阻碍劳动力转移城市就业的同时，农业现代化进程的推进也将进一步减少农业对劳动力的容纳程度。中国经济发展方式转变的加快，推进传统产业技术改造的增速。战略型新兴产业的推进，对农村劳动力转移城镇的素质和技能提出了更高的要求。

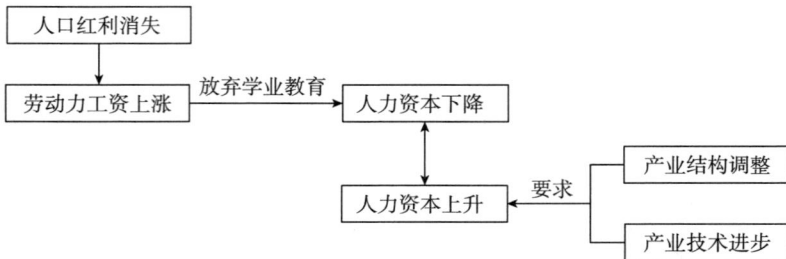

图4-1 中国农村劳动力转移的供需矛盾

在劳动力短缺的条件下，非熟练劳动者的就业机会增加了。转移劳动力工资收入的上涨，使劳动力继续在学和升学的愿望减弱。从而导致了转移劳动力文化素质和技能的降低。随着劳动力成本上升的态势，亟须通过提高劳动生产率来保持中国的劳动力成本优势。然而，提高劳动力生产率不能仅依靠提高资本劳动比，因为在劳动力短缺的条件下，资本劳动比的提高是受到资本报酬递减规律限制的，而全要素生产率的提高才是根本的办法。值得关注的是，全要素生产率的提高对企业需求劳动力的素质、技能提出了更高的要求，对农业部门劳动力供给也产生了一定的影响。

第三节 需求变化对农村劳动力转移的影响

从上述分析可以看出，产业结构调整和技术进步带来的供给和需求变化对农村劳动力的转移起到了至关重要的作用。上述提到全要素生产率的提高是提高劳动生产率的根本办法，那么目前的全要素生产率和农村劳动力转移究竟有什么关系？与前文对应，选择 1978～2011 年时间序列数据进行分析。

一、模型构建和数据获取

1. 模型构建

变量选取为农村劳动力转移数量和农业与非农产业全要素生产率，分别建立计量模型，分析农村劳动力转移与各产业技术进步的关系效应。程名望等(2010)[60]通过农业传统部门的分析，建立了农村劳动力转移数量为被解释变量，农村人口数量、耕地面积、资本投入为解释变量的计量模型，这一理论推导同样适用于非农产业。全要素生产率的计算源于生产函数，因此，建立全要素生产率与资本投入等变量关系模型可能导致完全共线性问题。考虑上述问题及研究目的，本书仅进行全要素生产率和农村劳动力转移关系分析，分别建立劳动力转移数量与农业和非农产业技术进步的计量模型。

2. 数据获取

(1) 农村劳动力转移指标。关于农村劳动力转移数量因统计口径的不同，目前未形成统一的数据①。在众多已有研究成果中，针对农村劳动力转移数量，不同学者运用了不同的方法进行了估算。以城镇从业人数减去城镇职工人数得到进城农民工数，以乡村从业人数与农业从业人数差值得到农村中非农劳动力的数量（陆学艺，2004）[184]，但因对进城农民工数估算过高可能导致农村劳动力转移量整体估算偏大；以农业劳动力总数（乡村就业总数）与农业从业人员的差值或比率表示农村劳动力转移数量（蒲艳萍等，2005[185]；张勇，2009[27]；尹向飞，2011[186]），忽略了转移城市就业的农村劳动力人群；以采掘、制造和建筑三个产业的职工人数总和减去相应的国有职工人数总和来表示农村劳动力转移量（刘志忠等，2007[187]；赵德昭等，2012[56]），忽略了农村劳动力非农就业的行业变化②；以非农部门就业与全部就业比例的增长率和转移比率表示农村劳动力转

---

① 较权威的调查机构如国家统计局农村经济调查总队、全国农村固定观察点等公布的中国农村劳动力数量的统计结果也有较大的差距，以 2009 年为例，国家统计局农村经济调查总队的数据为 23594 万人，而全国农村固定观察点数据为 22978 万人。

② 2012 年农民工监测调查报告，首先是农民工从事制造业的比重最大，占 35.7%，其次是建筑业占 18.4%，服务业占 12.2%，批发零售业占 9.8%，交通运输、仓储和邮政业占 6.6%，住宿餐饮业占 5.2%。

移数量指标（黄国华，2010[188]；张虎等，2013[73]），无法说明比率的增长均来自农村劳动力转移的影响，同时也忽略了农村劳动力的流动性。程名望等（2007）[189]采用武治国（2005）[190]的1978～2002年数据资料，运用指数平滑法解决了2003～2004年数据统计口径不同的问题。本书仍沿用这一数据，2003～2009年农村劳动力转移数量来自《全国农村固定观察点调查数据汇编（2000－2009）》，2008～2011年农村劳动力转移数量来自农民工调查监测报告（2009和2011），同样考虑到统计口径不一致的问题，在程名望等（2007）[189]基础上，在数据连接点年份进行数据变换，进而推算出1978～2011年的农村劳动力转移数量。

（2）全要素生产率指标。本书选用索罗残差法[191]进行全要素生产率测算，这种方法也被很多学者使用（赵洪斌，2004[192]；黄振华，2008[193]；赵志耘等，2011[194]）。使用该方法进行三次产业全要素生产率测算，需要各产业现实产出指标、资本存量指标和劳动投入指标。

1）在现实产出指标方面。选取1978～2011年全国的第一和第二、第三产业的GDP，并以2000年价格为基准的缩减指数对各产业GDP进行缩减，得到以2000年不变价格的农业和非农产业GDP。

2）在资本存量指标方面。本书采用永续盘存法按不变价格测算全国农业产业和非农产业的资本存量，根据 $K_t = I_t + (1-\delta) K_{t-1}$ 计算历年资本存量指标，其中，I_t 表示 t 年的实际投资，δ 表示折旧率。选择固定资本形成总额作为当年投资指标，《中国国内生产总值核算历史资料：1952－1995》和《中国国内生产总值核算历史资料：1996－2002》提供了1978～2002年各省区按三次产业划分的固定资本形成总额，但并不具有全国层面的三次产业划分的固定资本形成总额。笔者在剔除《中国国内生产总值核算历史资料》中不具有完整时间序列的省份（江西、广东、海南、西藏和重庆）基础上，估算出历年各产业固定资本形成总额的比重，并以此推算1978～2002年的各产业固定资本形成总额。2003～2011年只有分产业的全社会固定资产投资数据，没有提供分产业的固定资本形成总额数据，故以前者代替（董理和史小龙，2013）[195]。经计算发现，2002年与2003年比重差距较为明显，按照1978～2002年的第一产业固定资本形成总额的年均变化率推算2003年的比重，并同比按照2003～2011年第一产业固定资本投资比重推算2003～2011年第一产业固定资本形成总额比重。由此，便得到1978～2011年农业产业固定资本形成总额和非农产业固定资本形成总额。

据《中国国内生产总值核算历史资料（1952－2004）》公布的数据，只有

1978～2004 年的固定资本形成总额指数，没有按三次产业划分的固定资本形成总额指数。笔者采用下述方法进行推算：首先，拟合固定资本形成总额平减指数与 GDP 平减指数（2000＝100）的关系，运用在 1978～2004 年的关系来估算 2005～2011 年的固定资本形成总额平减指数，得到具体关系：$ID_t = 0.972996GDPD_t$，其中，ID_t 表示第 t 年固定资本形成总额平减指数，$GDPD_t$ 为第 t 年 GDP 平减指数；其次，根据三次产业的 GDP 平减指数（2000＝100）按照下式：$ID_t^i = GDPD^i \times (ID_t/GDPD_t)$，其中，$ID_t^i$ 表示第 t 年第 i 产业的固定资本形成总额平减指数，推算 1978～2011 年三次产业的资本形成总额平减指数；最后，推算出 1978～2011 年农业产业和非农产业以 2000 年不变价格的固定资本形成总额。

关于基期资本存量的确定，采用国际常用方法，即 $K_0 = I_0 / (g + \delta)$，其中，g 表示实际投资的年均增长率（经计算，1978～2011 年的农业产业的实际投资年均增长率为 6.60%；1978～2011 年的非农产业的实际投资年均增长率为 12.39%），δ 表示折旧率，本书将其定为 5%。

3）劳动投入指标。选取 1978～2011 年全国农业和非农产业的就业人员总数，因现实产出指标与资本存量指标均为年中数，而就业人数为年末数，故取前后两年的算术平均数为各产业就业人员总数（见表 4－9）。

表 4－9　1978～2011 年中国农业产业和非农产业的现实产出、资本存量和就业人数

类别 年份	农业产业			非农产业		
	Y1（亿元）	K1（亿元）	L1（万人）	Y2（亿元）	K2（亿元）	L2（万人）
1978	5395.2	6385.7	28318	8260.4	19728.7	11835
1979	5724.3	6739.6	28476	8925.5	22080.5	12113
1980	5641.2	7020.8	28878	9802.9	24782.8	12815
1981	6035.2	7154.4	29449.5	10381.2	27518.5	13593.5
1982	6730.9	7293.2	30318	11338.5	30667.5	14192
1983	7291.4	7395.4	31005	12794	34355.8	14860.5
1984	8230.5	7543.2	31009.5	14966.8	38764.6	16307
1985	8382.3	7610.4	30999	17717.9	43803	18036
1986	8660.4	7731.6	31192	19699.5	49277.4	19385
1987	9067.9	7910	31458.5	22464.1	55678.5	20574
1988	9298.6	8095.5	31956	25563.9	62618.3	21603

类别	农业产业			非农产业		
年份	Y1（亿元）	K1（亿元）	L1（万人）	Y2（亿元）	K2（亿元）	L2（万人）
1989	9584.5	8219.5	32737	26743.5	67830.6	22095
1990	10286.8	8375.8	36069.5	27469	73174.9	23970
1991	10533.7	8631.4	39006	30547.1	79475.5	26114
1992	11028.9	8939.4	38898.5	35615.7	87820.3	26923
1993	11547.4	9233.5	38189.5	41315.8	99192.5	28290.5
1994	12009.4	9762.9	37154	47434.6	112958.3	29977.5
1995	12609.9	10430.5	36079	53114.9	129231.7	31681
1996	13253.1	11064	35175	58886.2	147249.4	33332.5
1997	13716.9	11721.2	34830	65122.1	165574.1	34554.5
1998	14196.9	12560.8	35008.5	70762.1	185233.0	35219.5
1999	14594.5	13397.8	35472.5	76906.7	205662.1	35543
2000	14944.7	14291.2	35905.2	84269.9	227660	35834.3
2001	15363.2	15154.0	36220.5	92087.7	252202.3	36220.5
2002	15808.7	16236.8	36519.3	101397.5	280726	36519.2
2003	16203.9	17545.3	36422.2	112755.4	316268.1	37085.8
2004	17224.8	18683.5	35517.1	124739.8	357681.2	38482.9
2005	18125.8	20082.3	34135.8	139895.1	404660.4	40319.7
2006	19032.1	21663.4	32691.2	159103.6	458508	42121.2
2007	19744.6	23217.9	31335.8	183740.7	517306.7	43813.7
2008	20806.6	25497.9	30327.2	202330.8	584762.2	45115.3
2009	21677	28617.2	29406.9	222092.3	669344.4	46289.1
2010	22602.9	31516.6	28410.5	246752.6	761543.2	47556
2011	23563.6	34355	27262.3	271141.3	859384.7	49000.3

注：上表中的 Y 和 K 均以 2000 年价格为不变价格计算。

资料来源：根据《中国国内生产总值核算历史资料：1952－1995》《中国国内生产总值核算历史资料：1996－2002》《中国统计年鉴2012》计算和推算。

　　在获取 1978～2011 年相关时间序列的基础上，运用索罗残差法进行了农业产业和非农产业全要素生产率测算，结果如表4－10所示。

表4-10 1978~2011年中国农业和非农产业的全要素生产率及农村劳动力转移数量

类别 年份	农业产业		非农产业		全国经济		转移数量
	TFP1	tfp1（%）	TFP2	tfp2（%）	TFP	tfp（%）	L
1978	0.4636	—	0.4161	—	0.4725	—	2150
1979	0.4752	2.51	0.4095	-1.59	0.4675	-1.05	3190
1980	0.4544	-4.37	0.406	-0.84	0.4618	-1.22	3502
1981	0.477	4.96	0.3928	-3.26	0.4507	-2.41	3692
1982	0.5197	8.97	0.3922	-0.15	0.4562	1.22	3805
1983	0.5533	6.47	0.4027	2.67	0.4685	2.69	4340
1984	0.6172	11.55	0.4217	4.73	0.4938	5.41	5888
1985	0.6254	1.32	0.4429	5.02	0.5076	2.81	6714
1986	0.6385	2.09	0.4397	-0.73	0.5012	-1.27	7522
1987	0.6572	2.94	0.4468	1.62	0.5064	1.05	8130
1988	0.6605	0.50	0.4556	1.97	0.5123	1.17	8611
1989	0.6681	1.15	0.4425	-2.88	0.4993	-2.55	8498
1990	0.6819	2.06	0.4216	-4.73	0.4831	-3.24	14372
1991	0.6645	-2.54	0.4312	2.30	0.4869	0.80	13840
1992	0.6821	2.65	0.4574	6.05	0.5107	4.89	14254
1993	0.7057	3.46	0.4731	3.44	0.5256	2.92	15288
1994	0.7178	1.72	0.4814	1.75	0.5348	1.74	16112
1995	0.7332	2.14	0.4779	-0.73	0.5255	-1.74	16690
1996	0.7516	2.51	0.4712	-1.38	0.5218	-0.70	16767
1997	0.7545	0.39	0.4685	-0.59	0.5194	-0.45	16605
1998	0.7478	-0.89	0.4598	-1.85	0.5072	-2.35	16395
1999	0.7358	-1.61	0.4541	-1.23	0.5006	-1.30	16070
2000	0.7214	-1.95	0.453	-0.26	0.4977	-0.59	16136
2001	0.7136	-1.08	0.4501	-0.63	0.4922	-1.09	16634
2002	0.7023	-1.58	0.4486	-0.34	0.4913	-0.20	16969
2003	0.6881	-2.03	0.4467	-0.43	0.4899	-0.27	17226
2004	0.7117	3.43	0.4401	-1.48	0.4875	-0.50	17825
2005	0.7288	2.42	0.4393	-0.18	0.4864	-0.21	19553
2006	0.7443	2.12	0.4439	1.05	0.4953	1.81	19066
2007	0.7536	1.25	0.4574	3.05	0.5123	3.43	19894

类别 年份	农业产业		非农产业		全国经济		转移数量
	TFP1	tfp1（％）	TFP2	tfp2（％）	TFP	tfp（％）	L
2008	0.7609	0.97	0.4492	−1.80	0.5075	−0.92	20265
2009	0.7492	−1.54	0.4351	−3.14	0.4897	−3.52	20656
2010	0.7478	−0.19	0.4292	−1.37	0.4834	−1.29	21776
2011	0.7529	0.68	0.4216	−1.76	0.478	−1.10	22724

注：TFP1 表示农业产业全要素生产率，tfp1 表示农业产业技术进步率；TFP2 表示非农产业全要素生产率，tfp2 表示非农产业技术进步率；TFP 表示全国全要素生产率，tfp 表示全国技术进步率；L 表示农村劳动力转移数量（万人）。

3. 全要素生产率和技术进步率的测算结果评述

根据表 4 – 10 数据和图 4 – 2、图 4 – 3 的趋势变化以及中国农业产业和非农产业经济的对比分析，可以总结出以下四点：

（1）农业部门的全要素生产率提高较为明显，由 1978 年的 0.4636 提高到了 2011 年的 0.7529。经计算，1978～2011 年农业产业年均技术进步率为 0.0153，同期农业产业的不变价增加值年均增长率为 0.046，推算出农业产业技术进步对产出的增长贡献率为 0.3325，与赵洪斌（2004）对 1980～2000 年农业技术进步对产出增长贡献所计算的 0.3277 比较一致[192]。

（2）非农部门的全要素生产率提高不够显著，该结论与陈宗胜等（2004）一致[196]。1978～2011 年，非农产业全要素生产率一直在 0.45 上下徘徊，变动较为平稳，没有明显的上升或下降趋势。经计算，1978～2011 年非农产业年均技术进步率为 0.000697，同期非农产业的不变价增加值年均增长率为 0.1121，推算出农业产业技术进步对产出的增长贡献率为 0.0062。结合前述推算的非农产业的资本产出弹性，说明中国非农产业的产出的增长主要还是依赖资本投入。

（3）就技术进步率来看（见图 4 – 2），非农产业和全国整体产业的技术进步率的变化趋势基本相同，而第一产业技术进步率较其他产业差异较大。全要素生产率在 20 世纪 90 年代初期有一个明显的提高，但随后一直下降，直到 21 世纪才开始逐渐上升，但是自 2008 年以来，又进入了下降通道。但从整体上来看，虽然投入逐年增加，但资本投入对产业的贡献越来越小。这说明产业的发展已不再是仅仅依靠单纯的资本投入。

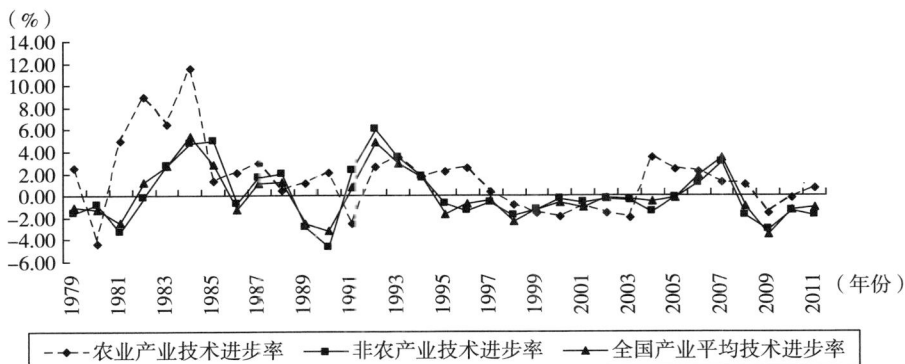

图 4 - 2 1978～2011 年农业产业、非农产业及全国整体产业技术进步率

（4）与国内学者研究结论对比（见图 4 - 3），可以看出本书技术进步率趋势的估算相对合理。虽然技术进步率的具体值不尽相同，但趋势走向基本相同。这说明本书推算的农业产业、非农产业的全要素生产率与技术进步率在合理的区间范围内，可以以该数据进行下文的计量模型的实证分析。

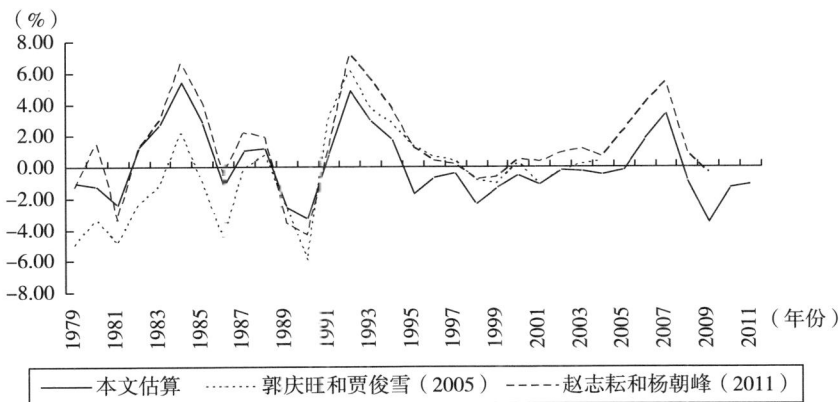

图 4 - 3 部分学者与本书的全国整体产业技术进步率趋势比较

二、实证分析

在进行实证分析之前，首先要进行序列平稳性检验，本节选择 ADF 检验进

行单位根检验（结果见表 4 – 11）。根据结果可以看出，LnL 和 LnTFP1 是平稳序列，即 0 阶单整序列；而 LnTFP2 为非平稳序列，但经过一阶差分后均为平稳序列。因此，农村劳动力转移数量 LnL 和农业产业全要素生产率 LnTFP1 直接存在长期关系，可以直接进行回归分析，然后通过格兰杰因果检验确定两变量之间的因果关系；农村劳动力转移数量 LnL 和非农产业全要素 LnTFP2 非同阶单整，因此，不存在长期关系，需要通过 VAR 模型检验变量之间的短期关系，如果存在关系，可以通过格兰杰因果检验两变量之间的短期因果关系。

表 4 – 11　ADF 单位根检验的结果

变量	检验类型 (c, t, k)	ADF 检验统计量	临界值 (1%)	临界值 (5%)	临界值 (10%)	P 值	结论
LnL	(c, 0, 1)	− 2.754798	− 3.653730	− 2.957110	− 2.617434	0.0762 *	平稳
dLnL	(c, 0, 0)	− 6.277139	− 3.653730	− 2.957110	− 2.617434	0.0000 ***	平稳
LnTFP1	(0, 0, 1)	− 2.320995	− 2.639210	− 1.951687	− 1.610579	0.0218 **	平稳
dLnTFP1	(0, 0, 0)	− 3.248581	− 2.639210	− 1.951687	− 1.610579	0.0020 ***	平稳
LnTFP2	(c, 0, 1)	− 2.528249	− 3.653730	− 2.957110	− 2.617434	0.1185	非平稳
dLnTFP2	(c, 0, 3)	− 3.102767	− 3.679322	− 2.967767	− 2.622989	0.0375 **	平稳

注：d 表示时间序列的一阶差分；在检验类型中，c、t、k 分别表示单位根检验中是否包含常数项、时间趋势项和滞后阶数，其中，c 和 t 根据时间序列趋势图判断，k 根据 AIC 及 SC 最小准则判断；* 、 * * 、 * * * 分别表示在 10% 、5% 和 1% 水平下拒绝原假设。

1. 农村劳动力转移与农业全要素生产率的实证分析

对农村劳动力转移数量 LnL 和农业产业全要素生产率 LnTFP1 进行 OLS 回归分析。直接回归结果的 D. W. 统计量为 0.5325 < 1.39 （k = 2，n = 34 时的 d_1 值），说明模型的随机误差项存在明显的正自相关，根据偏相关系数检验结果，运用 Cochrane – Orcutt 迭代法，加入 AR （1）和 AR （2）进行回归，得到回归结果如下：

$$LnL = 10.9669 + 3.9925LnTFP1 \tag{4-1}$$

分析回归结果可以看出，调整后 R^2 为 0.9588，说明回归方程对数据拟合度较好；F 值为 241.5280，说明方程回归效果显著；调整后的 D. W. 统计量为 2.1227，说明消除了自相关现象。从模型的解释角度分析，农业产业全要素生产率与农村劳动力转移数量之间显著为正相关关系，表示为前者每增加 1%，后者增加 3.9925%，说明农业科技进步对农村劳动力转移有着较大的促进作用。

OLS 估计仅仅说明了农业全要素生产率 LnTFP1 与农村劳动力转移数量 LnL 之间量上的关系，并未直接说明两个变量直接的因果关系。因此，采用格兰杰因果关系检验法检验变量之间的因果关系。格兰杰因果关系检验结果受滞后期影响非常严重，统计推断很容易出错（庞皓等，1999）[197]。其他变量序列的影响、测量误差、第一类和第二类错误都可能导致结果认为 y 是 x 的格兰杰原因，但不能断定 y 一定是 x 的格兰杰原因。

因此，本部分的格兰杰检验并不严格遵循大多数学者依靠 AIC 最小原则来确定滞后阶数，而是参照部分学者（庞皓和陈述云，1999[197]；吴文清等，2011[198]）的研究方法，选取不同滞后期进行格兰杰因果检验。从表 4-12 的格兰杰因果检验结果可以看出，当滞后期为 1 年时，具有农业全要素生产率对农村劳动力转移数量的单项因果关系；滞后期超过 1 年时，具有农村劳动力转移数量对农业全要素生产率的单项因果关系。这一实证分析表明，起初农业全要素生产率的增加导致了农村劳动力转移，而已经发生转移的农村劳动力将促进农业全要素生产率的提高，而且该效应是长期的。

表 4-12　LnL 和 LnTFP1 两变量的格兰杰因果检验结果

零假设 滞后期	LnL 不是 LnTFP1 的格兰杰原因		LnTFP1 不是 LnL 的格兰杰原因	
	F 值	P 值	F 值	P 值
1	0.00696	0.9340	4.53214	0.0416
2 *	8.60012	0.0013	2.08704	0.1436
3	4.56151	0.0115	1.00979	0.4056
4	6.66994	0.0013	0.39707	0.8085
5	4.01865	0.0126	0.44670	0.8101
6	4.40740	0.0092	0.92210	0.5064

注：* 表示 AIC 最小原则来确定的最佳滞后阶数。

2. 农村劳动力转移与非农全要素生产率的实证分析

由于农村劳动力转移数量 LnL 为平稳变量，而非农全要素生产率 LnTFP2 为一阶单整变量，因此，说明两者之间并不存在长期均衡关系。根据表 4-11 的 ADF 单位根检验结果，两个变量经过一阶差分变换后均为平稳变量，而且差分的两个变量均具有新的经济意义，分别表示农村劳动力转移和非农全要素生产率的增长量。为此，构建两变量的一阶差分 VAR 模型（ΔLnL 为被解释变量，ΔLnTFP2 为解释变量），并检验两者之间的短期因果关系。

在 VAR 模型建立之前，首先要确定最佳滞后期数。考虑到样本时间序列区间的限制，选取最大滞后期数为 3，通过 LR、FPE、AIC、SC 和 HQ 的值判断最佳滞后期数，根据表 4 - 13 的结果，认为最佳滞后期数为 2，并通过 VAR 模型稳定性确定最佳滞后期数。对一阶差分 VAR 模型稳定性进行估计，利用 AR 根进行检验，如果 VAR 模型所有根的倒数均小于 1，即位于单位圆内，则说明该一阶差分 VAR 模型是稳定的。检验结果表明，该设定的模型是稳定的，说明选取的两个变量之间具有稳定关系。

表 4 - 13　VAR 模型的最佳滞后阶数检验结果

滞后期	LogL	LR 检验	FPE 检验	AIC 检验	SC 检验	HQ 检验
0	92. 74023	NA	8. 09e - 06	- 6. 049349	- 5. 955936 *	- 6. 019465
1	98. 81054	10. 92655	7. 05e - 06	- 6. 187369	- 5. 907130	- 6. 097718
2	105. 8422	11. 71945 *	5. 79e - 06 *	- 6. 389480 *	- 5. 922415	- 6. 240062 *
3	106. 9444	1. 689961	7. 11e - 06	- 6. 196290	- 5. 542398	- 5. 987105

注：* 表示在 5% 的显著性水平上显著。

故输出该一阶差分 VAR 模型的最终估计结果（见表 4 - 14）。VAR 估计结果显示，非农全要素生产率的一阶差分 ΔLnTFP2 的滞后 1 期和滞后 2 期的变量在模型中均不显著，F 检验的结果也并没有拒绝原假设，说明农村劳动力转移与非农全要素生产率之间并不存在短期因果关系，即农村劳动力转移与非农产业技术进步不存在显著关系。

表 4 - 14　一阶差分 VAR 模型估计结果

变量	系数	T 值
ΔLnL（1）	- 0. 051594	- 0. 26983
ΔLnL（2）	0. 088801	0. 50385
ΔLnTFP2（1）	- 0. 269175	- 0. 28114
ΔLnTFP2（2）	1. 059444	1. 13610

续表

变量	系数	T 值
常数	0.055923	2.10770
F 值	0.384279	
调整后的 R^2	-0.089439	

三、模型结论

（1）农业全要素生产率与农村劳动力转移之间的实证结论：农村劳动力转移数量与农业产业全要素生产率均为平稳序列，通过回归分析结果表明两者直接存在长期正相关关系。格兰杰因果检验结果显示，在最佳滞后阶数下（滞后期为2），农村劳动力转移是农业技术进步的格兰杰原因，与尹向飞（2010）[186]、陈开军等（2010）[53]的结论一致。但考虑到格兰杰因果关系检验结果受滞后期影响非常严重，而其他滞后期的格兰杰因果检验结果发现，在滞后 1 期时，农业技术进步是农村劳动力转移的格兰杰原因。两者关系可以解释为上一期的农业技术进步推动了农村劳动力转移，农业劳动力数量减少导致了农业技术进步，农业技术进步自然继续作用下一期的农村劳动力转移。

（2）非农全要素生产率与农村劳动力转移之间的实证结论：由于农村劳动力转移数量与非农产业全要素生产率非同阶单整序列，因此，否定了两者之间的长期均衡关系。在一阶差分的 VAR 模型估计结果基础上进行的因果检验表明，农村劳动力转移与非农技术进步之间不存在显著的相关关系。一些经验似乎证明了非农技术进步可以促进农村劳动力的非农就业。在日本的农村劳动力转移过程中，技术进步带来的就业是资本积累带来就业贡献的 4 倍（苗文龙，2005）[199]。罗润东（2006）也认为，技术进步与就业之间的不确定效应是可以改变的，他认为技术进步对就业影响的不确定效应取决于就业岗位所需要的技术升级与劳动者实际的技术升级之间的时滞长短[57]。只有劳动力对预期技术进步实现进行了技能培训或人力资本投资，才可能导致技术进步对劳动力就业的正效应。显然，目前中国农村转移的劳动力并不完全满足这一条件。

第四节　区域劳务品牌对农村劳动力转移的矛盾化解

政策和制度等非经济因素较改革开放之前已被大大弱化，市场因素成为未来主导农村劳动力转移的重要力量。农村劳动力无限供给时代的结束将导致劳动力转移就业工资的上升，驱动农村劳动力放弃学业、培训等提升人力资本和素质的机会而转移就业，必然会导致转移劳动力无法满足未来劳动力市场的技能需求，从而使其面临结构性失业。受雇劳动力比重的上升使雇佣形式成为市场经济下劳动力转移就业的重要形式，在城市生活成本、个人素质和非经济因素阻碍劳动力转移城市就业的同时，农业现代化进程的推进也将进一步减少农业对劳动力的容纳程度。这使中国农村劳动力转移在未来几年将面临更加尴尬的局面。

改革开放的深入发展将进一步带来城乡劳动力市场制度的完善和环境的优化，非经济因素的政策障碍将逐步消除。在市场经济的作用下，如何通过完善农村劳动力就业市场，健全转移农村劳动力的合法权益和社会保障，通过雇佣的形式实现农村劳动力进一步转移就业就显得至关重要。农村劳动力转移的矛盾在于供给角度的农村劳动力的素质与技能无法满足技术进步导致的技术需求提升。要打破农村劳动力转移中存在的尴尬局面，促进农村劳动力持续高效转移，需要通过提高农村劳动力的素质与技能来迎合市场需求。而在短期内要让如此多的农村劳动力的素质和技能得以提高，的确是一项重大而又艰巨的任务。即使部分劳动力的技能足以满足企业高技术的需求，但由于信息不对称的存在，大量低技能劳动力仍对部分高技能劳动力产生连带效应，并不一定能给现实带来很大的改观。蔡昉（2012）也认为，农村存在着一定规模、具有某种人力资本特征的剩余劳动力[12]。因此，挖掘潜在的具有人力资本特征的农村劳动力，以品牌形式进行农村劳动力转移就业，不失为一种有效的解决方式。

一、供给角度的矛盾化解

中国整体经济形势的发展需要农村劳动力由第一产业向第二、第三产业不断转移，而且中国农村劳动力数量与经验数据比较，农村劳动力仍有剩余，规模依旧庞大。但从微观个体而言，剩余劳动力的年龄相当高，文化程度却明显低于已转移农村劳动力，而且主要表现为劳动时间的剩余，使转移的难度加大。从供给角度化解农村劳动力转移供需矛盾的关键是要提高农村劳动力的整体素质以及技能培训水平。打造具有地方特色的区域劳务品牌解决了整体素质难以快速提升的这一难题，以区域传统文化和技能为依托，以市场需求为导向，有针对性地提升农村劳动力的技能水平，保证了农村劳动力供给的技能稳定性和持续性，增加了农村劳动力转移城镇就业的稳定性和长久性。

二、需求角度的矛盾化解

按照现代化的发展路径，中国已开始转变经济增长方式，劳动密集型的产业将逐渐淘汰或改造升级，取而代之的是高科技、高附加值的可持续发展产业，这也对农村劳动力素质和技能提出了较高要求。但随着城镇非农产业的技术进步和产业结构调整，资本与劳动的投入比例可能发生变化，特别是对劳动力的人力资本结构有了更高的要求，符合非农产业调整的技能型劳动力成为稀缺的需求对象。区域劳务品牌的出现（见图4－4），正为非农部门选择农村劳动力提供了市场信号，有针对性的品牌信号有效地连接了劳务市场的供需双方，减缓了劳动力在雇佣过程中的双方不对称程度，增加了就业的稳定性。

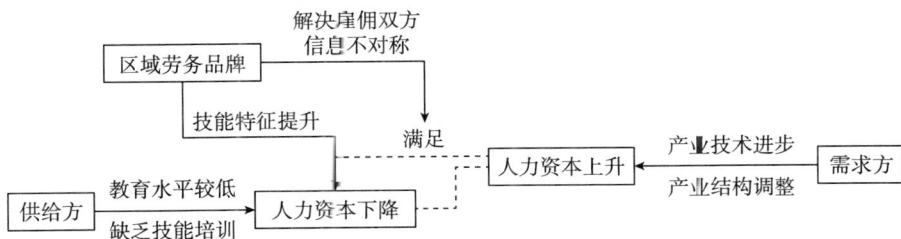

图4－4 区域劳务品牌对农村劳动力转移的矛盾化解

综上所述，转移城市的农村劳动力既是生产要素，也是商品，让转移城市的农村劳动力以区域劳务品牌形式进入劳动力市场，在供需的过程中实现农村劳动力转移就业，以此解决"民工荒"和"就业难"问题。通过区域劳务品牌可以挖掘农村潜在劳动力资源，获取长远与更大的市场份额，解决劳动力市场中由于雇佣双方信息不对称出现的一系列问题，使"包装"的各类劳动力获得更多就业空间，提升转移总量，改善就业结构，增加全员就业机会，推进农民工举家迁移，为实现人口异地永久转移提供保障。

本章小结

　　本章从供给与需求角度对区域劳务品牌对中国农村劳动力转移矛盾化解进行了更深入的研究。在劳动力供需矛盾方面，就业偏离度分析认为，中国农村劳动力仍具转移空间和潜力；就业弹性分析认为，第三产业将成为吸纳农村劳动力的主要产业；转移意愿分析认为，中国农村劳动力转移意愿呈上升趋势，但这一结果有悖于呈下降趋势的中国农村劳动力转移速度。结合研究表明，中国之所以出现农村劳动力转移过程中的供需矛盾，主要是由于农村的低技能原生劳动力无法满足技术进步与产业调整中非农产业的劳动力需求。以技术进步为需求变量对农村劳动力转移影响的实证分析也证实了这一观点。在这种背景下，区域劳务品牌形式的农村劳动力转移将从供给与需求两个角度有效地化解矛盾，促进中国农村劳动力持续和有序地转移。本章的研究也说明研究区域劳务品牌对农村劳动力转移影响和作用的必要性。

第五章 区域劳务品牌对农村
劳动力转移的影响机理

区域劳务品牌通过挖掘潜在的具有人力资本特征的农村劳动力，弥补农村劳动力供给与需求之间的人力资本缺口，将有效地促进中国农村劳动力的进一步转移。本章主要研究目的是分析区域劳务品牌是如何对农村劳动力转移产生影响的以及其深层次的影响机理。本章分别运用结构主义方法、新古典主义方法和新经济地理学理论，应用二元经济理论的刘易斯模型、成本收益理论方法以及"中心—外围"模型等分析框架，阐述区域劳务品牌对农村劳动力转移的影响机理。其中，结构主义方法和新古典主义方法分别立足于宏观层面和微观层面从外生视角进行影响机理的阐述，新经济地理学理论则是从内生视角进行影响机理的阐述。

第一节 基于结构主义方法的影响机理分析

结构主义方法是一种基于宏观层面的研究方法。本节主要运用经典的二元经济理论的刘易斯模型，通过对原始的刘易斯模型进行符合现实性的假设修正，建立一个新的刘易斯模型，并在该模型中引入区域劳务品牌要素，分析区域劳务品牌对农村劳动力转移的影响机理。

一、基于劳动力异质性与技术进步的刘易斯模型修正

刘易斯模型一直被推崇为是指导发展中国家实现工业化的经典模型，且对中国过去存在的"民工潮"有着很强的解释力，但近年来的"民工荒"却对其构

成了严峻挑战。而一个好的理论模型，应该能够同时解释这两种现象。上节将中国农村劳动力转移的矛盾归结于人力资本技能的失衡，一方面源于农村提供的人力资本过低，另一方面城市技术进步导致的人力资本需求较高。本节综合考虑两方面，从均衡视角出发，以供给和需求曲线为分析工具，结合刘易斯模型中劳动力同质性和工业技术进步中性假设条件的现实变化，对刘易斯模型进行符合现实性的修正，并将区域劳务品牌要素引入到修正后的刘易斯模型中，为农村劳动力转移提供一个新的思路与途径。

1. 模型假设条件的修正

修正假设 1：农村劳动力异质性。原模型假设农村劳动力都是同质的，在现实中，农业部门流出的农村劳动力具有异质性特征，不再是简单的没有任何技能的原生劳动力，差异化特征凸显，表现为具有不同人力资本程度的农村劳动力要素。

修正假设 2：工业部门技术发展路径为偏向性技术进步。原模型假设工业部门是沿着一种技术进步中性型的发展路径，而随着技术进步和产业结构升级，工业部门的不断扩张将带来对具有人力资本性质劳动力的吸纳，由于这部分劳动力生产率较高，对原生无技能劳动力产生替代效应，劳动力数量需求不断下降，工业部门的发展路径转变为依赖于人力资本（技能）偏向性技术进步路径。

结合上述分析，劳动力异质性与技术进步偏向性将对原模型中的供给曲线与需求曲线产生影响，从而形成一个新的刘易斯模型。

2. 考虑劳动力异质性的供给曲线变动

由于劳动力具有异质性特征，刘易斯模型中的供给曲线不再仅仅取决于固定的"生存工资"水平，还应当考虑人力资本投资成本约束，农村劳动力的供给曲线将不再是一条平行于横轴的无限供给弹性直线。针对刘易斯模型中供给曲线的改进，在"民工荒"初显之际便有学者进行了研究。周清杰（2004）提出了 Z 字形农村劳动力供给曲线[200]；包小忠（2005）结合中国的现实认为，在劳动力供给曲线表现为水平线之前还有一个阶段向右上方倾斜的曲线[201]；杨国才（2006）基于劳动力"质"的参差不齐认为劳动力供给曲线是一个向上攀升的阶梯状折线[202]；刘勇（2010）基于主次两类市场劳动力的异质性和市场选择认为劳动力供给曲线呈弯曲向上的拐折曲线[203]；孙良媛等（2011）认为，农民工市场供给曲线是一条向右上方攀升的阶梯状折线[204]。

农村劳动力供给曲线呈弯曲阶梯形很好地解释了"民工荒"与"就业难"

现象，综合学者们的核心观点并结合对刘易斯拐点分析，认为在刘易斯拐点到来之前或在刘易斯拐点区域可能存在 N 次拐折（N = 1，2，3…），每次拐折表示一定工资标准下的农村劳动力供给的结束（每个 N 对应着一个 L 值），工资标准的界定取决于"生存工资"与"人力资本投资成本"。《中国农村统计年鉴 2012》关于农村居民家庭劳动力的文化状况数据显示，不识字或识字占 5.5%，小学程度占 26.5%，初中程度占 53%，高中程度占 9.9%，中专程度占 2.5%，大专及大专以上占 2.7%；国家统计局发布的 2012 年全国农民工监测调查报告显示，在农民工中，不识字或识字占 1.5%，小学程度占 14.3%，初中程度占 60.5%，高中程度占 13.3%，中专及以上程度占 10.4%。尽管转移劳动力的文化水平较平均水平有所上升，但初中以下文化程度的农民工比重仍占到了 76.3%，并且在外出农民工中没有接受过非农技能培训的劳动力比重达 74.4%。文化和技能水平的普遍偏低，导致对应低工资标准的农村劳动力数量较大，随着工资水平的上涨，与之对应的劳动力数量将递减，即 N 越小与其对应的 L 越大，随着 N 的增加，对应的 L 将不断减少。由此便形成如图 5 – 1 所示的底端较为平缓并不断上升的农村劳动力供给曲线。

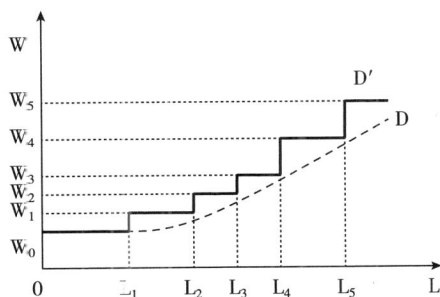

图 5 – 1　考虑农村劳动力异质性的供给曲线

3. 考虑到技术进步偏向性的需求曲线变动

原模型假设的工业部门技术进步是中性的，工业部门的资本扩张带来的劳动力需求曲线也按照该路径向外扩张，但随着工业部门的技术进步和产业结构调整，资本与劳动的投入比例可能发生变化，特别是对劳动力的人力资本结构有了更高的要求，工业部门的技术进步正由中性向人力资本偏向性转变，符合工业部门技术进步的技能型劳动力成为稀缺的需求对象。考虑到技能型劳动力人力资本积累的成本因素，工业部门只有提高工资水平才能雇用到符合要求的技能型劳动力，同时考虑技能型劳动力的稀缺性，替代品数量的减少将导致需求弹性变小，从而形成的新需求曲线的斜率大于原来的需求曲线。由此可见，新需求曲线的斜率实际上取决于劳动力技能和知识结构与工业部门技术进步的匹配程度，如果没有与之匹配的技能型劳动力，需求曲线的斜率将越来越大。如前文所述，中国农民工 76.3% 初中以下文化程度比重和 74.4% 未受过非农技能培训的比重必然导致斜率的增大，由此便形成如图 5－2 所示的需求曲线扩张路径：$K_1 \rightarrow K_2' \rightarrow K_3'$。

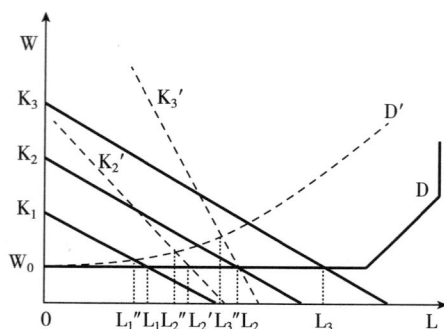

图 5－2　放弃劳动力同质性与假设的刘易斯模型

4. 假设修正后刘易斯模型的劳动力均衡吸纳量

以实线表示原模型，虚线表示新模型（K_1 不变），从而可以清晰对比出放弃劳动力同质性与中性技术进步假设的刘易斯模型（见图 5－2）。从原模型不同阶段农村劳动力供求均衡点来看，工业部门的农村劳动力均衡吸纳量分别为 L_1、L_2、L_3。原模型工业部门技术进步是中性的，因而工业部门资本扩张带来的劳动力需求曲线由 $K_1 \rightarrow K_2 \rightarrow K_3$ 向外扩张，考虑到人力资本偏向性技术进步的工业部门资本扩张的劳动力需求曲线由 $K_1 \rightarrow K_2' \rightarrow K_3'$ 向外扩张。与原模型相比，被吸纳的劳动力数量在各个阶段均有所下降。为研究直观性，以 K_2 变动为例，农村剩余劳动力的均衡吸纳量由 L_2 减少到 L_2'。原模型的劳动力同质性导致农业劳动力供给曲线是平行于横轴的无限供给弹性直线，新模型的供给曲线正如上文所论述的，不仅取决于固定的"生存工资"（W_0），还取决于人力投资成本约束，其形状是底端较为平缓并不断上升的曲线，曲线上点切线的斜率便是人力资本投资的边际成本。因此，新模型的农村劳动力供给曲线由 $D \rightarrow D'$，此时仍然以 K_2 变动为例，农村劳动力的均衡吸纳量由 L_2' 减少到 L_2''。综合对比模型变化的前后，新模型下工业部门在各阶段转移农村劳动力的均衡吸纳量分别为 L_1''、L_2''、L_3''，分别比原模型的均衡吸纳量减少了 $L_1 - L_1''$、$L_2 - L_2''$ 和 $L_3 - L_3''$，均衡吸纳量的减少量即考虑异质性和技术进步偏向生而形成的"吸纳缺口"。从供需角度可解释为工业部门技术进步与农业部门劳动力技能的"匹配缺口"，当不匹配程度加大时，劳动力因技能限制的稀缺程度更加明显，体现为同样条件下工业部门的劳动力需求曲线的斜率加大，同时考虑到体现人力资本投资的边际成本的供给曲线斜率也可能变大，两方面的作用将产生更大的劳动力"吸纳缺口"。因此，"缺口"的大小在很大程度上取决于工业部门技术进步与农业部门劳动力技能的不匹配程度。

5. 假设修正后刘易斯模型的结论

随着农村劳动力个体差异化日益明显以及产业技术进步和结构调整，工业部门并不能如刘易斯模型所说的吸纳完所有转移的农村劳动力，而表现为劳动力异质性和技术进步偏向性导致的"吸纳缺口"，从供需角度也可以解释为需求方工业部门技术进步与供给方农业部门劳动力技能的"匹配缺口"。国外学者的早期研究也证明了这一观点，在工业化技术发展过程中存在劳动需求向技能化转变的倾向（Machin 等，1998）[205]，就业结构变化更倾向于技能劳动者（Bauer 等，2004[206]；Ochsen 等，2005[207]）。就业岗位所需要的技术升级与劳动者实际的技术升级之间的时滞长短决定了农村劳动力就业的程度，只有劳动力对预期技术进步进行相应的技能培训或人力资本投资，才可能有效填补这一缺口，事实上中国的农村劳动力转移过程中并不满足这一条件，往往表现为部分低技能原生农村劳动力由于"技能门槛"的限制，无法达到技术进步和产业调整后工业部门的"技能需求"，从而处于永久性失业状态，即在农业部门处于失业状态的同时，在工业部门因技能限制亦无法就业。由此可见，缩减"缺口"不仅要提升整个农村劳动力群体的文化素质和职业技能，更重要的是这种技能的提升要以针对工业部门的具体技术进步和产业调整为前提。同时，新模型合理地解释了目前普遍存在的"民工荒"和"就业难"并存现象，由于工业部门对劳动力需求存在一定的"技能门槛"，导致农业部门中只有符合工业部门技能要求的农村劳动力才能够成功转移，对于众多技能水平较低的农村原生劳动力则缺乏转移机会。

因此，如何挖掘农村潜在可转移劳动力，使其跨越"技能门槛"以弥补"吸纳缺口"，便成为农村劳动力转移亟待解决的问题。结合劳务品牌的现实意义，在修正后的刘易斯模型中引入劳务品牌机制进行探讨，通过品牌影响供需曲线的变动解释区域劳务品牌引入后对"吸纳缺口"的填补效应。

二、区域劳务品牌对刘易斯模型均衡的影响

上述分析认为，由于农村劳动力的素质与技能是制约农村劳动力转移的重要因素，因此，提高农村转移城镇就业劳动力的素质与技能迫在眉睫。而在短期内要让如此多的农村劳动力的素质和技能得以提高，的确是一项重大而又艰巨的任务。即使部分劳动力的技能足以满足高技术的需求，但由于信息不对称的存在，大量低技能劳动力仍对高技能劳动力产生连带效应，并不一定能对现实带来很大的改观。以品牌形式进行农村劳动力转移就业将是一个有效的方式。在品牌的形成过程中，劳动力的素质和技能得到了有效的提升；在品牌的转移过程中，有效地区分了农村劳动力差异，解决了劳务市场的信息不对称。品牌的相关研究在管理学、营销学、广告学、传播学等学科均有涉猎，但鲜有研究对其理论机制进行经济学解释。新古典经济学认为，价格作为资源配置的协调机制是充分有效的，均衡价格这只"看不见的手"在指挥着人们行动和选择。张五常（2005）强调：经济学最基本的理论，其实只有一个，就是价格理论，价格理论的精髓就是一条向右下倾斜的需求曲线，其他任何千变万化的理论，如果不是从这个基本理论推演而来，那么都是谬误的[208]。孙日瑶等（2007）以需求曲线为其理论基础，通过品牌引入对需求曲线变动影响对其进行经济学分析[209]。本节以价格理论为基础，研究区域劳务品牌引入对供需曲线变动及均衡价格的影响，分析区域劳务品牌对农村劳动力转移的影响机制。

1. 区域劳务品牌对劳动力需求曲线的影响

在具有差异的众多劳动力的劳务市场上，企业和雇主择优选择的过程必然要花费一定的成本，而企业和雇主对所雇用的劳动力及其服务所支付的价格并不包含其中。在区域劳务品牌进入劳务市场后，可以通过其排他性符号向目标客户做出品牌承诺，并且这种品牌承诺程度的不同对消费者选择成本具有一定影响。

令区域劳务品牌的品牌承诺程度为 B，且 $B \in [0, 1]$。因此，可以构造区域劳务品牌进入劳务市场后的选择成本函数：$C = f(B)$，该函数满足：$dC/dB < 0$，即品牌承诺程度越高，企业和消费者越容易进行选择，选择成本就越低。为了说明区域劳务品牌引入对需求曲线的影响，在工资水平和劳动力数量的需求函数中引入选择成本函数，构造新的需求函数：$L = f(W, C)$，该函数满足：

$\partial L / \partial W < 0$，$\partial L / \partial C < 0$，即工资水平和选择成本越高，企业和雇主对劳动力需求数量越少。由此，可以得到农村劳动力转移数量与区域劳务品牌的关系：$\partial L / \partial B = \partial L / \partial C \cdot dC / dB > 0$，即在其他条件不变的情况下，区域劳务品牌的品牌承诺程度越高，则对该品牌的劳动力需求数量越大，反之则相反。

由此可见，区域劳务品牌引入后所产生的品牌承诺使劳动力需求量增加，在工资水平不变的条件下，原需求曲线将向右移产生新的需求曲线。另外，由于品牌承诺程度越高，区域劳务品牌的替代品越少，进而使该区域劳务品牌的价格需求弹性变小，新的需求曲线的斜率比原需求曲线的斜率大（见图 5 - 3 中的 K_b）。实质是区域劳务品牌的引入降低了工业部门对差异化农村劳动力的选择成本，使需求量增大，更加缺乏需求弹性。

2. 区域劳务品牌对刘易斯模型均衡的影响

为了研究的简化性和直观性，令上述函数的二阶导数均为零，采用线性需求函数分析区域劳务品牌对农村劳动力转移的影响。在图 5 - 2 的基础上，留下改进后的刘易斯模型中一个阶段的二业部门作为研究对象（见图 5 - 3）。

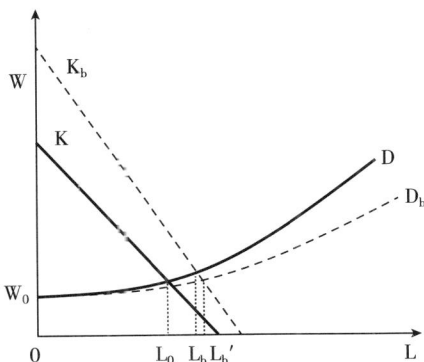

图 5 - 3　区域劳务品牌引入后对改进后刘易斯模型的变化

图 5 - 3 中 D 是改进后刘易斯模型供给曲线，K 是改进后工业部门的劳动力需求曲线，L_0 表示改进后刘易斯模型中工业部门的农村劳动力转移吸纳量，K_b 表示引入区域劳务品牌后的工业部门的需求曲线。图 5 - 3 中所示的情况与上述分析的相同，区域劳务品牌的引入使需求曲线变为另一条需求曲线，与原曲线对比，任意工资水平下的需求量变大，斜率更大，新的均衡劳动力数量 L_b 弥补了

部分由于"技能门槛"所产生农村劳动力"吸纳缺口"，填补量为 $L_0 - L_b$。区域劳务品牌的引入对农村劳动力的供给曲线也具有一定程度的影响。区域劳务品牌通过整合区域人力资源，挖掘后续农村可转移劳动力，采用包装手段使潜在农村劳动力得以开发，进行技能培训等一系列手段使农村待转移劳动力突破"技能门槛"。由于区域劳务品牌的作用，使一定工资水平下可供给的农村劳动力数量增加，农村劳动力供给较之前富有弹性，供给弹性缩小的速度减缓，表现为供给曲线上点斜率的减小，供求曲线较之前更为平缓。如图 5－3 所示，劳动力供给曲线由 D 移动至 D_b，此时均衡点的变化导致吸纳的农村劳动力由 L_b 增加到 L'_b。

综合区域劳务品牌引入改进后的刘易斯模型后农村劳动力供需曲线的变化，均衡点劳动力数量由 L_0 增加到 L'_b，在一定程度上弥补了"技能门槛"所形成的农村劳动力"吸纳缺口"，由上述函数可见，缺口的弥补程度取决于品牌承诺程度。值得注意的是，上述缺口的出现体现为农业部门供给的低技能原生劳动力无法满足工业部门技术进步的高技能劳动力需求，劳务品牌通过品牌承诺程度可以弥补缺口，但品牌弥补缺口也是有条件的，品牌独有的人力资本提升需要满足企业技术升级和雇主的真实需求，即在发展品牌的过程中更要注重与需求的匹配程度。

三、区域劳务品牌对农村劳动力转移的影响机理

霍金曾对好的理论进行如下两点论述："一是它的理论模型具有少数几个变量，却能准确地描述非常大量的真实世界所观察到的现象；二是它必须对未来真实世界发生的现象或观测到的现象做出明确的或确定的推测。"[208]通过放弃严格的刘易斯模型中关于农村劳动力同质性和工业部门技术进步中性的假设，基于劳动力异质性和技术进步对刘易斯模型进行了改进。模型假设的变化导致原模型中供给曲线与需求曲线的变动，均衡状态发生了变化。经此改进的刘易斯模型为解释现实中"民工荒"和"就业难"现象提供了理论框架，由于"技能门槛"的限制，工业部门并不能像刘易斯模型所说的完全吸纳所有转移的农村劳动力，出现了"吸纳缺口"，因此部分转移的农村劳动力将处于永久性失业状态。针对这一问题，在改进后的刘易斯模型中引入区域劳务品牌，品牌要素导致供给曲线和需求曲线的再次变动，从而形成二次均衡状态，此时新均衡点的农村劳动力数量在很大程度上弥补了由于"技能门槛"产生的"吸纳缺口"，解决了目前劳务市场普遍存在的供需结构差异问题。模型显示，区域劳务品牌的品牌承诺度大小是

弥补缺口大小的关键因素，因此，需要通过多种途径提高劳务品牌的知名度和美誉度，提高区域劳务品牌在企业和雇主心中的品牌形象。

第二节　基于新古典主义方法的影响机理分析

新古典主义方法是基于微观层面研究的一种方法。本节从劳动力个人角度出发，仍然基于二元经济理论模型，着重强调个体利益最大化对农村劳动力转移的影响，运用成本收益理论，通过对比具有区域劳务品牌的农村劳动力与普通农村劳动力的转移成本与转移收益，分析区域劳务品牌对农村劳动力转移的影响机理。

一、农村劳动力的转移成本

农村劳动力转移成本是农村劳动力为了获得工作和报酬，在转移过程中直接或间接付出的费用或损失。关于农村劳动力的转移成本，国内外学者开展广泛研究。学者们对农村劳动力转移成本的分类，因研究视角的不同而有所差异，主要分为五类：经济成本与非经济成本[63]、直接成本与间接成本[210]、显性成本和隐性成本[211]、基于转移过程的分类、基于成本分担者角度的分类等[212]。综合上述学者的研究成果，本书主要从经济成本和非经济成本两个方面阐述农村劳动力转移过程中的成本。

1. 成本的三个主要概念

（1）经济成本与非经济成本。经济成本通常是指在经济行为中付出并可以通过货币进行计量的成本，即通常意义上的成本；非经济成本与经济成本相反，是指在经济行为中客观上付出却难以用货币计量的各种代价，虽难以度量和测算，但却客观存在，对于经济决策也产生重要的影响。

（2）显性成本与隐性成本。显性成本是指经济行为中的实际支出和花费，实际显性成本相当于直接成本。隐性成本则是指经济主体拥有的某种资源的潜在价值，这部分成本看不到。在农村劳动力中，机会成本、情感成本、政治成本等都属于隐性成本的范畴（王凡恩，2007）[213]。

（3）机会成本与沉没成本。机会成本是指因把资源投入某一特定用途所放弃的用于其他用途可能获得的最大收益。在农村劳动力转移过程中，就是该劳动力放弃农业生产所损失的农业收入。沉没成本是指过去已经支出、当事人现在无论做出何种决策都无法收回的成本。在农民工工作前，缴纳的保证金在很大程度上成为了沉没成本。

2. 经济成本 C_1

在农村劳动力的转移中，通常意义上所说的成本就是经济成本，可以通过货币进行计量，主要包括直接成本和间接成本，直接成本包括迁徙成本和生存成本，间接成本一般指机会成本。

（1）直接成本 C_{11}。直接成本分为迁徙成本和生存成本。迁徙成本是指农村劳动力外出就业所付出的交通成本、就业成本和培训成本等，在二元经济社会中，也包括政府基于非经济性因素考虑强行收取的各种"入门费"（各种相关证件）。交通成本主要是指农村劳动力向城市转移过程中所产生的交通费用，也包括交通过程中的餐饮、住宿等，包括到达城市前的一切费用，由于这部分费用的影响导致农村劳动力倾向于就近城市就业，这也是符合现实客观情况的。就业成本分为两个方面：一方面，记为直接成本的这部分主要是指进城农村劳动力在找工作过程中所需要实际支付的费用，如签订劳务合同、手续费用、保证金费用以及中介费等；另一方面，进入城市的农村劳动力有时不能马上找到工作，在就业前的这段时间的生活成本也应该归入到就业成本中。在农村劳动力工作前，为了更快更容易地找到工作，一些劳动力会选择参加培训，这部分培训的费用自然也属于直接成本。另外，由于二元社会与户籍制度的存在，导致农村劳动力进入城市要办理暂住证、就业时需要健康证等一系列证件，这些证件的费用每人每年就要缴费 600～1000 元[214]。雇主在雇用劳动力前，无法知道劳动力是否能胜任工作，为了防止雇用失误，一般要求劳动力缴纳一定额度的保证金，这些保证金在很大程度上就成为了沉没成本。

生存成本是指维持转移城市的农村劳动力再生产所必需的费用，主要包括农民工及其家人在城市生活的必需支出[210]，但并不是指农村劳动力在城市生存的所有费用。农村劳动力即使不转移到城市，仍然存在着在农村的生存成本。因此，将农村劳动力转移城市之后的生存费用减去原生活地的生存成本[215]，这个差值就是真正的农村劳动力进入城市以后的生存成本。可见这部分成本是由于劳动力转移而产生的。

（2）间接成本 C_{12}。在农村劳动力向城市转移过程中，除了上述在转移过程中直接以货币形式支付的直接成本之外，还有一部分隐性存在的经济成本，那就是由于农民转移城市而放弃的从事农业所获得的收入，即农村劳动力转移的间接成本——机会成本。刘易斯理论认为，农业劳动的边界生产率接近或等于零。受这种观点影响，一些学者认为，中国在人多地少的情况下，即使农村劳动力不外出，稀有的土地会导致一部分劳动力在农村无业可就。因此，认为农村劳动力转移的机会成本为零。舒尔茨否定了刘易斯的农业劳动边界生产力为零的观点，自然也存在一些学者反对机会成本为零的说法，认为农村劳动力的转移是具有机会成本的（李德洗，2004）[216]。笔者同意这一观点。因为尽管农村存在大量劳动力，但从已转移的农村劳动力结构可以看出，中国转移在外的劳动力大都属于精壮男劳力，这些都是农村劳动力的骨干力量，并非属于真的过剩的劳动力。另外，由于工业部门和农业部门的属性导致农村的高素质劳动力流入到工业部门中。因此，农村劳动力的机会成本不但不能被忽略，而且还是农村劳动力转移成本的重要组成部分。在机会成本中，还有很小的一部分常常被忽略，就是直接费用的利息收入[217]。倘若劳动力并不外出，这些成本将不必花费，那便会获得资本的利息收入。

虽然机会成本只是隐性成本，但却不能忽略。因为中国的制度和法律不是很健全，导致农村劳动力转移后无法合理流转个人资产[218]，再加上农民的意识局限，认为土地是其最后的生活保障，大部分农村劳动力会选择采取粗放经营的方式，导致农村土地资源的巨大浪费。另外，近些年的一系列惠农政策，使农民在农村的生活成本降低，进行农业生产的费用减少，这也在一定程度上加大了农村劳动力外出就业的机会成本。

3. 非经济成本 C_2

在农村劳动力向城市转移的过程中，除了要消耗上述的经济成本之外，还有一些成本是潜在的，无法用货币衡量，但这些非经济成本是客观存在的，对于农村劳动力转移决策具有重要作用。这部分非经济成本不能被忽略，往往对于农村劳动力转移的关键问题具有很强的解释作用。

（1）心理成本 C_{21}。农村劳动力转移并不单单是地理位置上的转移，还有心理上的转移。这种对于更换工作和生活的环境而需要的心理上的调整和对未来工作的不确定性的成本称为心理成本。这种心理成本主要来源于群体差异。农村劳动力从农村到了城市，新的环境和新的工作需要去适应，农村与城市社会的生活方式不同，区域之间文化的不同，加上离开原居住地，孤独无助的心理状态，外出的生活与预期的差距，都将对转移的农村劳动力带来成本。另外，与城市人民的生活差距将对其心理产生很大的负担，甚至是自卑感[219]，由于农民本身与城市居民在文化素质、生活习惯以及行为方式之间的不同，导致农民在城市常常受到歧视[220]。因此，心理成本中最主要的就是情感成本与歧视成本。

劳动力转移的情感成本是转移者和家人对情感的极大需求与彼此在空间上脱离的矛盾所产生的成本[221]。调查发现，首先是情感因素是造成农民工回流的最主要原因，其次才是低工资收入。转移前，在农村这个非常熟悉和适应的生活状态中，人际关系网络已经建立，生活和办事很方便；转移后，远离亲人，对亲人的思念时刻伴随着在外的务工人员，在陌生的新环境，由于文化等障碍的限制，使其容易处处碰壁，丧失人际关系。因此，生活的无助与无奈，使劳动力更容易想念家乡。

当农村劳动力进入城市后，由于与城市居民的文化素质、行为方式有所差距，很难融入城市生活中，加上户籍制度等因素影响，使农村劳动力在城市受到各种歧视。由于城市劳动力市场农民工的存在也被分割成两个市场：城市劳动力市场和农民工劳动力市场。农民工从事着城市居民不愿意做的工作，拿着比城市居民低的工资，在职业选择、职位晋升等方面受到不公正的待遇。即便如此，肆意拖欠农民工工资的事情仍屡屡发生。

在心理成本中，值得一提的是，新生代农民工的心理成本。他们与父辈时的第一代农民工不同，挣钱不是其唯一目的，他们更看重的是开阔眼界和丰富人生。他们不能容忍父辈所忍受的司空见惯的歧视，无法从事一些父辈曾经能接受的工作。可见，心理成本对于新生代农民工的影响更大。

（2）风险成本 C_{22}。风险成本主要分为伤病风险成本、失业风险成本和雇用风险成本。

由于农村劳动力受就业制度和自身低素质的限制，其从业的范围大大缩减，他们的就业主要集中在餐饮、家政和建筑等行业。还有一些劳动密集型产业和一些危险性高的劳动岗位，由于高工资的诱惑，也极大地吸引着农民工。较差的工作条件和环境使农村劳动力面临着很大的风险，这些风险成本都是通过劳动力身体健康的恶化来体现的。

农村劳动力未转移前从事着农业劳动，虽然有可能不是充分就业，但不存在生活压力。当转移至城市以后，失业风险对农村转移城市的劳动力影响很大，需要付出比在农村大得多的生活成本。农村劳动力所从事的行业一般受雇于个体私人企业，被解雇的风险较大，转移具有不稳定性。当地区的经济和就业出现困难时，地方的制度政策也会先裁减外来务工人员，使转移城市就业的农村劳动力面临更多的失业风险。

一些雇主为了自身利益利用法律的缺陷，或在试用期结束前以不正当理由开除劳动力，或随意延长试用期，或恶意加大日工作量，或故意拖欠工资。由于中国现行的社会保障制度还不健全，造成农村劳动力转移城市后，在权利方面存在很多缺失，无法享有和城镇职工一样的保障。加上农村劳动力大多缺少法律意识，造成在其权益遭到侵犯时，无法通过法律途径来保护自己，致使很多情况下的损失都要由劳动力自身来承担。

基于上述分析可以看出，农村劳动力的转移承担了很大的风险成本[215]。

（3）信息成本 C_{23}。大多数进城务工的农村劳动力素质较低，对市场信息的变化不是很敏感，这种信息不对称可能导致农村劳动力的决策失误，对劳动力造成一定的损失。信息的获取在很大程度上依赖于农村劳动力个人对信息的理解与把握，而较低的文化素质，造成了农村劳动力的信息缺失或是对信息的误解。这些由信息而导致的损失可归为信息成本。

（4）留守家人成本 C_{24}。由于城乡分割的二元结构和自身经济条件的限制，农村劳动力进城务工时，多数无法承担子女和家人共同进城生活的经济负担，这就形成农村留守儿童和老人赡养问题。由于父母外出打工而导致子女发展出现的问题，是难以用金钱来衡量的，这种代价可能将影响整整几代人。同样，留守在农村的还有妻子和老人，男劳力的外出打工，使留守妻子担负起生产劳动、教育子女、赡养老人的重任，承受着劳动强度大、精神负担重、缺乏安全感的三重压力，对身体造成很大的损害；外出打工人员，使留守老人不得不承担农业生产和赡养孙辈的重任，即使只有一方外出打工，家庭的重任也使其疏于对老人的照顾。即使对老人有较多的经济投入，也无法弥补留守老人长期以来对儿女的思念和精神的孤独，这些都是具有成本的。

二、农村劳动力的转移收益

农村劳动力既是生产者也是消费者，完全符合理性经济人的假设，其生产和消费都要满足自身利益最大化。因此，农村劳动力并不是盲目转移的，在转移之前，要对各种可能的行为方式的成本和收益进行分析与预测。正如 H－T 模型所认为的，预期城乡收入差距是农村劳动力向外转移的真正动力。因此，本节结合上述转移成本，分析农村劳动力的转移收益。与转移成本对应，农村劳动力的转移收益也分为经济收益和非经济收益。

1. 经济收益 R_1

经济收益主要是指货币性收入，包括工资收入和经营收入。农村劳动力转移城市的就业方式一般有两种，一种是打工收入，现实收入表现为工资收入；另一种从事个体经营，现实收入表现为经营收入。尽管农民工的收入仅相当于城市工人的1/2或1/3[222]，但一般高于农业收入。正如前述分析，2011年农民工、城镇职工和农民的人均月收入分别为2049元、3483元和820元，尽管农民工工资已占到城镇职工收入的58%，但仍处于城镇的较低收入群体①。在农村转移城市的劳动力中，大部分都是低素质低技能的劳动力，这部分劳动力的市场需求是低弹性的，容易引发"收入悖论"，即工资收入可能进一步降低。据调查，1986～1996年，中国沿海城市农民工的基本工资没有明显的增长。相反，1996年以来，农民工的工资水平有下降的趋势。在广东东莞地区务工的农民工的工资，多年前和如今的工资水平差别不大[223]。

2. 非经济收益 R_2

（1）技术文化收益。由于农村劳动力长期生活在农村，文化水平不高，普遍缺乏专门的技术培训和教育，进入城市的劳动力接受用人单位的培训，通过"干中学"掌握先进的技术和系统的管理思想，这部分收益虽然没有直接的货币性收入，但的确提升了农民工的整体素质，为其长久留在城市增添了砝码。即使返乡也能带着积累的技术经验，通过发现农村的商机组织相关生产，从而带动广大农民共同致富。

（2）享受收益。农村劳动力（特别是新一代的农民工）已经厌倦了面朝黑土背朝天的日子，农村的单调生活使他们更想进入丰富多彩的城市中。城市的生活质量较农村要好很多，比较完善的物质生活设施、琳琅满目的商品、高质量的教育以及优越的卫生条件等，使进入城市的农民工享受着在农村无法想象的生活。这些都是促使农村劳动力向城市转移的因素，这些生活上不同于农村的非经济性收益归结为享受收益。

（3）心理收益。与心理成本不同，这里所说的心理收益，是指进城农村劳动力的心理满足感。这种满足感在很大程度上来源于同等条件下已转移与未转移

---

① 以2011年为例，农民工人均年收入为24588元，城镇人口较低收入户的人均年收入为24903元。

的现实生活对比，此种虚荣心也促农村劳动力乐此不疲地在陌生的城市打工与生活。

三、基于成本收益理论的影响机理分析

众所周知，农村劳动力转移的净收益就是总收益与总成本的差额，而农村劳动力对这一差额的预期就是转移动力。根据劳动力转移模型，劳动力发生转移主要取决于其在转入地所获得收益的现值与其所付出的成本的差额，如果这个差额为正，则劳动力转移就有可能发生。这个模型用公式可以表示如下：

$$I = \sum_{t=1}^{T} \frac{R - R_0 - C}{(1 + r)^t} \tag{5-1}$$

其中，I 表示净收益的贴现值。R 表示在 t 时间在转入地工资的总收益，R_0 表示在 t 时间在转出地工资的总收益，T 表示流入地的预期工作时间，r 表示贴现率，C 表示因转移而发生的总成本。

一般情况下，I 越大，农村劳动力转移的动力就越大。通过分析普通劳动力和品牌劳动力[①]对净收益的影响情况来分析品牌劳动力介入后的转移决策。假定劳动力转移城市后从事相同的工作，而且在转移前的农村收益是固定的，分析品牌劳动力与普通劳动力在转移总成本和总收益的不同。

1. 品牌劳动力与普通劳动力转移成本对比分析

令品牌劳动力的总成本为 C^t，与普通劳动力相同，品牌劳动力在转移的过程中同样消耗着经济成本 C_1^b 和非经济成本 C_2^b。

（1）经济成本 C_1^b。在经济成本中，由于品牌劳动力依赖于独特的地域环境，并且有着不同于普通劳动力的技能特征，属于农村劳动力中高素质和高技能的部分，因此，在转移前要进行严格的培训和教育，这些都是具有一定成本的。根据地方政策的不同，一些地方的培训成本是由地方政府负担的，但是有的情况下这一成本分担者是品牌劳动力自身。因此，在培训成本方面，品牌劳动力是要大于普通劳动力的。相对于就业成本而言，与普通劳动力相比，品牌基于自身的技能特征和品牌的影响力，一般较普通劳动力更快地找到工作。雇主也会因对品牌的信赖度而相信品牌劳动力，不需要因为不了解劳动力质量而收取较大额度的保证

---

① 本书在研究过程中，为对比研究方便，将农村劳动力分为品牌劳动力和普通劳动力两种类型。品牌劳动力是指以区域劳务品牌形式转移的农村劳动力，普通劳动力是指不以区域劳务品牌形式转移的农村劳动力。

金，一方面，降低了农村劳动力初入城市劳务市场的风险；另一方面，方便了雇用单位对劳动力的选择，这一部分的成本也可以归为就业成本。因此，在就业成本方面，品牌劳动力是要小于普通劳动力的。而在交通成本和机会成本等方面，品牌劳动力与普通劳动力差别不大。因此，在经济成本方面 C_1^b 和 C_1 大小主要取决于品牌就业成本与培训成本的差值，如果品牌就业成本大于培训成本，则 $C_1^b > C_1$；反之，则 $C_1^b < C_1$。

（2）非经济成本 C_2^b。在劳动力转移的过程中，心理成本在非经济成本中占有很重要的比重。无论是品牌劳动力还是普通劳动力，离乡就业都会给劳动力带来一定的情感成本，故假设这部分两者相同。在心理成本中的歧视成本方面，两者便有着截然不同的境地。因为城市劳动力市场的分工，低素质的普通劳动力从事着城市居民不愿从事的工作，而品牌劳动力进入城市以后，一般与城市居民共同工作。由于品牌的影响力也取决于用工企业对品牌劳动力的依赖程度，加上受到培训后的劳动力具有高素质与道德水平，因此，城市居民是不会排除品牌劳动力的，反而会争相雇用。这种例子比比皆是，品牌劳动力一般不会受到城市居民的歧视。综合上述分析，在心理成本方面一般满足 $C_{21}^b < C_{21}$。

品牌劳动力一般受雇于正规用工单位，待遇和福利较普通劳动力好一些，在工作环境、医疗保障等方面要优于普通劳动力，伤病风险明显小于普通劳动力。另外，在失业风险方面，品牌劳动力具有普通劳动力不具有的技能特征，工作效率、道德品德都优于普通劳动力，无论是企业的个体行为还是地区经济发展，品牌劳动力的失业风险也明显小于普通劳动力。因此，在风险成本方面一般满足 $C_{22}^b < C_{22}$。

在劳动力进入劳务市场后，对就业信息和行业前景的把握就尤为重要。由于品牌劳动力依靠组织化和自身素质对就业信息的分析、甄别和预测能力均高于普通劳动力，即同样的信息，在这两种类型的劳动力中得出的结论会不尽相同。一般来说，品牌劳动力可以获得更多的信息分析结果。因此，在信息成本方面一般满足 $C_{23}^b < C_{23}$。

在其他的非经济成本方面，笔者认为，品牌劳动力与普通劳动力基本相同。当然，收入的不同也会影响这些非经济成本的变化。本节主要基于品牌劳动力和普通劳动力研究转移成本对转移决策的影响，因此，其他对品牌因素影响较少的方面而被忽略。

2. 品牌劳动力与普通劳动力转移收益对比分析

令品牌劳动力的总收益为 R^b，与普通劳动力相同，品牌劳动力在转移的过程中同样获得经济收益 R_1^t 和非经济收益 R_2^b。

（1）经济收益 R_1^b。相对于普通劳动力，品牌劳动力属于高素质、高技能的劳动力，这部分劳动力的需求弹性较高，一般不会存在收入悖论，实践也证明品牌劳动力的工资性收入明显高于普通劳动力。很多大城市的金牌月嫂收入过万，而且供不应求，正说明了这个问题。根据上节分析，品牌的承诺度即品牌规模和知名度越大，工资性收入一般越高。这说明单单从经济收入角度，品牌劳动力的收益是大于普通劳动力的，即 $R_1^b > R_1$。

（2）非经济收益 R_2^b。农村劳动力转移城市，无论是否为品牌劳动力，都有着同样的心理收益和享受收益，不同的是由于品牌劳动力的经济收益较普通劳动力高，在享受城市带来的多样化服务中，得到的幸福度和满意度会高一些。这些非经济收益是受到了经济收益影响的。在非经济收益中，伴随劳动力一生的收益——技术收益方面，品牌劳动力获得的就要高于普通劳动力获得的。因为品牌劳动力从事工作等级、接触的客户和同事的层次较高，自然获得的技能型收益也较高，在自身素质、道德方面的提升也不容忽视，这些都将成为劳动力一生的财富。因此，在非经济收益方面，也满足 $R_2^b > R_2$。

3. 基于成本收益的区域劳务品牌影响机理分析

讨论农村劳动力转移的决策主要依据 I 的变化，这里主要就品牌劳动力与普通劳动力相比讨论转移行为的变化。普通劳动力的转移成本为 $C = C_1 + C_2$，转移收益为 $R = R_1 + R_2$；品牌劳动力的转移成本为 $C_b = C_1^b + C_2^b$；转移收益为 $R_b = R_1^b + R_2^b$。假设 R_0 不变，那么普通劳动力的转移动力和品牌劳动的转移动力分别为 $I = \sum_{t=1}^{T} \dfrac{R - R_0 - C}{(1+r)^t}$；$I^b = \sum_{t=1}^{T} \dfrac{R^b - R_0 - C^b}{(1+r)^t}$。在其他条件不变的情况下，品牌劳动力与普通劳动力的转移动力区别在于 $R - C$ 的不同。

作为理性经济人的农村劳动力，他们更看重直接的经济收入，他们做出向城市转移的决策是基于实际的经济回报可以弥补直接的经济投入，即满足 $R_1 - C_1 > 0$。因此，作为品牌劳动力，品牌成本分担到个人的平均成本一定小于其经济收入，即也满足 $R_1^b - C_1^b > 0$。令 $\Delta R = R^b - R$，由上述分析结论 $R_1^b > R_1$ 和 $R_2^b > R_2$ 可知，必然满足 $\Delta R > 0$；令 $\Delta C = C^b - C$，令 ΔC_2 为品牌劳动力与普通劳动力的非经济成本差额，根据上述结论 $C_2^b < C_2$，$\Delta C_2 < 0$，令 ΔC_1 为品牌劳动力与普通劳动力的经济成本差额，而 C_1^b 和 C_1 大小取决于品牌就业成本与培训成本的差值。

令 $\Delta I = I^b - I$，则 $\Delta I = \sum_{t=1}^{T} \dfrac{\Delta R - \Delta C}{(1 + r)^t}$，如果 $\Delta I > 0$，那么说明品牌劳动力比普通劳动力更具有转移动力。此时分为两种情况：

（1）品牌劳动力就业成本小于培训成本，即满足 $C_1^b < C_1$。由于 $\Delta R > 0$，$\Delta C < 0$，此时品牌劳动力的转移动力恒大于普通劳动的转移动力，品牌将促进劳动力的转移，以品牌形式将更有利于农村劳动力的转移。

（2）品牌劳动力就业成本小于培训成本，即满足 $C_1^b > C_1$。此时说明无论品牌劳动力还是普通劳动力在城市都是比较容易找到工作的，即 $\Delta C_1 > 0$，由于 $\Delta C_2 < 0$，$\Delta C = \Delta C_1 + \Delta C_2$ 和 0 的关系不确定。此时又分为两种情况：

1）当 $\Delta C < 0$ 时，即品牌对非经济收入成本的降低大于品牌对经济成本的提升。此时同上述情况，品牌将促进农村劳动力的转移，品牌劳动力的转移成本低于普通劳动力的转移成本；

2）当 $\Delta C > 0$ 时，即品牌对非经济收入成本的降低小于品牌对经济成本的提升，这时品牌劳动力的转移成本是大于普通劳动力的。农村劳动力作为追求自身利益的经济体，因为品牌劳动力就业成本小于培训成本，说明无论品牌劳动力还是普通劳动力在城市都是比较容易找到工作的，那么假设该劳动力既可以直接转移也可以以品牌形式转移，但品牌形式的转移要承担品牌成本，此时农村劳动力如果要以品牌形式转移，前提必然是以品牌形式获得收益必然大于所承担的品牌成本，否则，劳动力没有理由以品牌形式转移，即 $\Delta R > \Delta C$，说明此时尽管品牌劳动力的转移成本大于普通劳动力，但由于品牌带来的收益可以弥补品牌的成本，劳动力仍然倾向于以品牌形式的转移。也就是说，品牌劳动力较普通劳动力更能承受较大的转移成本。

4. 分析结论

品牌劳动力比普通劳动力更具有转移动力。一方面是由于品牌劳动力的收益大于普通劳动力，另一方面是由于品牌劳动力的转移成本在很大程度上可能小于普通劳动力，即使转移成本大于普通劳动力，品牌所带来的收益也是可以弥补这一成本。因此，劳务品牌对劳动力转移的决策也具有一定的条件。在品牌劳动力收益大于普通劳动力的同时，进一步降低品牌劳动力的成本将有利于劳动力以品牌形式转移。农村劳动力是否以品牌形式转移的关键在于品牌带来的收益与品牌的成本代价之间的差距，在收益既定的情况下，如何减少品牌劳动力的转移成本是未来劳务品牌发展和壮大的关键。

可见，转移成本的高低直接影响到农村劳动力的转移决策，较低的劳动力成本可以加速农村劳动力的外出就业，较高的转移成本将抑制农村劳动力转移，如果已实现转移，转移成本的升高将可能导致农村转移劳动力的回流。从农村劳动力个体而言，区域劳务品牌影响机理也是通过降低转移成本发挥作用的。图5－4是基于转移成本与收益的农村劳动力转移城市的决策图，可以直观地从成本收益视角理解农村劳动力的转移决策。

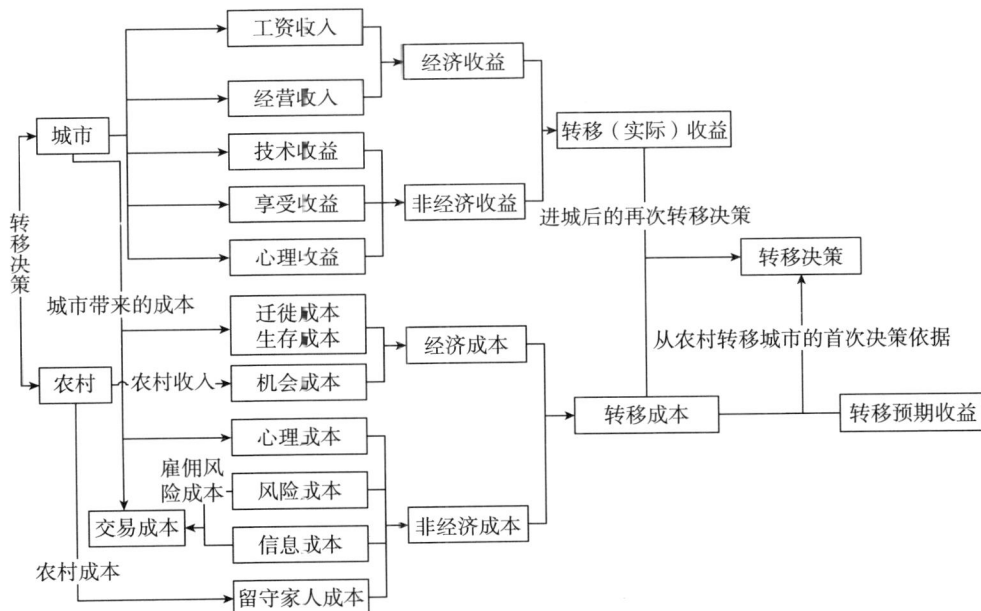

图5－4　成本收益视角的农村劳动力转移决策

第三节　基于新经济地理学理论的影响机理分析

上述两种研究方法均是外生给定城乡收入差距，而新经济地理学理论不同于上述两种方法，将转移的动力内生化。本章运用新经济地理学理论从内生视角探讨区域劳务品牌对农村劳动力转移的影响机理。将区域劳务品牌要素嵌入新经济地理学理论的"中心—外围"模型中，通过建立均衡模型阐述农村劳动力向城市的集聚过程，对比品牌劳动力和普通劳动力的转移动因，数值模拟区域劳务品牌对农村劳动力转移的影响。

一、研究背景

新经济地理学理论（New Economic Geography Theory，NEG）最初是由保罗·克鲁格曼等（Krugman，1991[167]；Krugman 等，1995[168]；Venables，1996[224]；Puga，1999[225]；Ottaviano 等，2002[226]）于 20 世纪 90 年代发展起来的，用于解释地理空间的大量经济集聚现象的分析框架。新经济地理学（NEG）理论认为，产业在空间上趋向于集中分布还是趋向于分散分布，是由促进集聚的因素与抑制集聚的因素共同作用决定的。促进集聚的因素：一方面，规模经济促进产业集聚内部规模经济，就要求企业集聚生产要素、扩大生产的规模，外部规模经济则对企业在空间上的距离做出了要求，内外部规模经济共同促进着产业集聚的形成，即"本地市场效应"；另一方面，人类的多样化偏好及需求难以满足的特性促进产业在同一个具有资源及市场的地方集聚，即"价格指数效应"。抑制集聚的因素：由于非流动性生产要素随着集聚程度的加深而不断上升，导致竞争从而产生拥挤成本所导致的"市场拥挤效应"。以上三个指标的大小决定着产业布局的集聚或分散。

将地理空间嵌入 D－S 一般均衡模型（Dixit and Stiglitz，1977）[227]产生的"中心—外围"模型（Core－periphery，CP）对经济学产生了巨大影响，它甚至被视为不完全竞争和收益递增革命的第四次浪潮（梁琦，2005）[228]。尽管如此，仍然有一些学者对 CP 模型进行了批评（主要源于"冰山运输成本"和效用函数与现实不相符）。而对于模型的集聚机制（各自离心力和向心力共同作用的结果），也是众说纷纭。CP 模型过分依赖消费者多样化偏好，如果将住宅消费和通勤成本等分散力量引入，集聚程度将明显降低（Tabuchi，1998）[229]，甚至可能导致模型的瓦解（Anas，2002）[230]。李君华等（2011）甚至对 CP 模型的推理产生了质疑，认为模型推理过程出现了错误，并运用角点均衡求解法进行了重新求解[231]。无论如何，CP 模型还是得到了较为广泛的应用，学者们通过修改农业劳动力比率假设（朱希伟，2004）[232]、放宽劳动力市场和消费者需求函数等条件约束（Murata，2005）[233]、引入地租因素（刘利民等，2010）[234]对 CP 模型进行了有针对性的修正以分析现实问题。特别是近几年，国内部分学者也逐渐开始利用新经济地理学理论对中国劳动力转移的现象和问题进行分析和解释，探讨劳动力流动、经济集聚和地区收入差距之间的互动关系（赵伟等，2007）[169]，分析刘易斯拐点对城市集聚的影响机制（张黎娜等，2013）[170]。

　　本章研究是在 Krugman（1991）的 CP 模型的基础上，量化引入区域劳务品牌要素，将转移劳动力分为普通劳动力和品牌劳动力两部分，将原 CP 模型中的运输成本演化为劳动力转移的转移成本，仍然沿用"冰山成本假说"（Samuelson，1954）[235]，市场均衡仍然是各种离心力和向心力相互作用的结果。对比研究普通劳动力和品牌劳动力在各种条件变化的状态下，内生地自发向某个地区转移的动态演变过程及均衡状态，以及劳动力转移过程中各因素对均衡状态和稳定性的影响。

二、区域劳务品牌对农村劳动力转移的动力分析

1. 普通农村劳动力的转移动力分析

　　在 CP 模型（Krugman，1991）中存在着几点基本假设，劳动力被分为两种类型和两个部门：工业部门和农业部门。农业部门的劳动力作为一种固定的生产要素，不能在地区间自由流动；而工业部门的劳动力作为一种可变的生产要素，在地区间可以自由流动。根据 CP 模型，当两个区域之间的运输成本下降到某一临界值时，由于报酬递增导致集聚外部效用大于运输成本所造成的外部负效应时，聚集成为最优选择，从而导致区域内对劳动力需求的增加，劳动力具有向该区域转移的动力，工业部门的集聚也就形成了"中心—外围"的经济格局。然而，这个过程是一个动态演进过程，因为农业劳动力不流动，这部分劳动力必然存在一定的消费需求，集聚程度的不断加深必然造成非流动要素的竞争压力，当竞争产生的拥挤成本过大时，集聚的负效应显现，这种离心力就会使集聚模式向均衡模式演进。

　　在 CP 模型中，假设农民是不可流动的，且不能转变为工人，似乎无法直接将其应用于发展中国家的农村劳动力转移研究。其一，由于户籍制度以及其他一些相关制度的存在，劳动力转移成本要远远高于产品运输成本；其二，劳动力转移主要是从农村农业部门向城市工业部门的跨部门迁移。事实上，考虑到中国人多地少的客观事实，假定在农业中土地资源固定且是稀缺的，而劳动力资源非常丰富。因此，农业总产量与农村劳动力投入无关，即农业部门存在大量的剩余劳动力，农业劳动力的转移对农业总产量没有影响，那么就可以考虑模型中工业部门劳动力在总人口的比重变化来分析农村劳动力转移问题。

促进普通农村劳动力的转移的向心力主要是本地市场效应和价格指数效应，促进其不转移的离心力便是非流动生产要素的竞争效应。这种转移并未考虑到劳动力的技能异质性，具有地方特色的区域劳务品牌将具有普通劳动力所不具有的品牌效应，这种效应将对农村劳动力的转移带来不一样的效果。

2. 品牌农村劳动力的转移动力分析

区域劳务品牌之所以形成，源于其具有区别于普通劳动力的技能特征，这种技能特征将带来技能的溢出效用。新增长经济理论的研究表明，在经济增长中，知识（技能）的投入不同于其他形式的资本投入，在资本存量固定时，其他形式的资本投入会导致收益递减，而知识（技能）的投入将不受这种收益递减规律的影响。另外，品牌劳动力也会具有品牌的溢价效用，除具有和普通劳动力相同的两个向心力与一个离心力之外，品牌劳动力还具有品牌效应和知识溢出效应，正是这两种效应的存在使品牌劳动力具有与普通劳动力不同的特点。现存的农村劳动力的转移一般是典型带动下自发形式的转移，当区域内的部分人通过具有区域特征的职业技能和道德获得良好的声誉时，逐渐形成具有一定知名度和美誉度的品牌，会对区域内待转移农村劳动力产生示范效应，进而影响区域内品牌劳动力的迅速聚集，进一步扩大品牌效应。与普通农村劳动力转移动力相比，品牌劳动力多了一种向心力，即区域劳务品牌效应所带来的向心力。

这些区别也影响了不同状况下农村劳动力的流动状况和收入水平，以及在相同或不同转移成本下的农村劳动力的个体决策。那么此时自然就会出现一个问题：基于区域劳务品牌的农村劳动力转移将对转移规模、转移决策带来怎样的影响？基于此，本章通过将区域劳务品牌因素引入 CP 模型，对比分析品牌农村劳动力和普通劳动力的转移状况及集聚的均衡效果，进而阐述区域劳务品牌对农村劳动力转移的影响机理。

三、区域劳务品牌引入劳动力转移的均衡模型

1. 模型假设

（1）两个地区（农村和城市），两个部门（农业部门与工业部门），且两个地区具有完全相同的要素禀赋、偏好及技术。其中，农业部门为瓦尔拉斯类型，农业生产是规模报酬不变（Constant Returns to Scale，CRS）和完全竞争的，而制

成品则是迪克希特—斯蒂格利茨类型（简称 D－S），包括许多差异化产品，存在规模报酬递增且为垄断竞争。

（2）农业部门的劳动力在地区间均匀分布且不流动，农业劳动力是农业部门唯一的生产要素；工业部门的劳动力在地区间可以流动，工业部门的劳动力离开实际工资低于平均实际工资的地区，向高于平均实际工资的地区迁移。

（3）工业部门雇用两种类型劳动力：一种是普通劳动力，另一种是品牌劳动力，工业部门劳动力在地区间可以流动，而从普通形式上升到品牌形式具有一定的难度。

其他具体假设将在模型分析过程中逐一列举。另外，以中国人多地少的客观事实为依据，农业部门的农业生产规模报酬并不是不变的。因此，放宽假定：在农业中土地资源固定且是稀缺的，而农业劳动力资源非常丰富。因此，农业总产量与农业劳动力投入无关，即农业存在大量的剩余劳动力，剩余农业劳动力的转移对农业总产量没有影响。因此，为满足原始模型假设所采用农业部门具有 CRS 的特征，那么可以将这部分对农业部门没有贡献的剩余农业劳动力归入工业部门劳动力，实现区域间的自由流动。

2. 模型构建

（1）消费者均衡。假定经济中消费者有相同偏好，效用是 Cobb－Douglas 函数形式：

$$U = C_M^{\mu} C_A^{1-\mu} \quad (0 < \mu < 1) \tag{5-2}$$

其中，C_M 表示工业品支出，C_A 表示农产品支出，μ 表示花费在工业品上的消费份额，即工业品占总支出的比例。相应地，工业劳动力的收入占总收入的份额为 μ，农业劳动力的收入占总收入的份额为 $1-\mu$。

工业品的总支出 C_M 是不同产品的一个固定替换弹性（CES）函数：

$$C_M = \left[\sum_{i=1}^{n} C_{mi}^{(\sigma-1)/\sigma} \right]^{\sigma/(\sigma-1)} \quad (\sigma > 1) \tag{5-3}$$

其中，σ 是任意两个工业品之间的替代弹性，n 是工业品的种类，C_{mi} 是第 i 种工业品的支出水平，令 $\rho = (\sigma-1)/\sigma$，其中，ρ 表示消费者对工业品多样性的偏好密度，则工业品的总支出 C_M 函数为：

$$C_M = \left[\sum_{i=1}^{n} C_{mi}^{\rho} \right]^{1/\rho} (0 < \rho < 1) \tag{5-4}$$

假定消费者将期望收入作为预算约束以实现效用最大化，可以表述为：

$$\max U = C_M^{\mu} C_A^{1-\mu} \tag{5-5}$$

$$s.\,t.\ P_A C_A + \sum_{i=1}^{n} C_{mi} P_{mi} = Y \tag{5-6}$$

其中，Y 表示总收入，P_{mi} 表示第 i 种工业品价格，P_A 表示农产品的价格。

通过构造拉格朗日函数进行效用最大化求解，得出第 j 种工业品的消费需求函数：

$$C_{mj} = P_{mj}^{-\sigma} \left(\sum_{i=1}^{n} P_{mi}^{1-\sigma} \right)^{\sigma/(1-\sigma)} C_M \tag{5-7}$$

于是，对于第 j 种工业品的消费支出为 $P_{mj} C_{mj}$，全部工业品的消费支出为：

$$\sum_{j=1}^{n} P_{mj} C_{mj} = \left(\sum_{i=1}^{n} P_{mi}^{1-\sigma} \right)^{1/(1-\sigma)} C_M = P C_M \tag{5-8}$$

其中，P 为工业品价格指数，即

$$P = \left(\sum_{i=1}^{n} P_{mi}^{1-\sigma} \right)^{1/(1-\sigma)} \tag{5-9}$$

工业品价格指数 P 是消费一单位制造品组合 C_M 所需支付的最低成本。

此时得到工业品和农产品的需求分别为：

$$C_{mj} = (P_{mj}/P)^{-\sigma} C_M = (P_{mj}^{-\sigma}/P^{1-\sigma}) \mu Y \tag{5-10}$$

$$C_A = (1-\mu) Y / P_A \tag{5-11}$$

将这两种需求代入消费者效用函数中，可得：

$$U = [\mu^{\mu} (1-\mu)^{1-\mu} Y] / (P^{\mu} P_A^{1-\mu}) \tag{5-12}$$

此时可以看出，$P^{\mu} P_A^{1-\mu}$ 的大小与消费者效用有直接关系，工业品价格指数 P 越低，消费者所获得的效用越大，假设不同种类的工业品具有相同的价格 P_0，那么工业品价格指数可以改写为：

$$P = P_0 n^{1/(1-\sigma)} \tag{5-13}$$

由此可以得出结论：一个地区工业品的种类越多，地区的价格指数就越低，整体的福利和生活水平就将有所上升。而工业品种类的多少取决于工业劳动力的数量。因此，劳动力的转移集聚也将提高地区的整体生活和福利水平。

（2）生产者均衡。根据假定，农业部门的劳动力完全不流动且均匀分布，令该经济的总劳动供给为 1，其中，农业部门为（$1-\lambda$），则每个地区的农业劳动力均为（$1-\lambda$）/2，令工业部门的劳动力可以自由转移，将农村劳动力独立于农业劳动力之外，可归入到工业部门劳动力，即农村劳动力可以自由流转，令 L_1 和 L_2 分别为区域 1 和区域 2 提供的可流转劳动力，则满足：

$$L_1 + L_2 = \lambda \tag{5-14}$$

根据假定在 D-S 垄断竞争分析框架下进行讨论，工业部门具有内部规模经济的特点，假定工业品生产只使用一种生产要素即劳动力，且假定工业品采用的生产技术相同，生产每一种工业品所需的劳动力为：

$$L_i = \alpha + \beta x_i, \quad i = 1, 2, \cdots, n \tag{5-15}$$

其中，L_i 是生产第 i 种工业品所需的劳动力，x_i 是生产第 i 种工业品的数量，α 和 β 分别为固定劳动投入和边际劳动投入。从该式可以看出，随着工业品数量的增加，工业品所需的平均劳动力是下降的，体现了内部规模经济的特点。

此时必须满足两个假定：一是单一企业的定价行为不会影响其他企业的价格；二是厂商不考虑自身价格变动对工业品价格指数影响。令生产第 i 种工业品利润函数为：

$$\pi_i = p_i x_i - (\alpha + \beta x_i) W_i \tag{5-16}$$

W_i 表示工业劳动力生产第 i 种工业品所获得的总工资。

模型的基本假设，规模经济与多样化偏好决定了一种差异产品只有一家企业在一个区域来组织生产。生产无限差异化产品的垄断竞争企业在达到垄断竞争的零利润均衡时，只能按照边际成本加成的方法进行定价。由此推导出以下等式：

$$P_i = [\sigma/(1-\sigma)]\beta W_i \tag{5-17}$$

由于该等式也反映了其价格主要取决于工业品的需求价格弹性和工业部门的工资水平。因此，在两地区模型中也存在：

$$P_1/P_2 = W_1/W_2 \tag{5-18}$$

根据前述分析，工业品之间可以相互替代，新进入的厂商将降低现有厂商的利润，此时的均衡条件为"0"利润（$\pi = 0$）。此时，便可以推导出地区市场某种工业品的最优产出和所需的有效劳动力，均衡结果如下：

$$x_i^* = \alpha(\sigma - 1)/\beta \tag{5-19}$$

$$L_i^* = \alpha\sigma \tag{5-20}$$

由此可以看出，均衡状态下厂商的产出以及所需要的劳动力是固定的，每个区域通过增加产品的种类或增加总劳动力可实现区域的扩张。由此，可得出如下结论：

$$n_1/n_2 = L_1/L_2 \tag{5-21}$$

即两个区域的工业产品数量与工业劳动力成正比。

对于（Krugman，1991）在利用零利润条件求解均衡时，同时直接引入了企业最大化利润的方式，一些学者认为不妥（李君华等，2011）[231]。他们认为曾经使用该方法的张伯伦（Chamberlin，1950[236]；Chamberlin，1962[237]）的垄断模型是一个局部均衡模型，而 CP 模型是一个一般均衡模型。局部均衡成立的一个条件是必须假设其他条件不变（Ekelund 等，1997）[238]和新企业进入条件为外生。而 CP 模型作为空间一般均衡的模型，事先假设了工业劳动力人口是给定和有限的，属于内生变量。在本章研究农村劳动力转移的过程中，这部分剩余劳动力如上文假设所描述，假定其不会给农业总产量带来影响，因此，这部分农村劳动力可以在一定程度上转化为工业部门劳动力，即可以看作是外生变量，为无限进入市场提供了可能性。这也说明本节运用零利润条件求解均衡值是具有合理性的。

3. 区域劳务品牌要素引入

一般说来，由于具有区域劳务品牌性质的农村劳动力大多都从事非农行业。因此，本节将工业劳动力分为两种：一种是普通劳动力，另一种是品牌劳动力。

令 L_i 为第 i 个区域的劳动力数量，以普通劳动力和品牌劳动力两种形式构成：

$$L_i = \lambda[\theta B_i + (1 - \theta)N_i] \quad i = (1, 2) \tag{5-22}$$

其中，θ 表示品牌劳动力在工业部门劳动力的比重（$0 \leqslant \theta \leqslant 1$），$B_i$ 表示第 i 个地区品牌劳动力占工业部门劳动力比重，N_i 表示第 i 个地区普通劳动力占工业部门劳动力比重。

如前文所述，品牌劳动力较普通劳动力集聚时多了一种品牌效应，将这种品牌外部效应做如下量化。令 b_i 为品牌劳动力集聚的品牌外部效应收益函数①：

$$b_i = (B_i)^v \quad (0 < v < 1) \tag{5-23}$$

其中，v 表示品牌外部性强度。

对上式求一阶导数和二阶导数，分别如下：

$$\partial'b_i/\partial B_i = v(B_i)^{v-1} > 0 \tag{5-24}$$

$$\partial''b_i/\partial B_i = v(v-1)(B_i)^{v-2} < 0 \tag{5-25}$$

由此可见，b_i 是一条斜率递减的增函数曲线，随着品牌劳动力比重的增加，品牌所带来的外部效应也在不断增加，这与区域劳务品牌的发展实际相符。

由于品牌外部效用的存在，品牌劳动力必然获取较普通劳动力更大的收益，

---

① 笔者在赵伟等（2007）研究基础上将指数定义为品牌外部效应，形成了区域劳务品牌的收益函数。

结合前述分析品牌劳动力的独特向心力在收益中引入品牌外部效应收益，为与普通劳动力能够更好地对比研究，故令品牌劳动力的名义工资是普通劳动力名义工资的 $(1+b_i)$ 倍，即：

$$W_{bi} = W_{ni}(1 + b_i) \tag{5-26}$$

其中，W_{bi} 表示品牌劳动力的名义工资，W_{ni} 表示普通劳动力的名义工资。由此可见，品牌劳动力的收益多于普通劳动力 $W_{ni}b_i$，这部分多的收益完全源于区域劳务品牌效应。

4. 劳动力转移成本界定

根据 CP 模型假设，只有工业品有运输成本，而农产品的运输是没有成本。工业品的运输成本仍然沿用"冰山成本假说"，假设为任何制成品在运输过程中被损耗一部分。在研究农村劳动力转移中，劳动力的转移需要承担迁移成本，这里的迁移成本不仅包括户籍制度及依附于户籍制度之上的各种福利政策（如养老、医疗、住房和教育等政策）所导致的成本，而且还包括空间迁徙成本、学习成本等。令迁移成本系数为 τ（$\tau > 1$），即从农村迁移出的 τ 单位劳动力中只有 1 单位能到达城市，其余的 $\tau - 1$ 单位劳动力在迁移过程中损耗掉了。

因此，从区域 2 的地区运输工业品到区域 1，消费者的感受价格便为 $P_2\tau$，两个区域的工业品价格指数分别为：

$$P_1 = \left[n_1 P_1^{1-\sigma} + n_2 (P_2\tau)^{1-\sigma} \right]^{1/(1-\sigma)} \tag{5-27}$$

$$P_2 = \left[n_1 (P_1\tau)^{1-\sigma} + n_2 P_2^{1-\sigma} \right]^{1/(1-\sigma)} \tag{5-28}$$

其中，P_1 和 P_2 分别表示区域 1 和区域 2 的工业品价格指数，n_1 和 n_2 分别表示区域 1 和区域 2 工业品的数量。

四、模型均衡分析

通过将两个地区的总供给和总需求联系起来，以确定均衡条件下经济行为人的空间分布。在新经济地理学的相关研究文献中，短期均衡又被称为瞬时均衡，指要素来不及进行跨区域调整的市场出清条件。

1. 短期均衡分析

根据前述分析，两个地区的总收入为：

$$Y_1 = W_1 L_1 + (1 - \lambda)/2 \tag{5-29}$$

$$Y_2 = W_2 L_2 + (1 - \lambda)/2 \tag{5-30}$$

其中，地区工业品总收入分别为 $Y_{m1} = W_1 L_1$；$Y_{m2} = W_2 L_2$。

在瞬时均衡中，根据 $P = W$（企业利润最大化条件）和 $n = L$（标准化准则）[①]，地区工业价格指数可由 L_i 和 W_i 表示，上述价格指数满足 $n_1 + n_2 = 1$，因此，令 $f = L_1 / \lambda$，则两地区的工业价格指数为：

$$P_1 = \left[f W_1^{1-\sigma} + (1 - f)(W_2 \tau)^{1-\sigma} \right]^{1/(1-\sigma)} \tag{5-31}$$

$$P_2 = \left[f(W_1 \tau)^{1-\sigma} + (1 - f) W_2^{1-\sigma} \right]^{1/(1-\sigma)} \tag{5-32}$$

根据产品市场均衡，在 $n = 2$ 的两个区域中，根据 $P = W$（企业利润最大化条件）和 $n = L$（标准化准则），计算两区域的名义工资为：

$$W_1 = (Y_1 P_1^{\sigma-1} + Y_2 P_2^{\sigma-1} \tau^{1-\sigma})^{1/\sigma} \tag{5-33}$$

$$W_2 = (Y_1 P_1^{\sigma-1} \tau^{1-\sigma} + Y_2 P_2^{\sigma-1})^{1/\sigma} \tag{5-34}$$

市场购买力越高，市场垄断程度越高，厂商能够支付给工人的工资也就越高。

名义工资无法衡量作为消费者和工人的个人的实际工资的高低，福利水平则是受实际工资高低的影响，后者必须借助间接效用函数表示，得出两类型劳动力的实际工资：

$$w_{ni} = W_{ni} / P_i^{\mu} \tag{5-35}$$

$$w_{bi} = W_{ni}(1 + b_i) / P_i^{\mu} \tag{5-36}$$

其中，w_i 和 w_{bi} 分别表示为两区域普通劳动力与品牌劳动力的实际工资。两类劳动力均根据区际实际工资差异进行即时调整，当区域 1 实际工资水平高于区域 2 时，劳动力将从地区 2 流入地区 1。

工业部门的劳动力个体作为理性经济人而言，个人的名义收入特别是个人实际收入影响着劳动力的转移决策。结合地区工业部门的总收入计算人均收入和人均实际收入：

$$PCI_{mi} = Y_{mi} / L_i \tag{5-37}$$

$$PRCI_{mi} = PCI_{mi} / P_i^{\mu} \tag{5-38}$$

相应地，可计算两个地区的人均总收入和人均实际收入：

$$PCI_i = Y_i / \left[L_i + (1 - \lambda)/2 \right] \tag{5-39}$$

$$PRCI_i = PCI_i / P_i^{\mu} \tag{5-40}$$

---

① 尽管在 CP 模型中有着很多的标准化，招致了一些批评（Neary，2001），但在 CP 模型中的标准化使我们的注意力从企业的数目和产品价格转向制造业工人的数目及工资率上。

2. 长期均衡分析

在短期均衡中，如果工业劳动力在区域 1 和区域 2 均匀分布，我们显然可知两个地区的工资相等，此时工业部门的劳动力没有跨区域转移的激励。令我们感兴趣的是这种均衡在长期中是否稳定。假设区域 1 的工业部门劳动力转移到区域 2，那么会对整个均衡状态带来怎样的影响？这种短期均衡是否还会存在？

（1）长期均衡动态变化。当区域 1 的工业劳动力转移至区域 2 后，由于假定工业劳动力的数量是固定的，区域 2 的消费需求变大必然带来区域 2 的市场扩大，相应的区域 1 的市场缩小，将鼓励区域 1 的工业劳动力向区域 2 转移。这体现为集聚力的一种——本地市场效应。在模型的假定条件下，工业企业与工业部门劳动力其实是一回事，工业部门劳动力向区域 2 的转移意味着区域 2 市场规模的增大，同时区域 1 的市场规模和市场需求发生相反的变化，如果没有阻碍转移的力量，这种转移将持续进行下去，并且不断加强，越转移区域 2 的吸引力越强，直到所有工业部门都集聚到区域 2。而工业部门的转移将通过降低区域 2 的工业产品价格指数提高消费者在区域 2 的实际购买力，消费者能够以较低成本购买不同工业产品，从而使其名义工资对区域 1 的消费者更有吸引力，吸引这部分劳动力向区域 2 转移。这体现为集聚力的另一种——生活成本效应。工业部门数量多导致当地生产的工业品种类和数量多，需从外地输入的产品种类和数量少，从而转嫁给消费者的输入外地产品的运输和贸易成本较少，于是产品价格相对便宜，生活成本较低。这两种效应即前向联系与后向联系，共同促进工业部门的劳动力转移。

劳务品牌形式的劳动力转移所带来的品牌价值溢出效应可以称为促进劳动力转移的第三种集聚力。单位品牌劳动力由区域 1 转移至区域 2，随着品牌外部效应吸引更多的消费者，使区域 2 消费者产生需求竞争，为区域 1 劳动力转移至区域 2 带来更大的吸引力。又随着品牌劳动力集聚效应的出现，所产生的品牌效应外部性越来越大，促使劳动力更大程度地转移，提高区域的经济发展水平和劳动生产率。考虑到转移成本因素，由于品牌劳动力具有独特的技能和良好的工作道德品格，比普通劳动力能够更快地找到合适的工作，加之其工资水平较普通劳动力高，尽管存在品牌成本，但相对于普通劳动力的转移收益也更高，更具有转移动机，更有利于集聚效应的产生。

在工业部门劳动力转移集聚过程中，抑制集聚的力量也同样存在，除了转移成本抑制集聚以外，一种效应——市场拥挤效应也影响着劳动力的转移，影响着集聚的产生。市场拥挤效应是指工业部门空间分布的集中会使彼此争夺消费者的市场竞争趋于激烈，降低盈利能力，因此，工业部门选择生产区位时会考虑竞争者数量因素，偏好于企业较少区域发展的倾向。从劳动力角度分析，工业部门劳动力从区域 1 转移至区域 2，一方面，无疑是加剧了区域 2 的市场竞争。为了维持收支相抵，地区 2 的厂商不得不向工人支付较低的工资。区域 1 的厂商相反能够支付较高的工资。名义工资的这种变化将反过来诱使工业部门劳动力回流。另一方面，区域 1 总劳动力的减少将有助于提高其土地的平均回报率和农业工资，从而吸引劳动力回流。

（2）长期均衡稳定分析。上述分析表明，两种类型劳动力的转移决策从根本上取决于两个区域的实际工资差距。令 $\omega_n = w_{n1}/w_{n2}$，ω 为普通劳动力在区域 1 和区域 2 的实际工资比例；令 $\omega_b = w_{b1}/w_{b2}$，ω_b 表示品牌劳动力在区域 1 和区域 2 的实际工资比例。根据两种类型劳动力的分布状况，可以形成以下三种均衡状态：

1）完全对称均衡状态。在这种状态下，无论是普通劳动力还是品牌劳动力，只要劳动力从一个区域转移到另一个区域，分布状态有所改变，相对工资的变化都将促使劳动力恢复到原来的对称均衡状态。

2）完全集聚均衡状态。在这种状态下，无论是普通劳动力还是品牌劳动力，只要有一个工业部门劳动力没有集聚到其中一个区域，劳动力转移所导致的区域工资差距都将促使两种类型的劳动力集聚到一个区域，形成传统的"中心—外围"模型格局。

3）局部集聚均衡状态。在这种状态下，对普通劳动力和品牌劳动力进行区分，一种情况：普通劳动力完全集聚均衡状态，但品牌劳动力完全对称均衡状态；另一种情况：品牌劳动力完全集聚均衡状态，但普通劳动力完全对称均衡状态。因为这两种情况都是仅有一部分劳动力聚集在其中一个区域，因此，可以称为局部集聚均衡状态。

五、数值模拟分析

上述分析的均衡方程（5 - 29 ~ 5 - 34）可形成联立方程组，由于该方程组中方程为非线性，故该方程组不存在解析解。为了解模型中的某些变量变化对劳动力转移的影响，以及随着重要参数的改变而劳动力均衡的变化状况，本节采取数值模拟的分析方法，通过计算机对两种类型劳动力转移所引起的空间均衡状态的变化进行数值模拟，进而分析区域劳务品牌对农村劳动力转移的影响。

1. 数值模拟的方法与前提

选取顺序迭代法求解联立方程组的内生变量。具体方法：

（1）假定两个区域的初始名义工资率，令 $W_1(t=0)=W_2(t=0)=1$，其中 t 为累计迭代次数。

（2）结合联立方程组可以求出两个区域的工业价格指数 $P_1(t=0)$ 和 $P_2(t=0)$、收入水平 $Y_1(t=0)$ 和 $Y_2(t=0)$ 以及新的名义工资水平 $W_1(t=1)$ 和 $W_2(t=1)$。不断重复上述过程直到得出名义工资率的近似解（代入联立方程各子方程可求出其他结果）。迭代误差的判断满足下列条件（如不满足，将计算机值作为初始值继续迭代）：$|[W(t)-W(t-1)]/W(t-1)|<\varepsilon$，其中，$\varepsilon$ 表示迭代误差，本书的迭代误差设定为 $\varepsilon=0.00001$。

根据顺序迭代法求解得出的内生变量，代入方程式（5-29~5-34）分别求出两种类型的劳动力的实际工资和人均实际收入等指标。本书运用 Matlab 7.0 软件实现上述过程，对均衡状态进行数值模拟。根据新经济地理学的惯用假设和经验假设，方程中的参数分别设定为：$\sigma=5$，$\mu=0.4$，$\lambda=0.4$，$\theta=0.3$，$v=0.4$。

前述分析的 L_i 的取值范围并非 $[0,1]$，取值范围为 $[0,\lambda]$，引入变量 $f=L_1/\lambda$，那么 f 的取值范围便是 $[0,1]$，如果以工业部门劳动力总量1为单位，那么经济意义表明在区域1的工业部门劳动力的数量，从我们的研究目的出发，主要研究的是 $f=0.5$ 附近的状态。本书假设将这部分劳动力归为工业部门的劳动力，但是在 f 值很小时，农业部门的工资率是相对很高的，那么就可能出现一部分剩余劳动力由于转移成本等因素的限制留在了农业部门，而这部分劳动力更可能是普通类型的劳动力，品牌劳动力还是在区域间自由流动的。因此，在数值模拟的过程中将 f 的取值范围缩小至 $[0.1,0.9]$，可以理解为另外的 0.1λ 的农村劳动力被相对高的农业部门工资率束缚在了土地上。

2. 消费结构对劳动力转移的影响

是否为品牌劳动力在分析消费结构对劳动力空间均衡的影响时是相同的。故选取普通劳动力的模型进行数值模拟，假定其他参数不变：$\sigma=5$，$\lambda=0.4$。选取中等转移成本（$\tau=2.25$）为给定参数，研究随着消费者对工业产品偏好程度（μ）的变化，劳动力空间均衡的变化情况。

如图5-5所示，消费者对工业产品偏好程度（μ）的变化对劳动力转移空间均衡有着重要影响。在其他参数给定的情况下，当 $\mu=0.4$ 时，劳动力的空间分布均衡于对称均衡模式；当 $\mu = 0.8$ 时，劳动力的空间分布均衡于集聚均衡模式。随着消费者对工业产品偏好程度（μ）的增加，劳动力的空间分布越趋向于集聚均衡模式。之所以产生这种情况，是因为农产品对土地的依赖性和农产品的运输成本的存在，而这些因素在模型中是作为离心力存在的。当 μ 较大时，在对称分布中，由于工业品（劳动力）的流动较大，因此，更倾向于选择集聚模式节省制造业的运输成本，此时农产品的规模较小，相应的农业的运输成本就显得不那么重要了。图 5-5 中还透露了一个重要的信息，就是随着消费者对工业产品偏好程度（μ）的增加，工业部门劳动力的实际工资收入增长得更快，说明集聚产生的规模经济的效果起了作用，而这也恰恰促进了劳动力流动集聚均衡格局的形成，较大的 μ 也意味着规模经济将得到更好的发挥。根据恩格尔定律，社会经济的发展和生活水平的提高将使消费者用于食品的支出不断下降，使 μ 不断上升。

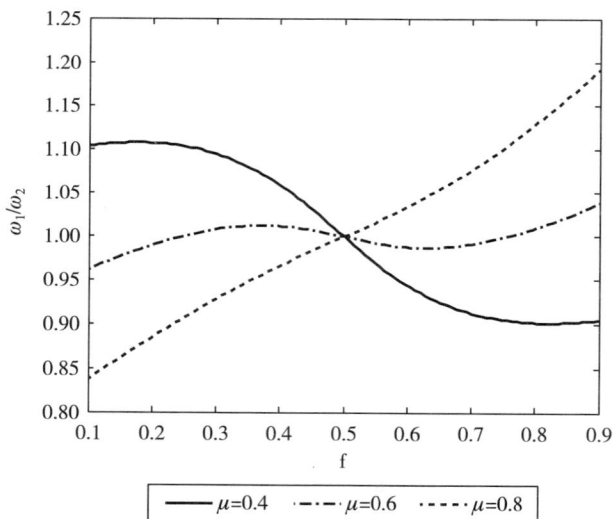

图 5-5 消费结构对劳动力空间均衡影响的模拟结果

命题 1：给定其他条件，劳动力转移与工业品消费支出呈正相关关系，工业品消费份额越大越容易产生集聚，随着消费结构的变化，均衡结构也将产生改变。

3. 多样性偏好对劳动力转移的影响

是否为品牌劳动力在分析多样性偏好对劳动力空间均衡的影响时也是相同

的。同样以普通劳动力模型进行数值模拟，假定其他参数不变：$\mu = 0.4$，$\lambda = 0.4$。因为满足条件：$\rho = (\sigma - 1) / \sigma$，前述假设 $\sigma = 5$，即 $\rho = 0.8$。仍选取中等转移成本（$\tau = 2.25$）为给定参数，研究随着消费者对工业产品多样性的偏好程度（ρ）的变化，劳动力空间分布的均衡情况。σ 取值分别取 3、5、10，即 $\rho = 0.67$、0.8、0.9。

如图 5-6 所示，可以看出，消费者对工业产品多样性的偏好程度（ρ）的变化对劳动力均衡分布也有着重要影响。在其他参数给定的情况下，当 ρ 等于 0.8、0.9 时，劳动力的空间分布均衡于对称均衡模式；当 $\rho = 0.67$ 时，劳动力的空间分布均衡于集聚均衡模式。图 5-6 也验证了新经济地理学模型的一个预言，即工业品的差异化非常有利于劳动力转移的集聚和"中心—外围"空间格局的形成。消费者对工业产品多样性的偏好越强（ρ 值越小），将产品对称分布于不同区域（工业劳动力对称均匀分布）将提高劳动力的实际收入水平，因为多样性的偏好越强，对工业品的种类需求越多，如果集聚到单一区域将大大增加运输成本。从消费者对工业产品多样性的偏好程度（ρ）和两种工业品之间的固定替代弹性（σ）的关系可以看出，两者同方向变动。当 ρ 值较大时，消费者对工业产品多样性的偏好较低，对称均衡模式更容易出现，因为此时两种工业品之间的固

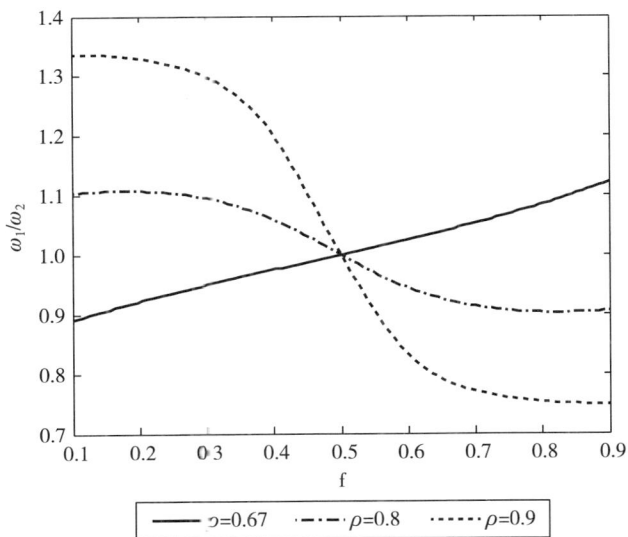

图 5-6　多样性偏好对劳动力空间均衡影响的模拟结果

定替代弹性较大（σ 值较大），说明内部发生的产品交易量较少（劳动力可以相互替换），对称均衡分布不会导致转移成本的增加。随着生活水平和收入的提高，消费者对多样性产品的偏好和产品自身的差异化程度一直都在提高，这也为劳动力不断转移提供了一种较好的解释。而品牌劳动力由于自身具有不同于普通劳动力的技能特征，似乎更能满足消费者的多样化偏好，品牌劳动力的不断发展也将提高自身的差异化程度。

命题2：给定其他条件，劳动力转移与多样性偏好呈正相关关系，多样性偏好越强越容易产生集聚，随着多样性偏好的变化，均衡结构将产生变化。

4. 转移成本对劳动力转移的影响

（1）转移成本对普通劳动力空间均衡的影响。新经济地理学模型是通过运输成本的变化反映区域因素对经济个体决策的影响，运输成本并不是通常概念上产品运输过程中所产生的实际费用，而是不同交易过程中各种障碍的总称。在农村劳动力的转移中，运输成本将演化为转移成本，作为新经济地理学模型的重要变量，对劳动力的空间均衡有着重要影响。

图5-7描绘了四种不同的转移成本数值模拟结果，讨论不存在品牌劳动力状态下转移成本对劳动力空间分布的均衡状态。令四种转移成本分别为：$\tau_1 = 2.75$，$\tau_2 = 2.25$，$\tau_3 = 1.75$，$\tau_4 = 1.25$，分别表示劳动力转移的成本由高到低的变化。

模型的初始阶段劳动力均匀分布与两个区域，这时两区域的实际工资相等，劳动力没有转移的动机。短期均衡并不能代表劳动力的长期变化，这种均衡是否稳定关键取决于曲线在 $f = 0.5$ 的斜率：如果斜率为正，则分散力占优，均衡是不稳定的，很小的偶然冲击（单位劳动力的转移），将使分散力超过集聚力，促使区域1劳动力的增大；如果斜率为负，则集聚力占优，均衡是稳定的，很小的偶然冲击后，区域1的劳动力将在实际工资的反方向调节下恢复原来的均匀分布状态。如图5-7所示，在不同转移成本下，劳动力的实际相对工作的变化轨迹存在很大的差异。以 $f = 0.5$ 周围的曲线斜率可以看出，在 τ_1、τ_2 和 τ_3 的转移成本下，曲线的斜率为负值，说明随着劳动力在区域1的集聚，实际工资的水平是不断下降的，这也阻止了劳动力向区域1的进一步集聚，没有经济动力使劳动力进行转移，经济长期处于对称均衡状态。随着转移成本的下降，由数值模拟结果可以看出，当转移成本下降至 $\tau_4 = 1.25$ 时，此时 $f = 0.5$ 周围的曲线斜率为正值，前述的劳动力对称均衡状态虽然依旧存在，但是此时在区域1增加劳动力（劳动力由区域 2 向区域 1 转移）是可以扩大区域 1 的实际工资水平的，这种稳定的对称均衡状态将会被打破，劳动力的转移将会持续，直至完全聚集到区域 1，形成传统的"中心—外围"的空间均衡模式。

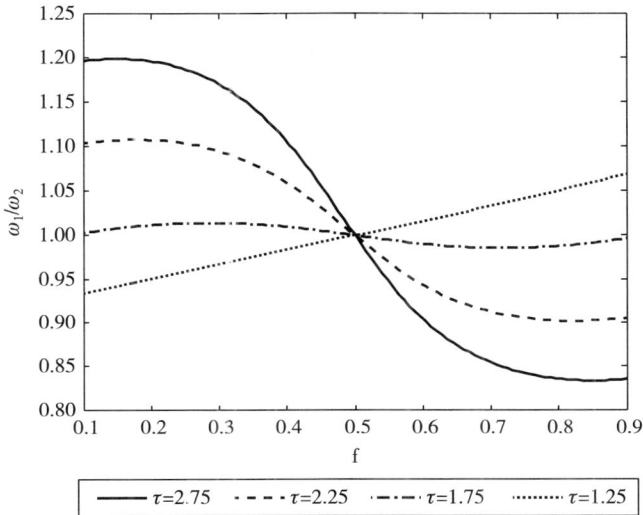

图 5 - 7　转移成本对普通劳动力空间均衡影响的模拟结果

（2）转移成本对品牌劳动力空间均衡的影响。如前文所述，b_i 表示品牌劳动力集聚的外部效应函数：$b_i = (B_i)^v$，此时假定品牌强度系数 $v = 0.4$，通过数值模拟可以得到（见图 5 - 8），随着品牌劳动力的增加，品牌劳动力集聚所产生的外部效应变化情况。此时可以看出，品牌劳动力转移就会出现集聚的外部效应，当品牌劳动力完全聚集在其中一个区域时，根据名义工资 $W_{bi} = W_{ni}(1 + b_i)$，品牌劳动力的名义工资将是普通劳动力的两倍。根据模型参数假设，$\theta = 0.3$，即品牌劳动力占农村劳动力的 30%，当此时的所有品牌劳动力完全集聚时，品牌劳动力的名义工资大约为普通劳动力的 1.62 倍。

考虑品牌形式转移劳动力的空间流动变化，主要考虑的是两个区域在品牌劳动力均匀分布状态下，即 $B_1 = 0.5$ 的曲线斜率的变化，故与 θ 取值无关。此时的两个区域的实际工资比为 w_{b1}/w_{b2}，数值模拟如图 5 - 9 所示。

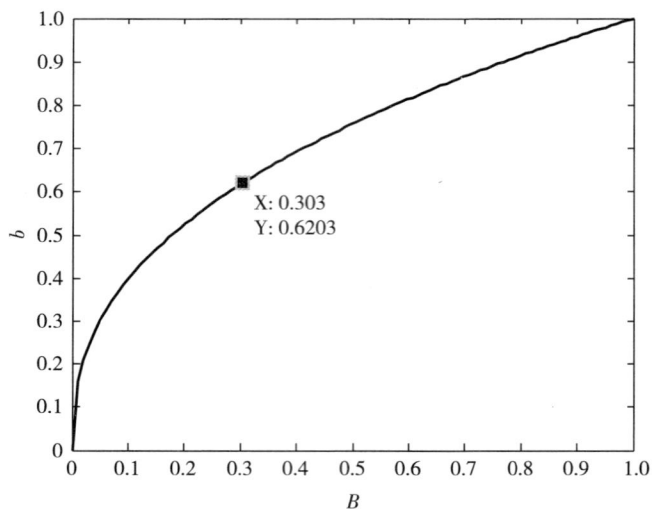

图 5 - 8   区域劳务品牌的外部效应函数

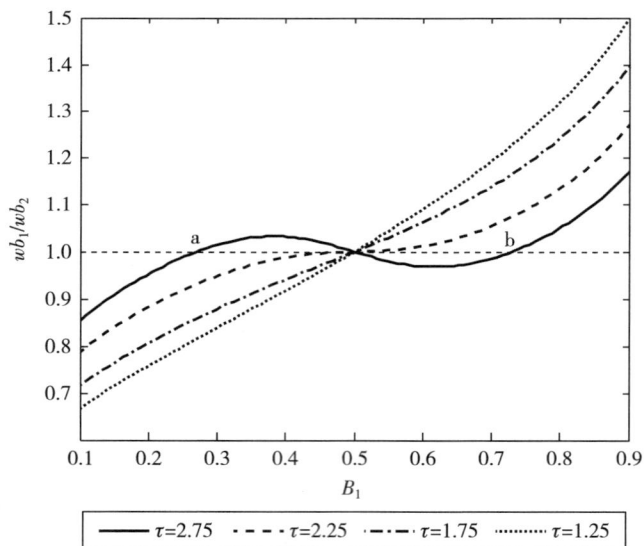

图 5 - 9   转移成本对品牌劳动力空间均衡影响的模拟结果

由图 5 - 9 可以看出，与上述数值模拟假设相同，假定四种运输成本分别为 $\tau_1 = 2.75$，$\tau_2 = 2.25$，$\tau_3 = 1.75$，$\tau_4 = 1.25$，分别表示劳动力转移的成本由高到低的变化。由于劳动力以品牌形式的转移具有品牌外部效用，从 $B_1 = 0.5$ 附近的曲线斜率可以看出，在 τ_2、τ_3 和 τ_4 时，曲线斜率均为正值，表明随着品牌劳动力向区域1的不断转移，区域1的劳动力的实际工资水平是在不断上升的，从而形成集聚效应，最终形成品牌劳动力集聚的"中心—外围"的劳动力空间分布格局。当转移成本处于高位时，即 $\tau_1 = 2.75$，此时在品牌劳动力的分布区间上存在三重均衡。$B_1 = 0.5$ 附近的曲线斜率为负，说明两区域品牌劳动力的对称分布是稳定均衡的（前述已分析过）。如果外力冲击足够大，从而使 B_1 下降到 a 点左面（或者上升至 b 点右面），则在两个区域的实际工资差异的作用下继续上升或下降，最终仍可能集聚在其中一个区域，形成"中心—外围"的劳动力空间分布格局。这也说明品牌劳动力的空间分布特征也取决于品牌劳动力的初始分布情况，如果初始分布极不均衡，品牌劳动力的空间分布模式更加趋向于集聚模式。这也说明，在区域劳务品牌并不是很发达的今天，现存的区域劳务品牌的壮大和区域劳务品牌的挖掘培育都将促进农村劳动力的转移，进而形成劳动力的集聚效应。

（3）转移成本对两种类型劳动力影响的比较分析。上述关于普通劳动力和品牌劳动力空间分布的数值模型分析表明，劳动力的转移成本对两种类型劳动力的空间分布均产生了重要影响。从整体上来看，不同转移成本的变化对普通劳动力空间分布的影响大于对品牌劳动力空间分布的影响（由曲线的形状和曲线间密度可以看出）。从每一个运输成本的假设可以看出，在低劳动力转移成本下（$\tau_4 = 1.25$），普通劳动力和品牌劳动力的流动均可引发劳动力集聚的关联效应，增强集聚力，形成"中心—外围"的稳定空间分布格局；在中等劳动力转移成本下（$\tau_2 = 2.25$ 和 $\tau_3 = 1.75$），普通劳动力和品牌劳动力会出现不同的均衡状态，由于品牌带来的外部效应影响，品牌劳动力具有更强的集聚力，这种集聚力大于分散力使品牌劳动力形成"中心—外围"的稳定空间格局，而普通劳动力由于缺乏这种集聚力而导致在中等转移成本下，趋向于对称分布的空间均衡状态；在高劳动力转移成本下（$\tau_1 = 2.75$），无论是普通劳动力还是品牌劳动力，流动带来的实际工资差异变化均是负值，流动所引发的集聚力小于分散力，劳动力的空间分布均收敛于对称分布的空间均衡状态。

与空间均衡的三种稳定状态相对应，高劳动力转移成本（$\tau_1 = 2.75$）使劳动力空间分布处于完全对称均衡状态；低劳动力转移成本（$\tau_4 = 1.25$）使劳动力空间分布处于完全集聚均衡状态；中等劳动力转移成本（$\tau_2 = 2.25$ 和 $\tau_3 = 1.75$）使劳动力空间分布处于局部集聚均衡状态，即品牌劳动力空间分布处于完全集聚均衡状态；普通劳动力空间分布处于完全对称均衡状态。

命题 3：给定其他条件，劳动力转移与转移成本呈负相关关系，转移成本越低，越容易产生集聚，随着转移成本的变化，均衡结构将产生变化。品牌劳动力较普通劳动力可承受更高的转移成本，更容易实现农村劳动力转移，已有的区域劳务品牌也将促进劳动力的集聚。

5. 品牌外部性系数对劳动力转移的影响

在中等劳动力转移成本的限制下，品牌劳动力之所以可以打破对称均衡状态，源于品牌劳动力流动所引发了的更大的集聚向心力，而这种比普通劳动力流动产生的集聚力大的这部分是品牌外部性效应作用的结果，与品牌外部性强度系数（v）有直接关系。

为分析的更加直观性，以中等转移成本（$\tau = 2.25$）为给定参数，对比品牌外部性强度系数（v）的变化对劳动力的空间均衡所带来的影响。如图 5-10 所示，在中等转移成本（$\tau = 2.25$）的作用下，普通劳动力也可以理解为（$v = 0$），f0 曲线表示普通劳动力处于对称分布均衡状态，不具有品牌的外部效应，因此也没有劳动力流动带来的集聚向心力。f1 和 f2 曲线分别表示在相同的中等转移成本

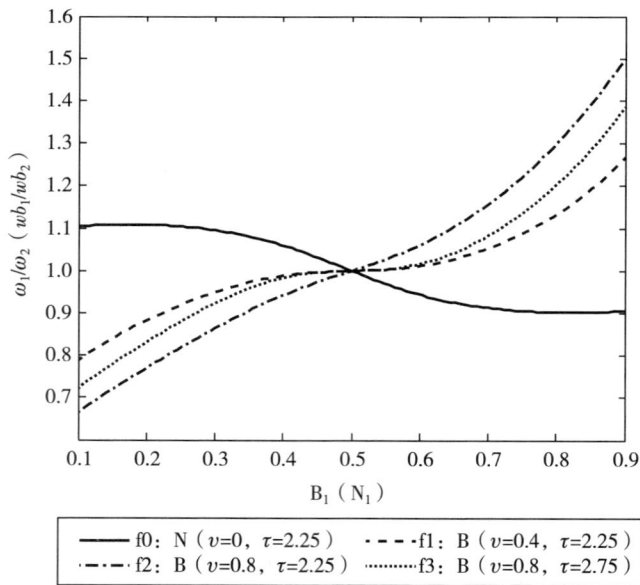

图 5-10 品牌外部性强度系数对劳动力空间均衡影响的模拟结果

（$\tau = 2.25$）的作用下，品牌劳动力处于集聚均衡状态，从 f1 和 f2 在 $B_1 = 0.5$ 附近的曲线斜率可以看出，f2 单位品牌劳动力转移带来的实际工资收入比要大于 f1 单位品牌劳动力转移带来的实际工资收入比，说明品牌外部性强度系数（v）越大，集聚所产生的向心力就越大，品牌劳动力越有动力向某一区域转移，形成"中心—外围"的劳动力空间分布格局。

由图 5 – 9 的分析可知，在 $\tau = 2.75$ 的转移成本下（参数给定 $v = 0.4$），劳动力的空间分布均收敛于对称均衡状态，当将外部性强度系数（v）提升至（$v = 0.8$）时，如图 5 – 10 中 f3 曲线所示，品牌劳动力将最终处于集聚均衡状态，品牌外部性强度系数（v）所带来的集聚力弥补了由于转移成本高而产生的分散力。结果也意味着，即使在较高的运输成本下，品牌劳动力的品牌外部性强度的提升也能导致品牌劳动力的进一步集聚，从而形成"中心—外围"的劳动力空间分布格局。

命题 4：给定其他条件，劳动力转移与品牌外部性强度系数呈正相关关系，品牌外部性强度越强，越容易产生集聚，随着品牌外部性强度的变化，均衡结构将产生变化。品牌劳动力可以通过提升外部性强度调整转移决策，使其承受更高的转移成本。

6. 品牌劳动力比重对劳动力转移的影响

前述分析表明，品牌劳动力较普通劳动力承受更大的转移成本，本节以中等转移成本为既定条件，分析品牌劳动力转移的实际人均收入变化，讨论品牌劳动力比重对劳动力空间均衡的影响。

地区总收入可以表示为：$Y_i = \lambda(\theta B_i)W_{bi} + \lambda[(1-\theta)N_i]W_{ni} + (1-\lambda)/2$，令实际人均收入比为 $d(d = PRCI_1/PRCI_2)$，仅品牌劳动力有转移动力，而普通劳动力仍然均匀分布于两个区域，此时两个区域的普通劳动力收入均为 $\lambda[(1-\theta)(1-\theta)/2]W_{ni}$。将上述式代入前文模型方程式（5 – 39）和式（5 – 40）中，令 $\tau = 2.25$ 和 $\tau = 1.75$，同样采用数值模拟，可得图 5 – 11。

在中等转移成本下，品牌劳动力由于品牌外部效应影响，相对于普通劳动力更具集聚动力，随着品牌劳动力向一个区域转移，此时普通劳动力由于没有集聚动力，仍然均匀分布，导致的结果是实际收入差距的不断扩大。原因在于，集聚产生的中心区工业品具有多样化特征，减少了外界的运输成本，相对价格指数较高，而外围恰恰相反，从而使人均实际收入差距不断扩大。由图 5 – 11 还可以看出，随着转移成本的下降，中心区域与外围区域的人均实际收入差距也下降，运输成本的降低使产品得以流动，相应地降低了价格指数，从而缩小了人均实际收入差距。

图 5-11 中选取 $\theta=0.3$ 和 $\theta=0.5$，特别以品牌劳动力在工业劳动力比重对人均实际收入差距为指标，分析其对劳动力空间均衡的影响。可见，品牌劳动力的比重越大，越容易扩大区域之间的人均收入差距，而这种较大的收入差距，恰恰成为一种集聚的向心力，促使更多的品牌劳动力向某一区域聚集。随着转移成本的进一步降低，当无论品牌劳动力还是普通劳动力均处于完全集聚均衡状态时，普通劳动力加入区域转移中，工业部门劳动力在地区间自由流动，地区间所需的劳动力可迅速弥补，地区间的人均实际收入差距较比仅仅有品牌劳动力转移的时候小。当转移成本高时，仅有品牌劳动力可进行转移，导致实际收入差距不断扩大，这种较大差距使一些普通劳动力不甘于获取较低的经济收入和受限于高的转移成本，为了获得更大的收益，通过各种方式将自身向品牌形式劳动力提升并进行转移，导致品牌劳动力数量的增加（θ 增大）。这样，品牌规模的壮大进一步扩大了人均实际收入差距，通过如此循环往复，可挖掘更多农村潜在劳动力，推动农村劳动力持续转移。

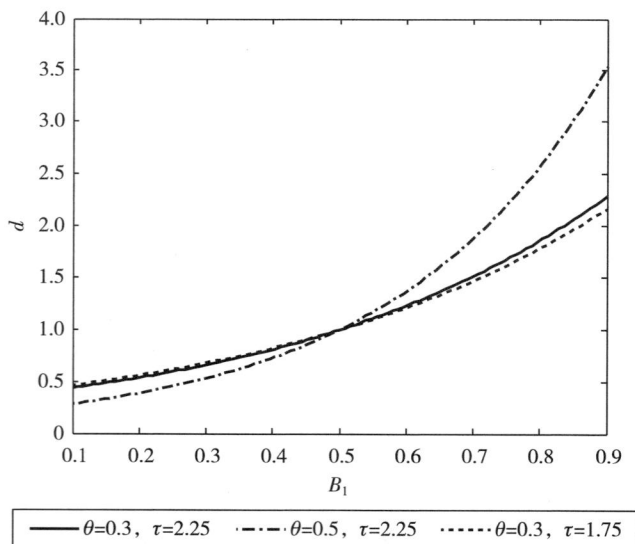

图 5-11　品牌劳动力比重对劳动力空间均衡影响的模拟结果

命题5：给定其他条件，劳动力转移与品牌劳动力比重呈正相关关系，品牌劳动力比重越大，越容易产生集聚。品牌劳动力的转移通过扩大人均实际收入差距，带动区域内普通劳动力的转移，品牌劳动力比重的增加可激励普通劳动力向品牌劳动力提升。

本章小结

本章分别运用结构主义方法、新古典主义方法和新经济地理学理论阐述了区域劳务品牌对农村劳动力转移的影响机理。结构主义方法认为，区域劳务品牌将有效地填补农村劳动力的吸纳缺口，其品牌承诺度大小是弥补缺口大小的关键因素；新古典主义方法认为，品牌劳动力较普通劳动力更具转移动力，特别是降低转移成本将更有利于促进农村劳动力转移；新经济地理学理论认为，劳动力转移与工业品消费支出、消费者多样性偏好、品牌外部性强度和品牌劳动力比重均正相关，与转移成本负相关。品牌劳动力较普通劳动力可承受更高的转移成本，已有的区域劳务品牌也将促进劳动力的集聚，品牌劳动力比重的增加更将激励普通劳动力向品牌劳动力提升，更容易实现农村劳动力转移。

第六章 区域劳务品牌对农村 劳动力转移的作用效果

第五章已明确阐述了区域劳务品牌对农村劳动力转移的影响机理，区域劳务品牌通过承受更高的转移成本和降低转移成本推进农村劳动力的转移。可见，转移成本是区域劳务品牌作用于农村劳动力转移的关键要素。本章将新经济地理学理论和 Harris – Todaro 模型相结合，建立农村劳动力转移模型，研究转移成本对农村劳动力转移的影响，分析区域劳务品牌对转移的作用效果。通过分析中国农村劳动力的转移成本的特点及成本上升的原因，为后续关于区域劳务品牌对农村劳动力转移作用的研究提供分析路径。

第一节 区域劳务品牌对农村劳动力转移效果的影响

传统二元经济理论将发展中国家分为两个部门：城市工业部门和农村农业部门（Lewis，1954）[239]，并且认为城市工业部门的劳动生产率远远高于农村农业部门，这种城乡实际收入差距是农业劳动力向城市工业部门转移的原动力（Rains 等，1961[155]；Rains 等，1964[240]）。基于上述前提，Harris – Todaro 模型将发展中国家农村劳动力向城镇流动解释为预期城乡收入差距结果的表现（Todaro，1969[153]；Harris 等，1970[154]），这两个模型的起始点仍然是外生给定的城乡生产率差距。但无论如何，二元经济理论的经典模型均是外生给定城乡生产率差距，无法内生决定城市工业部门的劳动生产率高于农村农业部门（Henderson，2005）[241]，导致难以深入地解释发展中国家的农村劳动力转移问题。内生因素外生化的研究局限性也引发了关于刘易斯拐点是否到来、人口红利是否终结、劳动力是否短缺等问题的争论，结论的偏颇也难以全面解释中国农村劳动力的转移问题。新经济地理学模型较好地解决了传统二元经济模型的不足，弥补了二元经济模型无法内生决定城乡收入差距的问题。第五章的分析表明，转移成本是区域劳务品牌影响农村劳动力转移的关键要素。因此，本节将新经济地理学模型与 H-T 模型相结合，放宽原假设，通过分析转移成本对农村劳动力转移的影响，并将区域劳务品牌引入模型的分析，讨论区域劳务品牌的引入对农村劳动力转移作用效果的影响。

一、新经济地理学理论的模型均衡分析

与新经济地理学模型假设大致相同，相同部分不再赘述，现提出放宽的不同假设：

假设经济体存在两个区域：区域 1 为城市，区域 2 为农村。同样令总人口数为 1，且均为同质劳动力[①]。令 λ（$0 < \lambda < 1$）为工业部门劳动力的比重，这里与上述模型不同的是这部分工业部门的劳动力全部在城市，而不是对称分布的。假定城市就业率为 e（$0 < e < 1$），可计算城市就业工人数为：$L_e = \lambda e$，城市失业工人数为：$L_u = \lambda$（$1 - e$）。农民占总劳动力的数量为：$1 - \lambda$。假设城市和农村的生活费用指数相同。

1. 消费者均衡

由于区域的非对称，因此，要考虑两种消费者的消费均衡，消费者效用函数依旧采用柯布—道格拉斯（Cobb – Douglas）函数形式：$U = C_M^\mu C_A^{1-\mu}$。

（1）城市工人消费均衡。假定 W_e 表示就业城市工人的工资，ϕ 表示失业城市工人的工资，那么城市工人在城市中找到工作的概率就等于城市整体的就业率 e，故 eW_e 表示城市工人的期望收入，并以此作为预算约束，那么城市工人效用最大化问题可以表述为：

$$\max U = C_M^\mu C_A^{1-\mu} \tag{6-1}$$

$$s.t.\ P_A C_{AW} + \sum_{i=1}^{n} C_{Wi} P_i = eW_e \tag{6-2}$$

---

① 此次假设为同质劳动力，由于以 H-T 模型中描述的，农村劳动力转移是以期望收入为依据的，依据前述分析可知，品牌劳动力的期望收入必然高于普通劳动力，因此，一方面，以同质劳动力为假设方便模型计算；另一方面，也可推断出品牌劳动力的个体行为。

其中，P_i 表示第 i 种工业品价格，P_A 表示农产品的价格，C_{AW} 表示城市工人对农产品的需求，C_{Wi} 表示城市工人对第 i 种工业品的需求。

求解可得农产品需求和工业品需求分别为：

$$C_{Wi} = (P_{Wj}^{-\sigma}/P^{1-\sigma})\mu e W_e \tag{6-3}$$

$$C_{AW} = (1-\mu)eW_e/P_A \tag{6-4}$$

其中，P 表示工业价格指数。

（2）农民消费均衡。假定 W_f 表示农民的工资，而且在农村中不存在（显性）失业，即农村劳动力转移不会对农业总产值产生影响，但会提高农民的生产率。因此，W_f 表示农民的期望收入，农民效用最大化问题可以表述为：

$$\max U = C_M^\mu C_A^{1-\mu} \tag{6-5}$$

$$s.t. \ P_A C_{Af} + \sum_{i=1}^n C_{fi}P_i = W_f \tag{6-6}$$

其中，P_i 表示第 i 种工业品价格，P_A 表示农产品的价格，C_{Af} 表示农民对农产品的需求，C_{fi} 表示农民对第 i 种工业品的需求。

求解可得农产品需求和工业品需求分别为：

$$C_{fi} = (P_j^{-\sigma}/P^{1-\sigma})\mu W_f \tag{6-7}$$

$$C_{Af} = (1-\mu)W_f/P_A \tag{6-8}$$

其中，P 表示工业价格指数。

2. 生产者均衡

（1）工业品生产均衡。这个均衡与上节的新经济模型相同，式（5-19）和式（5-20）结果为：

$$x_i^* = \alpha(\sigma-1)/\beta \tag{6-9}$$

$$L_i^* = \alpha\sigma \tag{6-10}$$

（2）农业品生产均衡。考虑到中国人多地少的实际情况，农村存在大量的剩余劳动力，劳动力的转移不影响农业总产值 T，农民的收入根据农民收入的平均产量支付。故农民的收入为：

$$W_f = T/(1-\lambda)P_A \tag{6-11}$$

3. 市场均衡

根据工人劳动力市场均衡条件，可计算得产品种类数：

$$n = \lambda e/\alpha\sigma \tag{6-12}$$

根据农业劳动力市场均衡条件，可列出如下等式：

$$\lambda C_{AW} P_A + (1 - \lambda) C_{Af} P_A = T \qquad (6-13)$$

计算得，$eW_e = \dfrac{\mu(1-\lambda)}{\lambda(1-u)} W_f \qquad (6-14)$

令 $k = \dfrac{\mu(1-\lambda)}{\lambda(1-u)} = \dfrac{\mu/(1-\mu)}{\lambda/(1-\lambda)} \qquad (6-15)$

当城市工人的期望工资是农民工资的 $\dfrac{\mu/(1-\mu)}{\lambda/(1-\lambda)}$ 倍时，实现了农产品市场和工业品市场的均衡。

二、引入 H－T 模型失业因素的模型均衡分析

同样引入转移成本 τ。农民向城市的工业部门转移，需要消耗转移成本，按照 H－T 模型的核心思想，农业劳动力向城市转移，取决于城乡期望收入的差距，即在转移成本固定的状况下，农民工的期望收入为 eW_e/τ，根据上述等式，可知农民工的期望收入为 $\dfrac{\mu(1-\lambda)}{\lambda(1-u)} \dfrac{1}{\tau} W_f$。如果 $\dfrac{\mu(1-\lambda)}{\lambda(1-u)} > \tau$，即农民工的期望收入大于农民的期望收入时，农村劳动力将开始向城市的工业部门转移。根据恩格尔定律，社会的发展和生活水平的提高将使消费者用于食品的支出不断下降，使 μ 不断上升。因此，目前农村劳动力市场劳动力转移遇到的瓶颈整体可能是由于转移成本的增加快过了生活水平的提高等因素带来的工业品偏好系数的增加，转移成本只要不是很大，都将导致农村劳动力向城市转移。

假定形成稳定均衡时，由农村向城市转移的农村劳动力占总劳动力的比重为 λ^*，那么可知农民的数量为 $1 - \lambda - \lambda^*$，城市工人的数量由于农民工的出现增长为 $\lambda + \lambda^*$，令稳定时的城市就业率为 e'（$0 < e' < 1$），那么城市就业工人的数量为 $e'(\lambda + \lambda^*)$，城市失业工人的数量为 $(1-e')(\lambda + \lambda^*)$。由于转移成本的存在，导致转移到城市的农民（即农民工）的劳动力供给减少为 λ^*/τ，同上述方法相同，通过消费者效用最大化、生产者利润最大化以及市场均衡可知产品种类数 $n' = (\lambda + \dfrac{\lambda^*}{\tau}) e'/\alpha\sigma$。

如果就业城市工人的工资具有刚性，那么农村劳动力转移城市就业不会导致就业城市工人工资的下降，故此时的就业城市工人的工资仍然为 W_e，而农民收入则是由于农村劳动力转移而产生了变化，$W'_f = T/(1 - \lambda - \lambda^*) P_A$。根据农业劳动力市场均衡条件：

$$e'W_e = \frac{\mu(1 - \lambda - \lambda^*)}{\left(\lambda + \dfrac{\lambda^*}{\tau}\right)(1 - u)}W'_f \tag{6-16}$$

$$e' = \frac{\mu T}{(1 - \mu)(\lambda + \lambda^*/\tau)W_e} \tag{6-17}$$

农民工的期望收入 $e'W_e/\tau = \dfrac{\mu(1 - \lambda - \lambda^*)}{\left(\lambda + \dfrac{\lambda^*}{\tau}\right)(1 - u)\,\tau}W'_f$，稳定均衡的条件为农

民工与农民的期望收入相等，即 $e'W_e/\tau = W'_f$，此时农村劳动力不再向城市转移。$\tau W'_f$ 表示城市工人的期望收入，W_e 表示城市就业工人的名义收入，W_e/τ 表示就业农民工的名义收入，W'_f 表示农民的名义工资。

由 $\dfrac{\mu(1 - \lambda - \lambda^*)}{\left(\lambda + \dfrac{\lambda^*}{\tau}\right)(1 - u)\,\tau} = 1$ 可得出，$\lambda^* = u - \lambda(\mu - \mu\tau + \tau)$，令 Y 表示城市

化水平，则有：

$$Y = \lambda + \lambda^* = \mu - \lambda(\mu - \mu\tau + \tau) + \lambda = \mu - \lambda(1 - \mu)(\tau - 1) \tag{6-18}$$

三、农村劳动力转移指标值的确定

在 H-T 模型中，有限制城市工资、发展城市经济和发展农村经济三大政策措施。从本假设出发的城市化水平的式子可以看出，三者的变化都不能给城市化水平带来任何影响，即从直观上不会影响农村劳动力的转移就业。先不讨论转移成本 τ 究竟受哪些因素的影响，单就稳定均衡时的转移成本对各指标的影响变动情况进行分析。因为就业城市工人工资不变，故工业品的最优定价也不变，所以在讨论转移成本对各指标的影响中，对名义工资和实际工资的影响变化方向一致，设 P^μ 表示农村和城市生活指数。

（1）农民数量：$L'_a = 1 - \mu + \lambda(1 - \mu)(\tau - 1)$。 $\tag{6-19}$

（2）就业率：$e' = \dfrac{\mu T}{(1 - \mu)(\lambda + \lambda^*/\tau)W_e}$。 $\tag{6-20}$

（3）城市化水平：$Y = \lambda + \lambda^* = \mu - \lambda(1 - \mu)(\tau - 1)$。 $\tag{6-21}$

（4）城市就业工人实际收入：$w_e = W_e/P^\mu$。 $\tag{6-22}$

（5）农民工实际收入：$w_{ae} = W_e/\tau P^\mu$。 $\tag{6-23}$

（6）农民实际收入：$w_f = W'_f/P^\mu = T/(1 - \lambda - \lambda^*)P_A P^\mu$。 $\tag{6-24}$

四、转移成本对劳动力转移指标值的影响

（1）$\dfrac{dL'_a}{d\tau} = \lambda(1-\mu) > 0$，说明降低转移成本可以促进农村劳动力向城市转移。

（2）$\dfrac{de'}{d\tau} = \dfrac{\mu T}{(1-\mu) W_e} \times \dfrac{(1-\mu)\lambda\tau + \lambda^*}{(\lambda + \lambda^*/\tau)^2 \tau^2} > 0$，说明降低转移成本将降低城市就业率。

（3）$\dfrac{dY}{d\tau} = -\lambda(1-\mu) < 0$，说明转移成本降低可以提高城市化水平。

（4）$\dfrac{dw_e}{d\tau} = 0$，说明刚性的城市工人工资不受转移成本的影响。

（5）$\dfrac{dw_{ae}}{d\tau} = -W_e P^\mu/\tau^2 < 0$，说明降低转移成本将提高农民工的福利水平。

（6）$\dfrac{dw_f}{d\tau} = -T\lambda(1-\mu) P^\mu P_A / (1-\lambda-\lambda^*)^2 < 0$，说明降低转移成本将提高未转移农民的福利水平。

五、区域劳务品牌对农村劳动力转移效果的影响

由模型分析结果可以看出，降低农村劳动力转移城市就业的转移成本，将提高城市化水平，减少农民数量，提高农民工和农民的整体福利水平。但并未引起城市工人福利的变化，反而降低了城市的就业率，同时增加了城市失业工人的数量。农村劳动力由农村农业部门向城市工业部门的转移过程中，需要在城市部门进行就业，转移成本对城市就业率的负面影响并不是我们所期望的。

如何从根本上解决农村劳动力转移成本降低对城市就业率水平降低的问题，H－T模型中提出了一个有效的政策措施——发展农村经济，似乎可以在一定程度上解决该问题。正如前述假设，农村劳动力转移不对农业总产量 T 产生影响，且从事农业农民是同质的，总产量的变动就是由于农业技术水平的提高引起的，因此，对总产量求导：

$$\frac{de'}{dT} = \frac{\mu}{(1-\mu)(\lambda + \lambda^*/\tau) W_e} > 0 \qquad (6-25)$$

由此可以看出，尽管促进农业科技进步将提高城市就业率，减少城市的失业

工人，但无法提高城市化水平。农业科技进步将降低生活费用指数，对农民、农民工和城市就业工人的福利影响都将是正向的。因此，在促进农村劳动力转移的同时，加大农村科技投入，将是一个最优的政策组合。当然，提升城市就业率的前提是农业科技进步的正向影响要大于转移成本所带来的负面影响。然而，农业科技投入的另一面将使人多地少的中国农村产生越来越多的待转移农村劳动力，这部分的农村劳动力将持续向城市转移。尽管从理论角度分析，农业科技投入可以提高城市就业率，但这一前提假设是农村科技投入不会再产生农村的剩余劳动力，显然这与事实并不相符。因此，该种形式的政策组合并不能从真正意义上促进农村劳动力转移。

此时，将本书研究对象区域劳务品牌引入该模型结论，探讨区域劳务品牌对农村劳动力的转移效果。同新经济地理学模型取同样假设，认为一部分劳动力是普通劳动力，另一部分劳动力是品牌劳动力，同样满足 $W_{bi} = W_{ni}(1 + b_i)$，即有品牌劳动力的地方，品牌劳动力的期望收入将高于普通劳动力，从 $\dfrac{de'}{d\tau} = \dfrac{\mu T}{(1-\mu) W_e} \cdot \dfrac{(1-\mu) \lambda \tau + \lambda^*}{(\lambda + \lambda^*/\tau)^2 \tau^2} > 0$ 可以看出，品牌劳动力的引入同样与上述结论相符，但对城市就业率的降低程度分析发现，单位品牌劳动力转移对城市就业率的降低程度将小于普通劳动力的转移。从 $\dfrac{dw_{ae}}{d\tau} = -W_e P^\mu / \tau^2 < 0$ 来看，品牌劳动力对进城农民工的福利的提升程度也是大于普通劳动力的。因此，在其他条件不变的情况下，品牌劳动力的转移效果明显优于普通劳动力。

综上所述，通过降低劳动力转移对大部分农村劳动力转移指标产生正面的影响，但会降低城市的就业率，其他的组合政策也受限于种种现实条件而难以对转移效果进行改变。区域劳务品牌的引入能够承受相对较高的转移成本和降低转移成本促进农村劳动力转移，更重要的是，在这个过程中将能够有效地改善农村劳动力的转移效果。因此，中国农村劳动力以区域劳务品牌形式的转移，将实现比农村劳动力普通形式转移更好的经济和社会效果，降低转移成本也将有效地促进农村劳动力转移。将这两者有机结合，通过区域劳务品牌降低转移成本，充分发挥区域劳务品牌对农村劳动力转移的作用，对于有更多亟待转移而无法转移农村劳动力的中国，将是一个好的思路与方法。

第二节　中国农村劳动力转移成本的变化

无论是从二元经济理论还是从新经济地理学理论角度，在研究农村劳动力的转移过程中，转移成本是影响中国农村劳动力转移及个体决策的重要因素。外生的二元经济理论认为，区域劳务品牌通过降低转移成本推进农村劳动力转移，内生的新经济地理学模型认为，区域劳务品牌可以承受更高的转移成本推进农村劳动力转移。可见，转移成本是区域劳务品牌作用于农村劳动力转移的关键要素，为了充分发挥区域劳务品牌对农村劳动力转移的作用，有必要结合中国农村劳动力转移的特殊现象分析转移成本的变化。

一、民工荒现象与刘易斯拐点

自"民工荒"现象于 2004 年在东部沿海初见端倪，至新一轮"民工荒"于 2011 年出现在东部沿海，甚至"民工荒"在中西部地区也有不同程度显现。"民工荒"现象的直接后果是推动了农民工工资多年后的上涨。劳资纠纷和民工工资的"加薪潮"[242]更是将很多学者的眼光集中到了劳动力市场中。

刘易斯模型假设剩余只出现在农业部门中，而实际上城市的传统部门聚集了更多的剩余劳动力[243]，即便种种迹象表明农村劳动力剩余殆尽，但城市非正规经济已逐渐成为剩余劳动力的蓄水池。蔡昉（2011）对劳动力市场就业困难群体数量进行了估计，结果认为，即使假设 8000 余万灵活就业人员中有一半就业比较稳定，仍有 4000 万属于就业困难人员[244]，并不能以此断定农村劳动力已转移完成。第六次全国人口普查数据显示，中国城市化率为 49.68%，而城镇户籍人口占总人口的比例只有约 33%[245]，这意味着有 16.68%，即 1.12 亿生活在城镇里的人没有城镇户口及享有城镇居民待遇。国家统计局发布报告也指出，2011 年全国人户分离的人口为 2.71 亿，其中，流动人口为 2.30 亿①。更令人难以想象的是，2011 年中国农业增加值占 GDP 比重仅为 10%，而当年的城市化率和粮

---

① 根据国家统计局的统计口径，人户分离人口是指居住地和户口登记地所在乡镇街道不一致，且离开户口登记地半年以上的人口；流动人口是指人户分离人口中不包括市辖区内人户分离的人口。

食商品化率均超过 50%，这也预示着农业劳动剩余的必然。值得注意的是，以工资水平上升作为刘易斯拐点到来的标志也不是没有条件的，刘易斯本人也强调了工资水平上升的外生变化不应被纳入模型，如果农村转移就业劳动力工资水平的上涨是由于稀缺造成的，则说明刘易斯拐点已经到来，倘若是外生条件导致的工资水平上涨，则无法以此作为刘易斯拐点到来的表征。

正如本书综述中描述的，关于刘易斯拐点的争论揭示了一个矛盾的现实，一方面，农村存在着大量的农村劳动力；另一方面，用工企业的劳动力需求却无法得到满足。无论如何，"民工荒"的确已成为事实，那么，究竟是什么原因导致了"民工荒"的出现？

关于"民工荒"现象的解释颇多，目前主要存在以下五种解释：

（1）劳动力供需结构失衡造成"民工荒"现象。一方面，中国的大量产业结构相同的企业集聚在同一地区，需要的劳动力特征基本相同，造成劳动力的局部短缺；另一方面，农村转移劳动力大部分是没有技能、未经过培训的低素质劳动力，而企业短缺的是熟练工人，必然产生劳动力供给缺口。

（2）制度矛盾造成"民工荒"现象。该观点认为"民工荒"是中国长期发展中出现的矛盾一直未得到合理解决造成的。它是一些根本性制度导致的深层次矛盾的一次大爆发。例如，长期以来实行的城乡分割的二元经济体制、税制改革以来的上收型税制等。

（3）农民工意识的提升导致了"民工荒"现象。工资收入过低和劳资矛盾导致了农村劳动力返乡，致使出现"民工荒"现象。归根结底，农民工主体意识的提升，维权意识的觉醒，使他们对工资待遇、劳动条件等感到了不满，从而导致了"民工荒"现象的出现。

（4）劳动力减少与增长断层导致"民工荒"现象。该观点认为，计划生育的实施使农村劳动力的增长出现了断层，影响了农村劳动力供给，是农村劳动力绝对量减少。

（5）劳动力流向多元化导致"民工荒"现象。随着社会发展，很多工厂迁入内地，不再局限于沿海地区，这些内陆城市就业市场变得越来越广阔，致使转移劳动力有了更多选择。由于生活成本、交通费用等因素影响，农村劳动力转移呈现多元化现象，必然导致沿海地区劳动密集型产业在未做好产业结构调整前遭遇"民工荒"现象。

综上所述，对于"民工荒"的各种解释都具有一定的道理。那么"民工荒"

现象的产生是否意味着刘易斯拐点的到来？转移成本是否对刘易斯拐点产生影响？近些年，中国农村劳动力的转移成本又发生了哪些变化？

二、刘易斯拐点与转移成本

"民工荒"现象无论是否代表中国农村劳动力转移已经到达刘易斯拐点，中国农村劳动力转移问题依然是值得关注的。这个拐点到达之后，并不意味着劳动力转移速度必然减慢[12]。当下的"民工荒"现象也不能代表农村转移劳动力的充分就业。

刘易斯拐点本质上体现的是劳动力供求紧张造成的工资上涨压力[246]。而工资上涨并不一定是由于劳动力供求带来的，转移地的生活水平上升和劳动力的心理期望的提高均可能带来工资的上涨。在刘易斯模型中，往往假设转移成本不变，在这样的假设前提下，工资的上涨就完全归因于劳动力供求的变化，需求曲线的右移自然可能跨过刘易斯拐点。倘若放宽假设，认为转移成本是变动的，那么转移成本的上升会使劳动力供给曲线整体上移，即使劳动力需求不变，工业部门的工资水平也自然会上升。这种原因导致的工资上升与刘易斯拐点没有任何关系。必须是由劳动力本身的供求变化引起的工资上涨，才意味着刘易斯转折点的到来[68]。

通过图6-1可以直观地看到在放宽转移成本之后的刘易斯拐点的情况。图6-1中的刘易斯基础模型仍然沿用前述分析的异质性劳动力模型，令G为刘易斯拐点。图6-1（a）、（b）分别表示工资上升的情况。图6-1（a）所示，A_0表示农业部门的原始工资，也是农业劳动力向外转移务工的最基本工资，如果低于此工资便不存在转移劳动力。事实上，由于农村劳动力转移成本的存在，劳动力转移城市为了获得和原来在农村生活相同的净收益时，城市就要弥补这一转移成本，因此，城市工资提升至W_0，即为城市的生存工资。$W_0 - A_0$便是农村劳动力转移城市之后获得的那部分高于农业部门的收益。令均衡状态下有L_0数量的农村劳动力转移到城市工业部门。随着城市规模和工业部门的发展，农村劳动力的需求曲线不断向右移动，由于本模型考虑到农村劳动力的客观实际，供给曲线与原始刘易斯的曲线不同（原始模型中只要工资上涨便是突破了刘易斯拐点），在新模型中如果需求曲线移至D'，尽管工资上涨也不能推断出农村劳动力已经到达了刘易斯拐点。但只有需求曲线右移至D''，增加的农村劳动力需求迫使工业部门提高工资，工资点W_1突破了刘易斯拐点的工资点W_G，此时才能说明工资的上升使农村劳动力的转移突破了刘易斯拐点，农村不存在待转移的劳动力了。

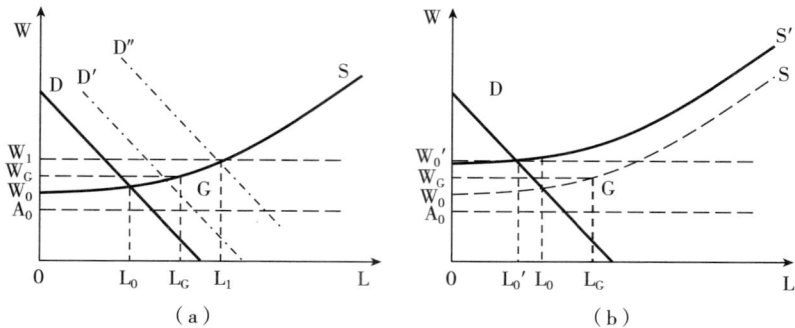

图 6-1　转移成本变化对农村劳动力转移的影响

关于劳动力的异质性特征前面已经论述过，劳动力异质性特征可能影响到对刘易斯拐点的判断。很多外生因素的变化都可能改变劳动力的供给条件，进而加速或推迟刘易斯转折点的到来。图 6-1 (b) 说明转移成本可能受外生因素的影响而产生了变化，从而影响农村劳动力的供给曲线，进而影响到对刘易斯拐点是否已经到来的判断。因此，考虑转移成本的变化对劳动力供给变化以及刘易斯拐点的出现是非常必要的。前述已经详细地分析了转移成本的组成部分，除了农业工资以外，其他成本产生的原因与劳动力的转移并不存在必然的联系，可能是由于农业政策调整引起的，也可能是由物价水平变化引起的。即使农村劳动力不转移，这些成本也是在变化的，因此，这些因素不属于模型的内生因素。图 6-1 (b) 也正是基于这些外生因素对转移成本的影响进行分析的。

如图 6-1 (b) 所示，转移成本的增加表现在劳动力供给曲线的上移。由于转移成本中生活成本、物价水平、子女教育成本的增加，导致劳动力的供给曲线上移至 S'，A_0 为农业部门的原始工资。为了弥补转移成本的增加，工资水平上升至 W_0'，由图 6-1 中可以看出 $W_0' = W_1$，同样是工资上涨，意义却不尽相同，W_0' 的意义与左图中的 W_0 是相同的，补偿劳动力从农村转移到城市的转移成本，使之得到不低于与原来农村居住和就业时相比的同等净收益。此时由于转移成本的增加增大了农村劳动力转移城市的阻力，均衡的劳动力数量下降至 L_0'。由图 6-1 两图的对比可以看出，如果保持原来的劳动力供给均衡数量不变，即劳动力需求的上升，到达劳动力供给数量 L_0 时，此时的工资水平将提升到 W_0' 以上，这就意味着，在转移成本上升的情况下，即使劳动力不转移工资也是可以上升的，此时的劳动力供给远远没有达到刘易斯拐点的临界值。因此，从转移成本角度解释工资上涨并不能说明刘易斯拐点的到来。

综上所述，"民工荒"所带来的工资上升并不能成为刘易斯拐点已经到来的论据。工资上升可能是劳动力需求曲线移动造成的，也可能是由于劳动力供给曲线变动引起的，而转移成本引起劳动力供给曲线上移所致的工资上涨与劳动力转移关联并不大。因为只有劳动力需求变动引起的工资上升才是内生性变化。另外，即使是内生性变化，由于劳动力并未同质的特征，导致即使是内生性导致的工资上升也不能说明刘易斯拐点的到来。因此，以转移成本等因素变化是无法判断刘易斯拐点是否到来的，也无法判断人口红利是否结束，更无法判断中国农村劳动力是否已经转移殆尽。

三、工资上涨与转移成本

农民工工资上涨的现实表现为"民工荒"和"加薪潮"。从近几年的数据统计也可以看出，农民工的工资上涨已经不局限于东部沿海地区，已经开始蔓延到了中西部地区，全国范围内的农民工工资上涨变得越来越明显。对于这一现象可产生两种解释：一种解释，农民工工资的普遍上涨与农民工的旺盛需求和人口结构变化有关；另一种解释，农村劳动力转移成本出现了明显上升。前述的分析已经表明，劳动力需求变化引起的工资上升说明农村劳动力转移已经达到了一个转折点，农村劳动力继续转移非常困难，但外生转移成本导致的工资上升并不能说明农村劳动力已经转移殆尽。"民工荒"现象只能表面上说明一部分劳动力需求的供不应求，农村仍然存在剩余劳动力，并不能说明刘易斯拐点出现。此时必须明确分析工资上涨是需求还是供给导致的，否则不可能正确地分析中国农村劳动力的状况，无法判断中国农村劳动力是否还有转移空间和潜力，决策者也无法正确地制定农村劳动力进一步发展的政策。

1. 农村劳动力结构与数量

考虑到中国的实际情况，需求方面的因素不能忽略，农村劳动力的数量的确不断减少。尽管近些年的劳动力转移的数量不断上升，但据调查显示，40岁以上农民工所占比重逐年上升，由2008年的30.0%上升到2018年的47.9%，农民工平均年龄也由34岁上升到40.2岁。尽管每年农村新增劳动力主要会加入到农民工的行列中，但农民工年龄结构的变化，也说明农民工的"无限供给"状况在改变。2018年农民工监测报告显示，农民工中已婚者占79.7%，其中，本地农民工已婚者占90.8%，而远高于外出农民工68.1%的已婚比例。本地农民工平均年龄高出外出农民工9.7岁，在本地农民工中40岁以上的占65%，而外出农民工40岁以上的仅占30%。反映了已婚、年纪较大的农民工更倾向于就近就地转移。这些问题主要是由两方面原因决定的，一方面是大龄农民工缺乏就业竞争力，另一方面是大龄农民工家庭负担过重。这些都使大龄农民工的外出就业具有一定的局限性。

新生代农民工群体更符合本书对刘易斯模型的异质性假设。因为新生代农民工无论是在人力资本投资、受教育程度、成长经历等方面都与老一代农民工群体之间产生了较大的差异，这种差异也决定了农村劳动力供给曲线的形状。另外，新生代农民工较上一代农民工更懂得享受生活。同时，新生代农民工更加重视工作环境和劳资关系，需求层次由生存性向发展性转变。更加关注工作领域和工资水平，渴望被城市认同。相对于上一代农民工，缺乏农业知识的他们更期望在城市定居。在保证同上一代农民工相同水平供给的同时，需要支付给新生代农民工更多的工资。

2. 农村劳动力转移成本的上升

上述分析表明，在分析劳动力转移时，农村劳动力结构供给和需求方面的因素不可被忽略，但转移成本上升的客观事实确实存在。在刘易斯的模型中，认为农村劳动力转移城市的补偿工资一般为30%，但事实上随着城乡收入水平的拉大和整体经济的发展，转移成本的内涵也在不断丰富。与20世纪80年代相比，中国剩余劳动力转移的迁移成本不再可以被忽略[247]，这个差额也在不断地增大，即农村劳动力转移要付出越来越多的成本。

（1）从农村劳动力迁出的角度来看。近些年，国家实行了一系列惠农政策，在这些政策措施的刺激下，农村居民收入快速增加，农村的福利条件也得到了改善。从近几年的农村居民的纯收入可以看出（见表6-1），农村居民的人均纯收入逐年上升，增幅也在不断扩大。2018年中国农村居民人均纯收入达到14617.0元，同比增长了17.88%，从工资性收入来看，较前一年增长了9.06%。受农村土地流转速度加快的影响，农村居民转让承包土地经营权收入、土地征用补偿收入及租金收入均有所增加，人均财产性收入较前一年增长了12.87%。粮食补贴等惠农政策力度的加大也提升了农村居民的转移收入，较前一年增长了12.18%。这一比率的上升也得益于农村社会保障制度的不断完善和农村最低生活保障范围的逐步扩大。2018年城镇居民的可支配收入为39250.8元，较2017年上涨了

7.84%，该指标增长速度低于农村居民的9.06%，农村劳动力的外出转移就业的工资收入增长缓慢，加上户籍制度和参保门槛的居高不下，以及农业收入的快速增长都在客观上提升了农村劳动力转移就业的机会成本。

表6-1　农村居民人均纯收入及组成部分　　　　单位：元

类别 ＼ 年份	2008	2010	2012	2014	2016	2018
人均纯收入	4760.6	5919.0	7916.6	10488.9	12363.4	14617.0
（1）工资性收入	1853.7	2431.1	3447.5	4152.2	5021.8	5996.1
（2）经营净收入	2435.6	2822.8	3533.4	4237.4	4741.3	5358.4
（3）财产性收入	148.1	202.3	103.8	222.1	272.1	342.1
（4）转移性收入	323.2	452.9	441.0	1877.2	2328.2	2920.5

资料来源：历年中国统计年鉴。

（2）从农村劳动力迁入的角度来看。近几年，城市主要消费品价格的大幅度上涨致使农村劳动力进入城市以后的生存成本上升。从外出农民工就业的地点来看，在省内就业农民工占外出农民工的56%，比重也在提高。尽管农民工月均收入3721元，比上年增加236元，增长6.8%，但与近些年来城市地区的食品、住房等价格水平相比，农民工的实际收入增加很少，甚至没有增加反而下降。户籍制度的限制使进城农民工无法享受城市居民所能享受的"特殊福利"，子女教育和医疗等也不可能纳入城市保障系统。2018年的数据显示，50.8%的农民工家长反映在城市上学面临一些问题，本地升学（入园）难、费用高依然是进城农民工家长反映最多的两个问题。事实上，扣除这些快速上涨的生存成本，进城农民工的净收益已经微乎其微了，农民工需要花费更多才能享受到与城市居民同等的待遇。

（3）从外出农民工的居住负担来看。2018年的农民工监测调查报告显示，进城农民工人均居住面积20.2平方米，尽管进城农民工人均居住面积有所提高，但在进城农民工户中，购买住房的仅占19%，仅2.9%享受保障性住房。在这种情况下，进城农民工还要面对快速上涨的物价水平和子女高额的教育费用，城市的房价对于这些从农村转移到城市的农民工来说更是"天价"，多数农民工选择了租房的形式，租房居住的农民工占到了61.3%。在这样的成本与收益的权衡之下，很多农民工选择了弃城返乡，或者去离家较近的小城市打工。转移成本中生存成本的增加，在新经济地理学模型中解释为拥挤效应，农村劳动力转移就业的成本增加，的确是促成如今的"民工荒"现象显现的一个重要原因，阻碍了农村劳动力向城市转移。

（4）从非转移因素的转移成本上升来看。上一代农民工已经逐渐退出劳动力市场，接替他们的新生代农民工有着和他们不一样的文化水平、劳动技能，同时城市生存需求也不相同。无论从劳动力转移的迁出地——农村，还是劳动力的迁入地——城市，证据都表明农村劳动力供给条件正在发生较大的变化。农村机会成本的增加和城市生存成本的上升正在不断地提升农村劳动力的转移成本，随着转移主体新生代农民工逐渐地成为主力军，这些非转移因素带来的转移成本增加，使农村劳动力的供给曲线上移，推动农民工工资的上涨。而这种供给条件改变、转移成本增加带来的工资上涨并不是传统刘易斯模型中所说的内生因素，这些外生因素引起的工资上涨，即使劳动力不转移，农村农业政策和城市生活成本的变化也将促使劳动力转移成本的上升。在这种情况下，即使农村有大量剩余劳动力，转移的农村劳动力同样要面临这些外在的转移成本。因此，在现有的社会背景下，以工资上涨和"民工荒"现象断定刘易斯拐点的到来是片面的。此时的工资上涨是弥补转移成本的上涨，当弥补不了转移成本的上涨时，即使农村存在大量剩余劳动力，他们也没有动力外出就业，那么"民工荒"就在所难免。

从这个意义上来说，在没有区分工资上涨和"民工荒"是由内生的劳动力转移，还是由外生的转移成本上升引起的之前，直接认为当前的现象代表刘易斯拐点的到来是不合适的，也无法断定中国农村劳动力转移处于一个什么阶段。众多经验数据表明，中国农村仍存在大量待转移劳动力，今后若干年劳动力的转移仍将是一项持久而重要的工作[248]，即便按照目前最小估算数据，中国待转移的经验数据依然庞大[249]。近些年，转移成本的上涨势必会影响农村劳动力的转移动力，成为阻碍农村劳动力转移的制约因素。

第三节　区域劳务品牌对农村劳动力转移的
作用切入点

证据表明，近些年的农村劳动力转移成本一直居高不下，已经严重影响到了中国农村劳动力转移的持续。农村劳动力作为一种生产要素，使其达到资源的优化配置，应满足在市场机制作用下的自由流动。但现实中一些非市场因素干扰了这一市场经济体制的内在要求，导致了农村劳动力转移成本的居高不下，制约了农村劳动力向城市转移的持续。城市物价指数的上升、房价的高涨，在一定程度上增加了农村劳动力转移城市后的生活成本，这些是随着社会发展不可避免的，无论城市居民还是农民工都必须面对。一些深层次原因使农村劳动力在转移过程中承担高额的转移成本，以这些转移成本上升的原因为作用切入点，寻找区域劳务品牌推进中国农村劳动力转移的路径是有效且必要的。

一、宏观层面——产权弱化

劳动力产权是劳动力主体围绕劳动力占有而形成的一系列权利的总和。劳动力自身作为其主体，应该享有明确而完整的产权。例如，劳动力有权决定自身劳动力的使用方向；劳动力自身有充分人身自由的权利，劳动力可以在工作岗位间自由流动而不受限制；等等。在计划经济体制下，中国实行了严格的户籍制度，在二元经济体制下农村劳动力是不可以自由转移城市的，农村劳动力完全属于集体所有制，没有劳动力的让渡权、试用期和迁移权，劳动力没有决策权，更没有自我追求和发展的权利。这种制度完全剥夺了农村劳动力的产权，对劳动力失去了一切激励的可能性，也失去了监督出效率的基础和可能性[250]。改革开放以后，家庭联产承包责任制的实施，使农村产生了大量剩余劳动力，农村劳动力的流动限制开始被打破，农村劳动力的产权开始受到尊重和保护。随着国家对农村劳动力集体所有制管制的放宽，党的十六届三中全会上的《中共中央关于完善社会主义市场经济体制若干问题的决定》①，使地方政府成为左右农村劳动力产权的主体。特别是中央政府与地方政府分权之后，地方政府负责公共物品的分配，它不会愿意本属于本地居民的产品无缘无故被外来人口瓜分。因此，在地方政府、本地居民和外来人口的三者博弈中，地方政府自然会对外来人口征收各种管理费用，并剥夺其在城市的再就业、同工同酬、社会保障和医疗保险等方面的权利。此时劳动力产权被地方政府弱化了，表现为地方政府与农村转移劳动力的"强势产权主体—弱势产权主体"结构。这种产权制度结构必然会导致配置无法达到帕

---

① 在党的十六届三中全会上通过的《中共中央关于完善社会主义市场经济体制若干问题的决定》中指出："加快城镇化进程，在城市有稳定职业和住所的农业人口，可按当地规定在就业地或居住地登记户籍，并依法享有当地居民应有的权利，承担应有的义务。"

累托最优。

同样的产权配置结构不仅体现在地方政府和农村劳动力之间，也出现在用工企业与农村转移劳动力之间。在市场产权结构安排中，尊重的是用工企业的私人产权，与此同时，农村转移劳动力的产权便被漠视。特别是西方产权理论的引入，企业市场化改革的最终结果就是要在用工企业和农村转移劳动力之间形成"强势产权主体—弱势产权主体"的产权结构，此产权结构必然导致农村劳动力被拖欠工资的案例屡见不鲜。在这样的产权结构下，农村劳动力的合法权益不能得到很好的保护，用工企业的雇主形象被逐渐权威化，一旦在雇用过程中出现问题，最终买单的往往是处于弱势产权位置的农村劳动力。这种产权结构越是明显，用工企业掠夺农村劳动力产权的情况就越发严重。

近些年，尽管农村劳动力获得了一定产权，可以进入城市劳动力市场获取收益，但在产权结构中一直处于弱势，被地方政府的政策和制度性措施隔离于规范的劳动力市场之外。即使在非正规和非正式的劳动力市场中，其权利也被强势产权地位的用工单位所剥夺，不能享有正常员工的福利待遇。一方面，农村转移劳动力享受不到各种依附于户籍制度的教育、住房、医疗等福利待遇；另一方面，享受不到城市员工的工资待遇与社会保障。这些都弱化了农村转移劳动力的产权，减少了农村转移劳动力所获得的经济收益与非经济收益，提高了农村劳动力的转移成本，从而降低了农村劳动力转移的积极性。

二、中观层面——组织缺失

在西方国家中，工会是劳动力市场活动中不可分割的部分，在劳动力转移就业中起着至关重要的作用。所谓工会就是由若干工人组成，是农村转移劳动力的一个组织，旨在发挥农村劳动力转移过程中增加谈判成功率，降低交易费用，通过借助组织的力量，在与用工企业、雇主的博弈过程中提高农村劳动力的工资待遇和社会保障，尽可能保证农村劳动力的利益。在中国，这种农村劳动力转移组织却没有发挥应发挥的作用。中国农村的实际情况表明，靠农民自发的组织发挥不了作用，只有依靠政府的力量才能对农村劳动力的转移起到保障作用。但目前，中国大部分农村没有完备的劳动力就业政策和服务培训机构，农村劳动力仍然依靠的是自发转移行为，在转移中接受过非农职业技能培训的农村劳动力仍然很少。即使有地方管办的劳务输出组织，其高额的手续费、合同费也使农村劳动力望而却步，根本没有发挥出组织应有的服务宗旨。农村劳动力转移组织的缺失，使农村劳动力在转移过程中承担着更多的雇佣风险，雇佣双方的合法权益无法得到保障，严重影响了农村劳动力转移的积极性，增大了农村劳动力的转移成本。

中央政府为了平衡经济发展，出台了一系列有利于农村劳动力转移的政策措施。而地方政府却扮演了两种角色。当扮演劳动力迁出地角色时，地方政府鼓励农村劳动力外出，采取各种激励机制促成转移的实现；当扮演劳动力迁入地角色时，地方政府通过户籍制度等一系列制度限制外来劳动力享受城市福利。作为农村劳动力的迁入地，一方面，面临着经济发展产生的劳动力需求压力；另一方面，面临着本地就业困难的问题。因此，地方政府大多以户籍制度为工具，利用劳动力市场的供需情况筛选农村转移劳动力，在吸纳有需求劳动力的同时，排斥多余的外来劳动力，从而缓解地方的就业压力和生活资源分配问题。这也是中国经济发展的不均衡所带来的相对经济发达地区之间博弈的均衡结果，于是各地方政府纷纷制定各自对外来农村劳动力本地化的门槛。随着市场化改革的进行，用工企业技术水平的不断提升，资本对劳动力的替代作用逐渐显现，高素质、有技能的劳动力供不应求，而大量的农村转移劳动力属于低素质、低技能行列，自然被城市的门槛拦在了外面。这也在一定程度上加大了农村劳动力的转移成本，特别是低素质和低技能劳动力的转移成本。但转移外地的农民工中文化水平明显高于本地农民工，也说明文化程度和技能水平的提升在一定程度上可以降低农村劳动力的转移成本。

三、微观层面——信息不对称

如果从农村劳动力转移就业的前后划分转移成本，可以分为迁徙成本和交易成本。迁徙成本就是农村劳动力转移城市过程中和就业无关的一系列费用。交易成本就是劳动力转移城市就业雇用的一系列费用，包括有形的费用与无形的费用。交易成本的分析是建立在有限理性和机会主义的假设之上的。所谓有限理性是指对于交易相关信息的有限处理能力，即使人们能够获得相关交易信息，由于对信息把握程度不同而不能准确预知交易对象的行为，此时需要协议合同；所谓机会主义是指在交易过程中为谋取私利会采取任何手段。这两方面导致合约很难完全履行，从而导致交易成本的提高。在农村劳动力转移城市之后，信息的获得和处理对雇佣双方有着重要的作用。拥有信息越多，在交易中获得的利益也就越多，在信息缺失和不对称时，雇佣双方更容易出现有限理性和机会主义，即在信息不对称的状态下，农村劳动力雇佣双方的交易成本提升。

信息不对称的结果会导致逆向选择和道德行为。逆向选择属于事前行为，是雇佣双方签订雇佣合同之前的机会主义；道德行为属于事后行为，是雇佣双方签订雇佣合同之后的机会主义。在农村劳动力和雇主之间的信息不对称可以分为两种：一种是雇主对自身状况占有绝对优势，而农村劳动力对雇主的信息了解甚少；另一种是农村劳动力对自身状况占有绝对优势，而雇主对劳动力的能力难以了解，需要付出成本才可以获得。在雇主占有绝对信息优势时，由于农村劳动力对雇主信息的不了解，雇主可以肆意地宣传企业的工作环境、安全设施及丰厚的待遇，以吸引农村劳动力。农村劳动力的逆向选择行为就是选取感觉待遇最好、安全系数最高的雇主签订劳动合同。当签订合同之后是否如雇主所说的那样便不得而知了。农村劳动力的信息缺乏为雇主侵权契约条款的签订提供了机会主义，因此，签订不合理用工合同、克扣农村劳动力工资和拖欠工资的道德行为时有发生。而农村劳动力大多以实际报酬为依据，从而忽视了报酬背后的风险。在农村劳动力占有绝对优势时，劳动力为实现自身利益最大化，可以在应聘环节美化和夸大其使用价值，加之雇主对于其真实性调查与核实的成本过高，因此，雇主为了降低风险所做出的理性决策便倾向于对劳动力设定较低的初始工资。此时，具备较高生产率的劳动力会退出市场。逆向选择导致劳动力市场变成低生产率工人和低工资充斥的"柠檬市场"。此时，用工方即便雇用到了合格劳工，也逃脱不了效率工资理论的基本结论。即便工人的劳动生产率取决于其工资率，在低工资的诱导下，他们会倾向于采取怠工、偷懒等方式获得一定意义上的回报，这便构成了事后道德行为。因此，信息优势占有者无论是农村劳动力还是雇主，只要存在信息不对称，产生的交易成本最终都是由农村劳动力承担的，这也加重了农村劳动力向城市转移的总成本。

信息不对称还可以解释地方政府对外来劳动力设定的制度门槛。因为信息不对称，农村劳动力转移城市后可能会增加社会管理成本、恶化就业环境及阻碍经济发展，而地方政府无法真实了解农村转移劳动力的私人信息。因此，地方政府在难以判断和评价时，便会通过采取一些措施甄别农村劳动力，降低与农村劳动力发生经济关系时的决策风险。例如，要求外来农村劳动力办理一些证件、交纳一些管理费用等。这在信息不对称的情况下的确可以起到信息甄别的作用，但随之也会带来外来劳动力伪造证据等一系列社会问题。

四、区域劳务品牌的作用切入点

农村劳动力的转移成本上升存在着很多深层次原因。本节从宏观的产权、中观的组织和微观的市场三方面分析农村劳动力转移成本一直居高不下的原因。近些年，学者们一直呼吁要通过放宽户籍制度来保证农村劳动力的自由流转。据统计，2011 年中国城镇居民人均可支配收入为 21809.78 元，农民人均纯收入为 6977.29 元，两者之比为 3.13∶1、到了 2018 年，这一比例虽然有所下降，但也达到了 2.89∶1，忽略农村劳动力加入城镇户籍的福利变化，城市政府将不得不支付给农民工年人均不低于 13616 元的工资差额。如果按照 2018 年农民工监测报告的 25278 万农民工计算，农民工市民化将每年给财政带来 3.9 万亿元的支出，占中央财政总收入的 43.61%。事实上，这一结果与冯俏彬（2013）的结论相差无异，他指出将现有 1.6 亿已在城市生活的农民工市民化，总成本约为 1.8 万亿元[251]。通常情况下，户籍制度的取消使农民工收入增加，必然加快农民工进城速度，城市居民人数的突增将给教育、医疗等其他公共服务机构带来更大的压力。由此可见，城乡居民的收入和福利差别越大，打破户籍制度将农民工市民化的成本也就越大，随着农民工数量的剧增，城市政府为其支付的成本也将越来越多。而目前中国农民工数量依然高涨，城乡福利水平相差依旧很大。在这种情况下，想通过打破户籍制度等门槛降低转移成本，促进农村劳动力转移显然是不可行的。何况，城市中的生活成本、物价指数等是不可逆的。因此，想从宏观户籍等制度方面着手降低农村劳动力的转移成本，效果肯定是不明显的，也是不实际的。更何况，新生代农民工与上一代农民工不同的是，他们更加重视工作环境、劳资关系，需求层次由生存性向发展性转变，更加关注工作的发展和工资水平，渴望被城市认同，相对于上一代缺乏农业知识的他们更期望在城市定居。这部分的转移成本对于新生代农民工的影响会大于上一代农民工。

因此，有必要采取科学有效的方法从宏观层面进行产权明晰、从中观层面强化组织化运行以及从微观层面解决市场雇佣双方的信息不对称，通过降低农村劳动力的转移成本，促进中国农村劳动力进一步转移。结合上文的分析可知，区域劳务品牌较普通劳动力可承受更大的转移成本，而且区域劳务品牌可以从宏观、中观和微观三个方面降低劳动力的转移成本，实现农村劳动力持续和有序地转移，达到更好的农村劳动力转移效果。区域劳务品牌通过品牌属性对劳动力产权进行了明晰，使农村劳动力在转移过程中最大限度地享有明确和完整的产权，解决了宏观层面的产权弱化；通过品牌的组织化运行和输出模式弥补了组织缺失带来的转移成本上升，解决了中观层面的组织缺失；通过运用区域劳务品牌市场信号作用避免了劳务市场的信息失衡，解决了微观层面的信息不对称问题。因此，通过加强区域劳务品牌的构建与组织化运行以及发挥区域劳务品牌的市场甄别机制，不仅可以规范区域劳务品牌现阶段的运行和发展，更重要的是可以为促进中国农村劳动力转移研究提供一个新思路。

本章小结

本章将新经济地理学理论和 H – T 模型相结合，建立了农村劳动力转移模型。结果表明，降低转移成本对农村劳动力转移大多指标都是正向影响，但会降低城市就业率，而区域劳务品牌将有效地缓解这一现象。将区域劳务品牌和农村劳动力转移成本降低相结合将有效地促进农村劳动力转移。通过对中国农村劳动力转移成本的分析，总结了转移成本上升的原因，分别为宏观层面的产权弱化、中观层面的组织缺失以及微观层面的信息不对称。本章关于转移成本上升原因的分析为区域劳务品牌对农村劳动力转移的作用研究提供了切入点和分析路径。

第七章　区域劳务品牌对农村
劳动力转移的作用路径

前文的研究阐述了区域劳务品牌对农村劳动力转移的影响机理及作用效果，认为区域劳务品牌对农村劳动力转移发挥促进作用。本章研究的重点在于如何使这种作用更好地发挥。本章以农村劳动力转移成本上升的三个原因为切入点，以宏观、中观和微观三个层面为分析路径，具体研究区域劳务品牌对农村劳动力转移的作用发挥。在宏观和中观层面，区域劳务品牌的构建与组织化运行将有效地解决产权弱化和组织缺失的问题；在微观层面，区域劳务品牌的功能模型和甄别机制将有效地解决劳务市场的信息不对称。

第一节　区域劳务品牌构建与组织化运行：
宏观和中观层面

本节从宏观和中观层面入手研究区域劳务品牌的构建与组织化运行，研究区域劳务品牌对农村劳动力转移的作用。区域劳务品牌通过构建对劳动力产权进行了明晰，解决了宏观层面的产权弱化问题；通过区域劳务品牌的组织化运行弥补了中观层面的组织缺失问题。本节在进行区域劳务品牌的构建和运行主体博弈分析的基础上，结合中国典型区域劳务品牌的建设成果，形成具有普遍意义的区域劳务品牌的发展和运行模式。

一、区域劳务品牌的构建与运行模型分析

明晰区域劳务品牌的产权是构建和发展劳务品牌的首要问题。产权主体的缺失使各类创建主体并存（政府、培训机构、中介机构和劳务派遣企业等），使区域劳务品牌的统筹规划、规范管理成为难题。关于区域劳务品牌的构建和运行主体方面，学者们从具体案例的研究得出了一些观点。薛选登（2006）认为，地方政府通过组织农民进行品牌战略推进[137]；王义民等（2008）认为，劳务品牌的经营主体只能是地方政府、行业协会和社会团体等，而经营劳务品牌的主导必须由地方政府担当[139]；朱强（2009）认为，政府部门通过有序引导成立行业协会进行品牌发展统筹规划[141]；周建成（2010）在肯定行业协会和劳务企业的职能基础上强调了政府宏观决策、监督、管理和公益服务等基本职责[126]，黄光伟（2011）和刘雪曼等（2013）强调地方政府的主导作用高于市场自身的发展趋向[124]，并且在不同的阶段职能也有所不同[140]。尽管学者们的观点不尽相同，但都考虑到了区域劳务品牌的区域性，将其作为一种准公共物品的定位角度出发，认为在区域劳务品牌的构建和运行过程中，地方政府发挥了不容忽视的作用。

区域劳务品牌的构建和运行主体各不相同，从主体性质来看，主要分为盈利性质主体和非盈利性质主体。本节以盈利性质主体为研究对象，进行区域劳务品牌构建和运行的博弈分析。

1. 区域劳务品牌构建博弈分析

区域劳务品牌代表了一个区域内具有特定技能的劳动力群体，区域内的每一个品牌的盈利部门都可以共享品牌无形资产带来的额外收益。作为区域内的盈利部门，例如，劳务输出企业、中介机构、培训机构，甚至劳动力自身都存在追求利益最大化的目的。因此，本部分模型分析的基本前提就是参与方均为理性经济人。

（1）模型假设。区域劳务品牌的构建主体分别为部门 A 和部门 B（见图 7 – 1），部门 A 和部门 B 可能是同质也可能是异质，令无品牌时的原始收益为 R_{0A} 和 R_{0B}；区域劳务品牌为部门 A 和部门 B 带来的收益为 R_A 和 R_B，区域劳务品牌的构建成本为 C，如果两部门共建则分摊成本，即各负担 $C/2$。

部门 B

	建设	不建设
建设	α（$R_{0A} + R_A - C/2$，$R_{0B} + R_B - C/2$）	c（$R_{0A} + R_A - C$，$R_{0B} + R_B$）
不建设	b（$R_{0A} - R_A$，$R_{0B} + R_B - C$）	d（R_{0A}，R_{0B}）

部门 A（行标题位于"建设"和"不建设"之间）

图 7 - 1　区域劳务品牌构建的博弈得益矩阵

（2）模型分析。此时分两种情况讨论：一种情况是部门 A 和部门 B 为同质部门，即两部门的原始收益和品牌收益相差不大，为研究方便，令 $R_A = R_B = R$ 且 $R_{0A} = R_{0B} = R_0$；另一种情况是部门 A 和部门 B 为非同质部门，假设 A 的规模大于 B 的规模，即满足 $R_A > > R_B$。值得注意的是，第一种情况下，博弈的均衡解和部门策略选择取决于 $R - C$ 的值，此时亦可以分为两种情况：一种是 $R - C \leqslant 0$，另一种是 $R - C > 0$。结合上述分析，可以转化为"囚徒困境""斗鸡博弈"和"智猪博弈"这三种经典博弈情况：

1）第一种情况：在同质状态下，当满足 $R - C \leqslant 0$ 时，上述博弈模型转化为"囚徒困境"。由博弈得益矩阵可以看出，策略 c 是部门 A 最先舍弃的策略，由于两部门具有同质性，策略 b 是部门 B 最先舍弃的策略。两部门的最优策略均为自身不构建对方构建，此时的两部门进行典型的"囚徒困境"，其最终的纳什均衡为策略 d。

2）第二种情况：在同质状态下，当满足 $R - C > 0$ 时，上述博弈模型转化为"斗鸡博弈"。由博弈得益矩阵可以看出，策略 d 是两部门最先舍弃的策略，对于两部门而言，策略 b 和策略 c 分别是部门 A 和部门 B 的最优策略，但两部门都没有理由自己付出构建成本，此时的两部门进行典型的"斗鸡博弈"，其最终的纳什均衡为策略 b 或策略 c。

3）第三种情况：在非同质状态下，上述博弈模型转化为"智猪博弈"。从部门 A 角度出发，策略 b 是其最优选择，但此时对于部门 B 而言只获得了 $R_B - C$ 的收益，此时的部门 B 是缺乏构建品牌激励的。但是相反，对于部门 A 而言，由于 $R_A > > R_B$，即使选择策略 c 让部门 B 搭了便车，但由于构建品牌可以获得更大的利润，完全有足够的激励单独构建区域劳务品牌，此时便形成了最终的纳什均衡策略 c。这个纳什均衡的稳定性取决于 R_A 与 R_B 的差距，差距越大这种均衡形式越容易产生而且越稳定。

（3）模型结论。在区域内存在同质利益体时，纳什均衡的结果均不是策略 a，作为公平和效率的完美结合点的策略 a 是利益体共同合作的结果，这种策略的结果无法主动形成，说明这种市场的自然选择未必是高效的，需要第三方主体打破博弈的纳什均衡结果；在区域内存在非同质利益体时，纳什均衡结果也不是策略 a，但形成了规模大的利益体独自构建区域劳务品牌的稳定均衡，即便如此，也无法避免越来越多的区域利益体的"搭便车"行为，无法避免滥用区域劳务品牌和以非法手段谋取以次充好的利润，因此，这种稳定的纳什均衡看似合理，但从长远来看也是没有效率的。

因此，在区域劳务品牌的构建过程中，仅仅依靠区域内利益主体的市场行为是无法达到高效和公平的均衡结果的，产生的问题也是依靠市场调节难以解决的，此时需要第三方的介入，以裁判者或仲裁者身份打破区域利益主体的纳什均衡结果，实现区域劳务品牌的合理稳定构建。

2. 区域劳务品牌运行博弈分析

随着区域劳务品牌的构建，区域内的不同规模的各种利益主体逐渐进入到区域劳务品牌的市场中，由于区域劳务品牌的准公共物品特征，任何利益主体都可以不付出任何代价使用区域劳务品牌，在个人利益的驱使下很可能导致区域劳务品牌的滥用。在讨论区域劳务品牌的构建之后，如何运行和维护品牌便成为一个急需解决的大问题。本节仍然选取区域内两个利益主体进行博弈分析，讨论区域劳务品牌运行过程中主体的关系。

（1）模型假设。区域劳务品牌运行主体分别为部门 A 和部门 B（见图7-2），两部门可能是同质也可能是异质，维护的概率分别为 P_A 和 P_B；在同质状态下，两部门都维护品牌的收益分别为 R；一部门维护品牌，另一部门滥用品牌，维护方的收益为 R_1，滥用方的收益为 R_2；两部门都滥用品牌的收益为 r；滥用品牌的收益大于维护品牌的收益，即满足 $R_2 > R_1$，$R_2 > R$；滥用品牌导致非帕累托最优，即满足 $2R > R_1 + R_2$；在一方维护品牌的同时，另一方滥用品牌获得的收益最大，即满足 $R_2 > R$；在一方滥用品牌的同时，维护品牌的收益虽小于 R，但大于 r。综上分析，满足如下条件：$2R > R_1 + R_2 > 2r$；$R_2 > R > R_1 > r$。在非同质状态下，假设部门 A 的区域劳务品牌规模比重为 θ，其中 $0 < \theta < 1$。

（2）模型分析。此时从博弈双方为同质部门和非同质部门两种情况进行分析，部门 A 的先行博弈：

部门 B

维护（P_B）　　滥用（$1 - P_B$）

部门 A

	维护（P_B）	滥用（$1 - P_B$）
维护（P_A）	R，R	R_1，R_2
滥用（$1 - P_A$）	R_2，R_1	r，r

图 7 - 2　区域劳务品牌运行的博弈得益矩阵

1）第一种情况：在同质状态下，以部门 A 为例，其策略选择取决于期望收益大小。

部门 A 维护区域劳务品牌的期望收益：

$$E_1 = P_B R + (1 - P_B) R_1 \qquad (7 - 1)$$

部门 A 滥用区域劳务品牌的期望收益：

$$E_2 = P_B R_2 + (1 - P_B) r \qquad (7 - 2)$$

当满足 $E_1 - E_2 > 0$ 时，部门 A 将有动力维护区域劳务品牌，即满足：

$$P_B < \frac{R_1 - r}{R_1 - r + R_2 - R} \qquad (7 - 3)$$

部门的同质性说明，当一方维护区域劳务品牌的概率 $P < \dfrac{R_1 - r}{R_1 - r + R_2 - R}$ 时，另一方将维护区域劳务品牌，达到帕累托的最优效果。可以看出增加 $R_1 - r$ 的值和减少 $R_2 - R$ 的值都将增加部门对于区域劳务品牌的维护概率，即在一方维护品牌的前提下另一方滥用品牌的收益越小和一方滥用品牌的前提下另一方维护品牌的收益越大，越可能形成最优的帕累托效果。

2）第二种情况：在非同质状态下，以部门 A 为例，其策略选择亦取决于期望收益大小。

根据上述假设，两部门均维护品牌时部门 A 的期望收益为 $2\theta R$，部门 A 维护部门 B 滥用品牌的期望收益为 $\theta(R_1 + R_2)$，两部门均滥用品牌是部门 A 的期望收益为 $2\theta r$。当区域内出现滥用区域劳务品牌的现象时，部门 A 维护区域劳务品牌的动机为（以维护品牌和滥用品牌的收益差的函数 Y 表示）：

$$Y_1 = f[\theta(R_1 + R_2) - 2\theta r] \qquad (7 - 4)$$

根据假设条件 $R_1 + R_2 > 2r$ 可知，函数 Y_1 是以 θ 为自变量的增函数。说明部门的规模越大，维护区域劳务品牌的动机就越大。

同理，在区域内已经具有维护区域劳务品牌的现象时，部门 A 滥用区域劳务品牌的动机也可以运用收益差函数进行表示：

$$Y_2 = f\left[\theta(R_1 + R_2) - 2\theta R\right] \quad\quad (7-5)$$

根据假设条件 $2R > R_1 + R_2$ 可知函数 Y_2 是以 θ 为自变量的减函数。说明部门的规模越小，滥用区域劳务品牌的动机就越大。

（3）模型结论。上述博弈结果表明，区域内同质的利益主体在区域劳务品牌的维护过程中，很容易诱发机会主义，只有通过各部门的合作才能达到最优的帕累托效应，但这种效应单纯依靠市场和利益主体无法产生；非同质的博弈结论虽然表明规模大的部门具有维护区域劳务品牌的动机，但同时也显示规模小的部门具有滥用区域劳务品牌的动机，规模大的部门也没有理由一直付出，同时也可能导致越来越多规模小的部门滥用品牌的现象发生。

二、政府介入的重复博弈模型分析

上述分析表明，在区域劳务品牌构建和运行的过程中，单靠利益主体自身的维护机制是无法解决区域劳务品牌运行过程中出现的问题的，此时需要一个第三方的介入（可以是地方政府，也可以是行业协会，或是其他第三方组织），其以裁判者或仲裁者的身份使利益主体直接加强合作，通过管理和监督等方式加强对中小利益体的规范，使区域劳务品牌的运行步入正轨。

1. 品牌构建和运行的第三方博弈分析

模型的研究基于最基础的同质性利益主体构建区域劳务品牌的模型，增加第三方机构建立重复博弈模型。假定该模型的第三方机构不具有绝对权力，一方面，为了避免博弈陷入利维坦困局；另一方面，避免了政府干预市场的可能。如果利益主体出现投机行为，第三方机构可以要求其向其他利益主体赔偿，但由于其没有强制性职能，只能将利益主体的投机行为进行记录，而该记录将成为企业和雇主日后参考的重要依据。

该博弈模型不同于前述模型，利益主体之间博弈近似于无限次数，虽然现实中难以出现无限次的博弈，但利益主体也无法知道博弈何时结束。假设部门 A 的贴现因子为 δ_A，部门 B 的贴现因子为 δ_B。在博弈开始前，部门 A 和部门 B 均可以在第三方机构方面查询对方的情况，如果在博弈过程中出现投机行为，对方部门可以在第三方机构申请赔偿，如不履行第三方裁决，第三方机构对于投机行为予以惩罚为 D（但该惩罚不会实际发生），D 大于因投机行为带来的收益，而且投机行为只可能发生一次，之后将永久被驱除该领域范围。

结合上述分析的囚徒困境模型，当部门 A 选择构建和维护区域劳务品牌的时候，如果部门 B 仍然选择投机行为，并且不履行第三方裁决，企业会获得 $R_0 + R - C/2 - D$ 的收益，并永久地被剔除在区域劳务品牌之外，随后的收益均为 R_0。由此可以得出，部门之间合作与非合作的期望收益：

$$E_{\pi_1} = R_0 + R - C/2 + \delta(R_0 + R - C/2) + \cdots + \delta^n(R_0 + R - C/2) \qquad (7-6)$$

$$E_{\pi_2} = R_0 + R - D + \delta R_0 + \delta^2 R_C + \cdots + \delta^n R_0 \qquad (7-7)$$

当满足 $E_{\pi_1} > E_{\pi_2}$ 时，部门将不会在合作过程中采取投机行为，即满足：

$$\frac{R_0 + R - C/2}{1 - \delta} > R_0 + R - D + \frac{\delta R_0}{1 - \delta} \qquad (7-8)$$

解得，$\delta > \dfrac{D - C/2}{R - D}$ \qquad (7-9)

由此可见，当满足 $\delta_1 > \dfrac{D - C/2}{R - D}$、$\delta_2 > \dfrac{D - C/2}{R - D}$ 时，该博弈策略是一个纳什均衡，且任意阶段的子博弈与该博弈结果均相同，该纳什均衡还是一个子博弈精炼纳什均衡。该策略成功地遏制了投机行为的产生，一旦投机行为产生将可能永远丧失区域劳务品牌的收益范围，成本的加大使投机行为的可能性减少，同时惩罚实际情况不会发生。

2. 地方政府的监督和管理的博弈分析

上节分析表明，第三方机构的介入可以有效地避免区域劳务品牌在构建和维护过程中的投机行为。但由于第三方机构并不具有强制性职能，故其仅仅能将投机行为的利益主体驱逐出受益范围，而违规的利益主体并没有受到明显的惩罚。以区域劳务品牌的输出来看，即便投机主体输出一个城市的劳务品牌受到了排挤，其完全可以将这部分劳动力输出到其他地区。由此可见，区域劳务品牌的构建和维护不能单纯依靠利益主体自身和第三方机构，地方政府的监督和管理必不可少。

（1）模型构建。如图 7-3 所示该博弈的双方分别为地方政府和利益主体。地方政府的支付：C_0 表示政府的原始收益，a 表示政府检查的成本，政府在检查中发现利益主体的违规现象，将对利益主体作出惩罚，D 表示惩罚的额度，同时 V 表示当没有被检查时对社会的危害程度。一般来说，$D > R'$（罚款额度大于违规的收益）；$D > a$，否则从政府角度出发，其最优策略将是不进行检查，监管模型将不再存在。利益主体的支付：R_0 表示利益主体的原始收益，R' 表示利益主体违规而没有被政府检查是获得的额外收益。策略：利益主体违规的概率是 x，地方政府检查的概率是 y。

	地方政府	
	检查（y）	不检查（$1-y$）
违规（x）	$R_0 + R' - D$, $C_0 + D - \alpha$	$R_0 + R'$, $C_0 - V$
不违规（$1-x$）	R_0, $C_0 - \alpha$	R_0, C_0

图 7 - 3　地方政府与利益主体博弈的得益矩阵

（2）模型求解。对于利益主体来说，选择违规和不违规的期望收益以及群体的平均期望收益为：

$$E_e = y(R_0 + R' - D) + (1 - y)(R_0 + R') \qquad (7 - 10)$$

$$E'_e = yR_0 + (1 - y)R_0 \qquad (7 - 11)$$

$$\overline{E_e} = xE_e + (1 - x)E'_e \qquad (7 - 12)$$

因此，该博弈利益主体的复制动态方程为：

$$F(x) = \frac{dx}{dt} = x(E_e - \overline{E_e}) = x(1 - x)(-Dy + R') \qquad (7 - 13)$$

令 $F(x) = 0$，解得：$x_1^* = 0$；$x_2^* = 1$；$y^* = \dfrac{R'}{D}$（因为 $D > R'$，所以满足 $0 < y < 1$）。

当 $y > y^*$ 时，则 $F'(0) < 0$ 且 $F'(1) > 0$，此时 $x_1^* = 0$ 是进化稳定策略；当 $y < y^*$ 时，则 $F'(0) > 0$ 且 $F'(1) < 0$，此时 $x_1^* = 1$ 是进化稳定策略。

同理，该博弈的地方政府的复制动态方程为：

$$F(y) = \frac{dy}{dt} = y(E_g - \overline{E_g}) = y(1 - y)[(D + V)x - a] \qquad (7 - 14)$$

令 $F(y) = 0$，解得：$y_1^* = 0$；$y_2^* = 1$；$x^* = \dfrac{a}{D + V}$。

当 $x > x^*$ 时，则 $F'(0) > 0$ 且 $F'(1) < 0$，此时 $y_2^* = 1$ 是进化稳定策略；当 $x < x^*$ 时，则 $F'(0) < 0$ 且 $F'(1) > 0$，此时 $y_1^* = 0$ 是进化稳定策略。

（3）模型结论。综合 x 和 y 的动态趋势及其稳定性，用坐标平面图表示利益主体与地方政府的非对称博弈演化趋势图（见图 7 - 4）。可以发现，没有策略点满足复制动态中的收敛性和抗干扰性。因此，该博弈中没有进化稳定的策略点。

点 $\left(\dfrac{a}{D+V},\ \dfrac{R'}{D}\right)$ 为鞍点，可理解为双方的一种混合策略。模型针对地方政府对区域劳务品牌市场的管制，其最终目的是激励利益主体自身不违规，维护品牌市场，相应便不需要地方政府的检查措施。表现在平面图为策略点的移动：$\left(\dfrac{a}{D+V},\ \dfrac{R'}{D}\right)\rightarrow(0,0)$，因此，可以采取加大对违规利益主体的处罚力度和降低地方政府的检查成本等措施，激励利益主体维护区域劳务品牌。

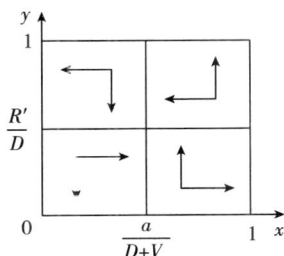

图 7 - 4　非对称博弈复制动态关系和稳定性

上述分析表明，信息不对称状态下利益主体的行为具有竞争性，第三方主体的介入使信息相对公开，利益主体更容易合作达到最优效率，但对于投机行为的惩罚力度不足也可能导致效率缺失，此时需要地方政府等强制性机构对投机行为的利益主体进行相应的惩罚和处理。根据模型分析，对投机主体进行"先激励，后惩罚"的策略，可以更好地发挥市场和政府的作用，保证区域劳务品牌的合理发展。

三、地方政府职能分析：105 个劳务品牌典型案例

综合上两节的博弈模型结论可以看出，在区域劳务品牌的构建阶段，单靠利益主体的构建和市场作用可能导致劳务品牌形成的困难，更可能导致劳务品牌的自生自灭，因此，说明区域劳务品牌的构建是有条件的，需要政府和社会机构的参与；而在区域劳务品牌的维护阶段，单靠利益主体的维护可能导致效率低下，需要政府和社会机构在宏观层面上的激励和管理。区域劳务品牌毕竟是劳务市场发展的产物，在其发展阶段更需要市场和市场主体发挥作用，地方政府承担更多的是指导、监督和管理的职能作用。这里需要强调的是，地方政府在区域劳务品

牌初期构建阶段所起的作用不容小视。

本节从中国就业促进会编写的《引领劳务经济的"就业名片"——全国劳务品牌建设成果实录》（后文简称《实录》）中选取105个劳务品牌作为样本，从品牌类型、品牌依托、输出模式等方面，分析和总结中国区域劳务品牌的发展经验，为形成一般化的区域劳务品牌的构建和运行理论奠定基础。

1. 样本概述

这105个区域劳务品牌样本覆盖全国近24个省市、自治区、直辖市，其中，有46个劳务品牌与2007年全国劳务品牌展示交流大会评出的优秀劳务品牌相同或相似。在这46个劳务品牌中，有9个劳务品牌的名称在《实录》中有差异。例如，展示大会上的"沧州家政服务"，在《实录》中的名称为"狮城家政"；展示大会上的"承德机电"，在《实录》中的名称为"山庄机电工"；展示大会上的"上林电子工"，在《实录》中的名称为"上林电子设备装接工"。这些对品牌的一致性产生了一定影响。《实录》中的105个劳务品牌，就其基本特点可以归纳为以下四个方面：

（1）品牌类型。根据区域劳务品牌样本，可将区域劳务品牌的类型分为单一型区域劳务品牌和综合性区域劳务品牌两种类别。单一型区域劳务品牌主要指的是在一项劳务技能基础上形成或从事一个领域工作的劳务品牌。例如，长垣厨师、扬州三把刀和吉林大姐等，大多数劳务品牌都属于这一大类。综合性区域劳务品牌主要指的是涵盖多个行业、多个工种的劳务品牌。例如，魏县实打实、浑州劳务。

如图7-5所示，81%（85个）的劳务品牌属于单一型区域劳务品牌，在19%（20个）的综合性品牌中7%有子品牌，例如，菏泽"天字号"劳务品牌包括"天将保安""天使家政""天香园艺"和"天巧焊接"四大品牌。这些子品牌单列出来就是一种单一型区域劳务品牌。如果将具有子品牌的综合性区域劳务品牌进行归总，有近90%的区域劳务品牌都是单一型区域劳务品牌，而且还考虑了地域、资源和技能的独特性。可见，单一型区域劳务品牌更能体现其区域技能特点，是区域劳务品牌未来发展的重点。

（2）品牌级别。区域劳务品牌是有级别区分的。从区域劳务品牌的区域性和覆盖范围角度，可以把《实录》中的105个劳务品牌分为省级、市级和区县级三种级别。其中，省级劳务品牌并不包括直辖市，而将直辖市的品牌划为市级品牌。

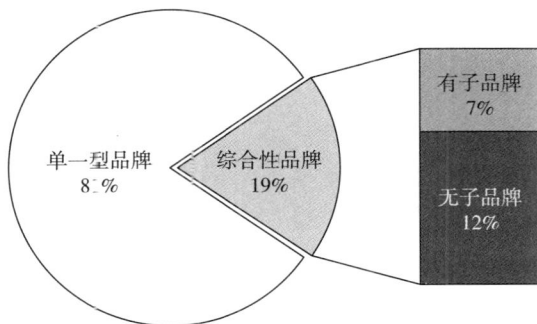

图 7 - 5　区域劳务品牌样本的品牌类型

如图 7 - 6 所示，在区域劳务品牌中，区县级别的居多。在 105 个区域劳务品牌中，只有五个是省级劳务品牌，分别是吉林保安、吉林大姐、"小棉袄"品牌、湖北海员和八桂月嫂。由于劳务品牌的区域性特点，省级劳务品牌的覆盖面很广，保证品牌的一致性和标准化难度较大。在这五个省级品牌中，"小棉袄"品牌主要依靠企业打造，不能算真正意义上的省级品牌。由此可见，区域劳务品牌的发展主要集中于市县级，而以县级为单位是主流趋势。值得注意的是，在品牌的级别分类过程中，出现劳务品牌区域重合的现象。以河南省的安阳建筑和林州建筑为例，前者是十大河南省知名品牌之一，后者是中国十佳劳务品牌之一。从行政和地域划分方面来看，林州是中国河南安阳市下辖的县级市，那么作为区域劳务品牌而言，安阳建筑在某种程度上涵盖了林州建筑。这种情况势必给品牌的管理和监督带来难题。

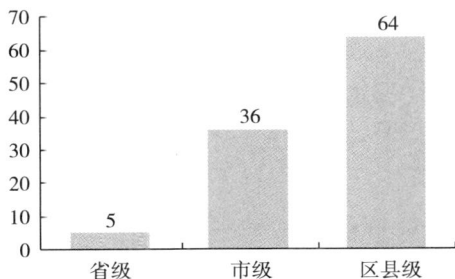

图 7 - 6　区域劳务品牌样本的品牌级别

（3）品牌起源。根据众多学者的研究成果，区域劳务品牌的产生源于区域内独特的人力资源、文化积淀、自然资源和产业基础等方面。通过对《实录》中105个区域劳务品牌的统计分析可以看出，不仅局限于以上这些起源因素，政府行为和企业行为也可能成为品牌的起源。作为一种区域劳务品牌很可能是多个环境因素下的产物。本节根据《实录》中的样本，总结出105个区域劳务品牌最主要起源于环境因素，可以归纳为四种，即资源环境、产业环境、制度环境和市场环境。

区域劳务品牌的资源环境因素主要包括人力资源、文化资源和自然资源等方面。例如，吉林大姐起源于人力资源环境，"天字号"劳务起源于文化资源环境，秦巴茶艺起源于自然资源环境。源于产业环境因素的区域劳务品牌主要是指依赖传统产业、产业带和产业集群基础上发展起来的劳务品牌。例如，长垣厨师、盱眙龙虾制作和扬州三把刀等。源于制度环境因素的区域劳务品牌主要是指地方政府通过政策引导和培训等方式为劳动力转移打造的劳务品牌。例如，鲁西人力和八桂月嫂等。源于市场环境因素的区域劳务品牌主要是指因市场和顾客强大需求而产生的劳务品牌，它侧重于中介和企业行为。例如，薛城轮胎吊司机和重庆华绣劳务品牌等。

如图7-7所示，依靠区域资源环境和产业环境的区域劳务品牌数量达到了79个，占总数的75.24%，这与大多数学者分析的区域劳务品牌来源大致相同。从样本分析可以看出，有17个品牌源于制度环境，9个品牌源于市场环境。源于制度环境的区域劳务品牌有以下三个特点：一是欠发达地区较多。例如，罗甸建筑工、巧保姆和天柱电子工等。二是综合性品牌较多。有8个综合性品牌源于制度环境。三是月嫂类品牌较多。源于市场环境的区域劳务品牌，基本来自各地区人力资源企业和盈利性中介机构。

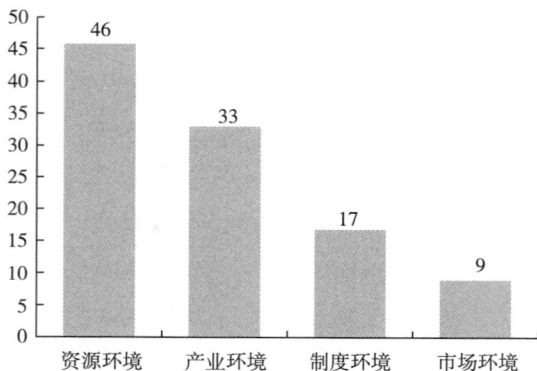

图7-7 区域劳务品牌样本的品牌起源

（4）品牌机构。国家层面的第一次大规模涉及劳务品牌的展示，是2007年由劳动保障部、中国就业促进会及河南省政府联合主办的区域劳务品牌展示交流大会，之后关于劳务品牌的建设、调研及研讨会都是在中国就业促进会主导下进行的。本节采用的《实录》，也是由中国就业促进会编写，由中国劳动社会保障出版社出版的。中国就业促进会的业务主管单位是中华人民共和国劳动和社会保障部，登记管理机关是中华人民共和国民政部。中国就业促进会是在国务院确定的劳动和社会保障部的职责范围之内工作的，受其委托承担促进就业的各项服务工作，是具有法人资格的非营利性社会团体，接受劳动保障部和民政部的业务指导和监督管理。从中国就业促进会的理事组成结构来看，各个省市（自治区）的人力资源和劳动保障厅副厅长基本都是其理事成员，可见其与地方人力资源、社会劳动保障、就业促进会及就业管理局的关系。

结合《实录》中区域劳务品牌的申报机构，将样本品牌的提供机构分为六类，即人力资源和社会保障厅局、人社局下属单位、地方政府部门、非政府组织、企业及学校。

如图7-8所示，在这六种机构中，人力资源和社会保障厅局占了44%，有46个劳务品牌；人社局下属单位（如地方劳动就业局、就业局、就业服务局等）占了34%，有36个劳务品牌。综合来看，以人力资源和社会保障厅为机构的品牌达到了82个，占78%。自2008年成立人力资源和社会保障部之后，地方的劳动局均隶属于地方人力资源和社会保障厅局。虽然目前各地方仍存在劳动就业局等机构，但行使职能与地区的劳动就业处相同，这不同的部门名称会给区域劳务品牌的发展带来一定的影响。当前，应以人社部为主导，统一部门名称与职能，形成对区域劳务品牌规范一致的管理职能，使区域劳务品牌得以健康发展。另外，地方政府部门（如劳动力转移办公室、宣传部和街道）占了4%，非政府组织（如就业促进会、妇联和行业协会）占了7%，企业占了9%，学校占了2%。由此可见，机构部门的多元化可能带来职能的重合，难以形成区域劳务品牌的管理和监督的统一职能分配。

2. 培训与输出模式

随着市场经济的繁荣发展，劳动力同产业一样进入市场进行资源配置，技术和产业结构的升级带来对劳动力高技能和高素质的要求。面对目前存在的技工荒现象，劳动力培训显得至关重要，特别是在具有独特技能的区域劳务品牌的构建和培育过程中，农村劳动力的培训更是必不可少。本节结合《实录》中的区域劳

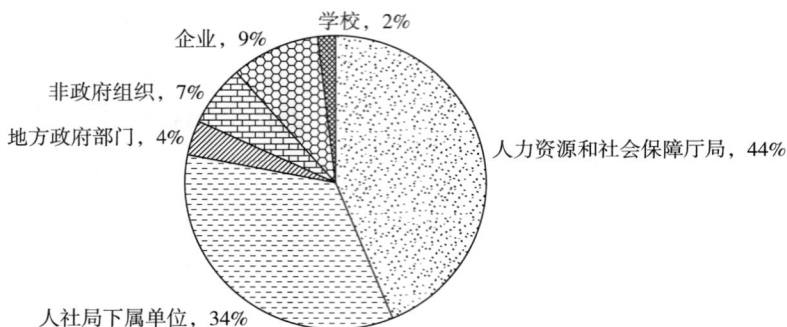

图 7 - 8　区域劳务品牌样本的品牌机构

务品牌样本，对区域劳务品牌的培训与输出模式状况进行总结分析。

（1）培训依托。从 105 个区域劳务品牌样本可以看出，几乎所有的区域劳务品牌都强调了技能培训在品牌发展中的作用，关于对区域劳务品牌的培训机构也层出不穷，整体上的培训都是免费的，而培训机构大多是依托于当地的技工学校、大中专院校和企业。由于样本品牌并没有每一个都明确地写出培训机构，根据样本建设成果的描述，笔者对区域劳务品牌的培训机构和培训依托进行了概括。在明确指明劳务品牌培训机构的 82 个区域劳务品牌中，有 53 个区域劳务品牌依靠地方培训学校或以培训学校为依托建立的培训基地，占 64.63%；有 11 个劳务品牌依托企业，占 13.42%；其他的基本依托于政府组织进行劳务品牌的输出培训。

虽然培训的依托有所不同，但纵观样本中区域劳务品牌的培训机构，即便是依赖培训学校和企业，但基本属于政府委托性质。普遍的模式是：政府出资联合当地的培训机构、技工学校与科研院所进行劳务培训；政府出资委托龙头企业进行劳务培训，单纯依靠学校和企业的免费性劳动培训鲜有案例。说明区域劳务品牌的发展在中国仍处于初始阶段。在此阶段，一方面，是农村劳动力对区域劳务品牌认可度不高，只有免费性质的培训才可能吸引其参与培训；另一方面，是劳务市场对区域劳务品牌的认可度较低，没有对潜在区域劳务品牌群体形成激励，也无法调动利益单位对区域劳务品牌的培训积极性。因此，中国现阶段整体的区域劳务品牌培训仍然是一个政府主导型行为。

（2）培训方式。通过对培训方式的分析，可以看出所有的培训方式基本上都是以市场需求为导向的。将《实录》中明确提到的区域劳务品牌的培训方式分为四类：引导式培训、订单式培训、定向式培训和储备式培训。引导式培训主要指针对区域劳务品牌特征，开展政策、法规、安全等方面的培训，通过以形成品牌的劳动力的发展情况激励潜在劳动力，提升其参与区域劳务品牌的意愿；订单式培训指雇主方根据其未来对劳动力的需求与劳动力供应方签订协议（订单），通过供应方按要求培训，合格后直接到雇主方工作；定向式培训指供应方有针对性地培训劳动力以使其供应给指定地区和行业的培训方式；储备式培训指对有意向成为区域劳务品牌的劳动力进行与就业目标相关的技能培训。

根据四种培训方式，把《实录》中的区域劳务品牌进行汇总，得到了培训方式分布图（见图7－9）。其中，有的品牌包含了两种培训方式，例如易州石油工、狮城家政和灌南焊工。从明确提出以上四种培训方式的区域劳务品牌来看，采用订单式培训和定向式培训的区域劳务品牌较多，采用引导式和储备式培训的区域劳务品牌较少。从区域劳务品牌的建设成果实录中可以看出，很多区域劳务品牌并没有明确区分开订单式培训和定向式培训，很多品牌将定向式等同于订单式，例如坝上铁保安、肇源焊接等。从整个区域劳务品牌的培训方式来看，尽管订单式培训和定向式培训在很大程度上起到了市场主体的作用，但在实际培训的过程中，大多数还是地方政府在培训中发挥着关键作用。另外，根据区域劳务品牌的属性不同，还有一些具有行业特色的培训方式。例如，建筑行业的成建式培训。肥城建安、阜宁建筑、南通建筑铁军和林州建筑都是采用该培训方式。

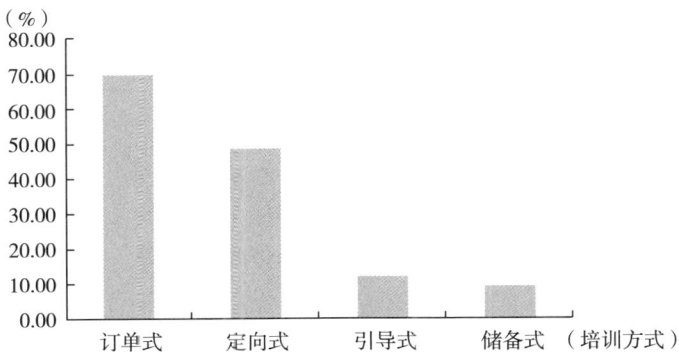

图7－9　区域劳务品牌样本的培训方式

（3）输出模式。从输出模式角度来看，虽然《实录》中的各区域劳务品牌的建设成果描述各异，但整体上体现了农村劳动力由过去自发转移到有组织有规划的发展过程，其实质的输出模式基本上属于政府组织性输出。从前述的品牌机构可以看出，除少数企业性质的区域劳务品牌外，3/4 的区域劳务品牌都属于人力资源和社会保障厅局及其下属单位。因此，政府职能的充分发挥将会形成区域劳务品牌的农村劳动力进行有组织的转移。

如前述理论模型说论述的那样，地方政府的职能在区域劳务品牌的构建期发挥着决定性的作用，而在维护期地方政府的职能作用应该相对减小。因为区域劳务品牌作为劳务市场的产业，更应该通过市场化运作。这也从另一个方面说明了中国的区域劳务品牌的发展还处于一个初期阶段，未来的区域劳务品牌输出模型应走以政府引导的市场化运作之路。只有放开地方政府在区域劳务品牌发展中的决定性作用，通过市场化配置劳动力资源，才能使地方政府更好地发挥对区域劳务品牌培训、服务、监督和引导的作用，才能真正使区域劳务品牌和农村劳动力向更高水平地输出。目前，在强调地方政府的输出模式的同时，一些区域劳务品牌已经意识到了地方政府职能的转变，例如，"沂蒙山"劳务品牌采取政府推动、农转办主观、有关部门配合、市场化运作、组织化输出的运作模式；鲁西人力坚持"党委重视、政府推动、人社部门主管、相关部门配合、市场化运作、企业化经营、组织化输出、有序化流动"的运作模式。

3. 地方政府主体职能

从《实录》中的区域劳务品牌建设成果可以看出，地方政府在区域劳务品牌初期构建和后期发展过程中都起到了重要作用，而地方政府真正的作用应停留在服务、监督和管理层面，其他层面应由市场选择完成。

（1）地方政府主要职能。笔者对《实录》中区域劳务品牌的政府职能进行了归类总结，认为除组织培训之外，政府在区域劳务品牌中的职能主要分为以下五个方面，即公共服务、宣传洽谈、跟踪服务、质量监控和权益维护。公共服务主要是指地方政府为区域劳务品牌发展提供的政策、资金支持，制定品牌发展战略规划，为品牌构建和发展进行组织化管理与体系建设等；宣传洽谈主要是指地方政府通过广告、招聘会等方式宣传区域劳务品牌，并与用工方通过洽谈形成订单式和定向式的组织化输出；跟踪服务主要是指地方政府为区域劳务品牌解决输出后的后顾之忧以及相关的管理服务工作；质量监控主要是指地方政府在输出前对区域劳务品牌的质量把关以及后期市场的质量监督；权益维护主要是指地方政府为区域劳务品牌权益维护提供的相关服务。

如图 7-10 所示，除去企业和学者为机构的区域劳务品牌之后，《实录》剩余的 93 个区域劳务品牌成果，在五大政府职能中，首先是公共服务的比重最大，占到了将近 75%，69 个劳务品牌涉及了该职能；其次是宣传洽谈职能，说明地方政府在区域劳务品牌的宣传推广以及与企业洽谈的组织化输出中起到了重要作用。但在跟踪服务、权益维护和质量监控等方面，仅有极少数的地方政府采取了措施，说明地方政府将更多的精力放在了区域劳务品牌的构建和前期输出上，很少关注输出中，特别是输出后的服务和保障。

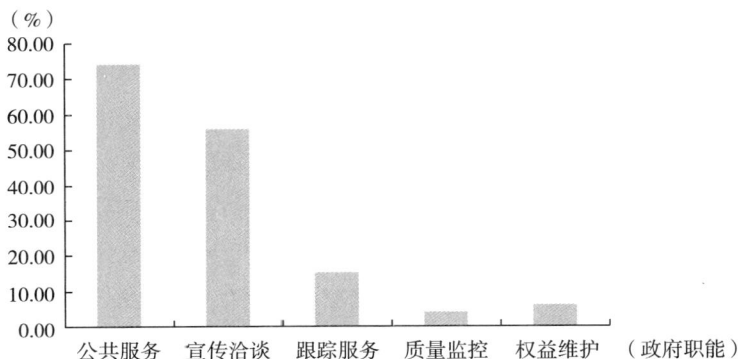

图 7 - 10 区域劳务品牌样本的主要政府职能

（2）政府公共服务职能。根据上述总结和筛选的 69 个区域劳务品牌，主要从组织、体系、政策和资金四个方面来分析区域劳务品牌中地方政府的公共服务职能。地方政府在资金和政策方面的支持基本上覆盖了所有品牌，由于区域劳务品牌的区域性，地方政府在品牌环境、资金和政策等方面的支持必不可少。笔者从组织结构和体系方面，就样本区选取了 30 多个具有代表性的区域劳务品牌进行分析说明（见表 7 - 1 和表 7 - 2）。

表 7 - 1 典型区域劳务品牌的政府组织结构职能

编号	劳务品牌名称	组织结构
1	桦南农业劳务输出	桦南县政府成立北开工作领导小组
2	汤原"服装加工"	汤原县政府成立多部门联合领导小组
3	台儿庄焊工	台儿庄分管区长为组长，人社、教育和财政等部门负责人为成员的领导小组
4	肥城建安	肥城市政府建立人社、经贸、工会等部门联席会议制度

续表

编号	劳务品牌名称	组织结构
5	获嘉县劳务	获嘉县委、县政府成立劳务输出工作领导小组
6	湖北海员	湖北省相关市县成立领导小组
7	松滋沼气工	松滋市各级政府成立农村沼气建设领导小组
8	梅州的哥	梅州市成立以市人社部门主要领导为组长的工作领导小组
9	安业清真	镇安成立县级领导人组长的创业协会筹委会，实行领导责任机制
10	疏附劳务	疏附县成立县农业劳动力转移领导小组办公室
11	木垒刺绣工	木垒县委、县政府成立领导小组，设立技术创新、市场营销等五个专项小组
12	扬州三把刀	扬州市成立烹饪协会、沐浴协会和美容协会组成的"三把刀"行业协会
13	羊流起重	羊流镇成立羊流起重机械协会
14	长垣厨师	长垣县成立县级烹饪协会
15	郫县秀娘	郫县成立专业合作社和工商联蜀绣产业商会
16	石林刺绣女	石林县成立民族刺绣产品开发协会
17	腾冲翡翠工	腾冲县珠宝玉石协会牵头
18	云和师傅	"云和师傅"协会和农村劳动力素质培训中心规划管理
19	石首建筑防水工	石首市政府成立市长任组长，人社、财政等多职能部门和各乡镇政府主要负责人为组员的工作领导小组和建筑防水行业管理协会

资料来源：笔者归纳整理。

由表7-1可知，在构建和发展区域劳务品牌的过程中，地方政府的组织结构职能主要通过建立区域劳务品牌工作领导小组和成立区域劳务品牌相关协会发挥作用。从编号1~11的区域劳务品牌来看，大多是以地方政府领导为主，通过人社部门等多个职能部门形成的联合领导小组发挥作用的；从编号12~17的区域劳务品牌来看，地方政府通过建立与区域劳务品牌相关的行业协会维护和发展品牌，以求形成行业自制，但没有形成具体的区域劳务品牌协会；编号18和19的两个区域劳务品牌的政府组织职能是通过领导小组和行业协会共同体现，通过地方政府领导小组规划和构建区域劳务品牌，通过行业协会维护区域劳务品牌的日常运行。

表7-2 典型区域劳务品牌的政府服务体系

编号	品牌名称	服务体系
1	坝上铁保安	就业服务局龙头，乡镇保障局龙身，行政村龙尾
2	冀东奔城新人	劳动就业服务局龙头，劳动保障事务站纽带，村信息员为基础
3	唐尧建筑	县、乡（镇）、村三级就业信息服务网络
4	昌图焊工	县、乡（镇）、社区三级劳务输出信息网络
5	吉林保安	省、市、县三级目标责任制
6	抚松人参	县部门、乡镇人民政府、乡镇劳动保障所的信息服务网络机构
7	沂蒙山劳务品牌	农转办为龙头，镇服务中心为主体，村级劳保协理员为基础，民办中介为补充的劳务输出组织网络
8	沂蒙之星	劳动就业办公室和劳动输出办公室纵向管理，乡镇街道的基层服务平台横向管理
9	林州建筑	行政村（居委会）、乡镇（街道）、市就业服务机构组成的劳务输出服务网络
10	西林木工	就业服务中心为龙头，设立劳动服务总站和各乡镇街道劳动服务站的劳务输出模式
11	巧保姆	县、乡、村三级信息体系服务组织
12	蓝田厨师	县、乡、村三级劳务输出组织网络

资料来源：笔者归纳整理。

如表7-2所示，地方政府在区域劳务品牌的组织化输出方面已形成了具有规范性的品牌输出体系。从这12个典型区域劳务品牌样本可以看出，地方政府在区域劳务品牌的输出服务组织保持了纵向的三级组织网络，即由县到乡再到村的服务体系。这样，通过挖掘劳动力，构建和发展区域劳务品牌，以实现区域劳务品牌有效的规模化输出。

四、区域劳务品牌的政府职能定位与服务体系

1. 区域劳务品牌的政府职能定位

结合区域劳务品牌构建阶段和运行阶段的博弈模型结论以及实证分析，均认为地方政府在区域劳务品牌的构建和运行阶段起到了不可或缺的作用。在区域劳务品牌的构建阶段，如果没有地方政府部门的介入，完全依靠市场作用，劳务品牌的形成需要很长的时间，还可能自生自灭；在区域劳务品牌的运行阶段，如果没有地方政府的监督和管理，劳务品牌的准公共品性质会带来社会公共治理的普遍问题。由此可见，区域劳务品牌的构建与发展不是无条件的，需要地方政府及职能部门在不同阶段发挥不同的作用。

（1）区域劳务品牌构建阶段。在区域劳务品牌构建过程中，无论市场主体规模如何，始终避免不了所有权边际不清和利益共享的问题，单靠市场主体行为无法形成构建区域劳务品牌的动力。地方政府的介入有效地打破了市场主体不作为的纳什均衡状态，通过联合区域内社会力量实现区域劳务品牌的构建。因此，在区域劳务品牌的构建阶段，地方政府的主导作用是高于市场作用的。

结合典型劳务品牌的案例分析，在区域劳务品牌的构建阶段，地方政府主导作用的发挥主要体现在以下三个方面：

第一，地方政府根据区域产业、资源和市场等优势确定区域劳务品牌的发展方案，并成立政府领导为组长和各级职能部门负责人为组员的品牌构建领导小组。

第二，在上级领导小组的领导下，形成县、乡、村各级领导负责的纵向构建与管理服务体系，实行目标责任制。

第三，地方政府创建培训基地或委托地方院校等机构对劳动力进行多层次、多形式的免费技能培训。

由此可见，在区域劳务品牌的构建过程中，地方政府起到了决定性的作用。市场的作用使区域劳务品牌形成其雏形，地方政府的职能则是将其组织化和规范化。地方政府的主观偏好、政策导向及管理效率决定了区域劳务品牌的发展方向和水平。

（2）区域劳务品牌运行阶段。当区域劳务品牌完成构建进入运行和发展阶段后，单靠市场主体的自身维护无法解决劳务品牌发展中的问题，地方政府作为第三方部门的作用应更多侧重于激励、监督和管理层面，而就区域劳务品牌的实证分析结果来看，地方政府在区域劳务品牌的运行阶段起到的作用远不限于此，尽管一些劳务品牌通过建立和依托行业协会管理其日常运作，但官办性质的协会与中介机构仍避免不了政府色彩，政府的主导性质依旧存在。

区域劳务品牌是劳务市场发展的产物，在区域劳务品牌的发展过程中，地方政府不能始终扮演主体角色。市场的产物需要市场主体的运作，地方政府通过培育、扶持和发展劳务派遣机构及劳务经济人，变政府主导推动为政府引导服务，使劳务输出由政府推动型向市场运作型转变（见图7－11）。政府部门和市场主体应明确各自定位。市场主体运用市场化理念及经营方式发展品牌，政府部门集中精力搞好指导、服务、规范和监督工作，以此推进区域劳务品牌的实体化建设，逐步形成在政府引导和管理下，由市场主体的市场化运作的区域劳务品牌发展格局，从而推动区域劳务品牌向更高层次发展。

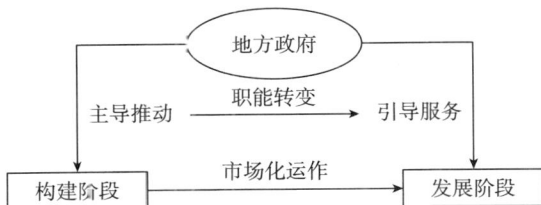

图7-11　区域劳务品牌的政府职能转变

2. 区域劳务品牌的政府服务体系

区域劳务品牌的构建与发展离不开地方政府的扶持和支持，为加快区域劳务品牌构建，保持和优化区域劳务品牌，更好地发挥其作用，结合前述的理论与实证结论，认为地方政府在加强区域劳务品牌的组织化建设与发展中，需要构建以下五大体系：

（1）构建高效的公共服务体系。加快省、市、区县、乡镇、村劳动力信息网络建设，建立健全的农村劳动力资源数据库，实现农村劳动力信息资源共享机制。通过深化改革，为农村劳动力转移就业和区域劳务品牌的培养与发展提供政策支持，构建农村劳动力良好的转移就业环境。通过引导和培养区域劳务品牌经纪人和中介机构，对优秀机构、优秀经纪人提供政策和信息等方面的支持，提高区域劳务品牌的组织化程度。

（2）构建完善的就业培训体系。充分整合现有的各类职业培训的教育资源，形成覆盖城乡的劳务输出职业技能培训体系。逐步将培训重心下移，推动乡镇及农村劳动力培训基地的建立，减少中间环节以降低培训成本，使农村劳动力近距离掌握就业技能。采用引导培训、定向培训、订单培训和储备培训等多元化培训方式，实现技能培训、市场需求和组织输出的有机结合。

（3）构建完美的质量监控体系。建立区域劳务品牌的质量监督机构，制定区域劳务品牌的统一的认定标准，通过系统性的衡量标准和规范性的运作，保证区域劳务品牌的一致性。在劳务输出前严把输出关，对劳动力的质量、素质及品格进行监控，输出符合品牌标准的劳动力。在区域劳务品牌的发展过程中，时刻监督劳务市场情况，将品牌的品质认知作为劳务品牌发展的重要环节，避免滥用和乱用品牌的情况发生。

（4）构建健全的跟踪服务体系。建立劳务输出档案管理制度，掌握区域劳务品牌的人员流动情况。在区域劳务品牌的主要输出地建立驻外输出办公室，对输出的区域劳务品牌进行全方位服务，协调解决子女教育等问题。定期开展回访活动，了解区域劳务品牌形式的农村劳动力的就业情况和企业情况。成立乡村互助会，解决由于劳动力转移带来的农村生产和生活问题，解决劳动力转移就业的后顾之忧。

（5）构建有力的权益维护体系。取消对进城就业农村劳动力的不合理收费，简化外出就业手续，保障用工单位依法签订劳动合作和按时履行合同，严禁收取抵押金等行为。在区域劳务品牌的输出地建立劳务维权联络站，及时解决劳务纠纷，帮助异地打工的品牌形式的农村劳动力进行劳动权益维护和法律法规咨询。真正做到三让，即让用工单位顺心、让输出部门放心和让劳务人员舒心，使务工人员的合法权益切实得到维护。

第二节　区域劳务品牌功能模型与甄别机制：微观层面

本节从微观层面的区域劳务品牌功能模型与甄别机制入手，研究区域劳务品牌对农村劳动力转移的作用发挥。品牌信号有效地解决了微观层面的信息不对称问题，当然这种作用的充分发挥也是有条件的。本节从劳务市场信息不对称分析入手，构建区域劳务品牌的功能模型，并对区域劳务品牌对劳务市场信息的甄别机制的条件进行了分析。

一、劳务市场的信息不对称分析

1. 原因分析

农村劳动力转移而形成的劳务市场的信息不对称主要是基于农村劳动力、政府、中介和雇主等主体的有限理性的经济假设，使这些主体在相关信息的占有量存在很大的差异，彼此之间缺乏有效沟通，主要表现为劳务市场中雇佣双方之间的信息不对称。就其原因可以分为以下三个方面：

（1）宏观层面——政府职能缺失。目前中国的农村劳动力转移依赖的并不是现代信息市场，主要依靠"亲戚—同乡—朋友"的人脉关系网络，这样就导致了农村劳动力转移的信息闭塞，使农村劳动力转移缺乏可靠性和持续性。这在一定程度上与政府的职能缺失和宏观管理不当有关。在全国范围没有形成统一的农村劳动力流动市场和信息网络平台，劳动力转移依然随波逐流，地方政府没有对当地的农村劳动力转移形成高效、有序的管理，缺乏具有针对性的转移就业指导，致使劳动力转移缺乏整体规划，导致地区之间发展失衡。即使农村劳动力转移至城市的非农部门，也依然没有摆脱农民的命运。

（2）中观层面——组织服务缺失。在农村劳动力转移中，中介本应是农村劳动力与雇主的沟通媒介。但实际中，市场中的服务中介仍然处于低层次阶段，操作不规范、信息不可靠使其在雇用过程中存在着信息沟通失效的问题。另外，一些非法中介利用农民工的弱点——急于找到工作和找到工资高的工作，以虚假信息和过期信息骗取中介费，从而使进城农民工不再相信中介的服务功能，本应成为沟通媒介的中介部门成了摆设。

（3）微观层面——雇佣双方缺乏信息识别能力和动机。农村劳动力的整体素质普遍偏低，导致了在转移的过程中对就业信息的筛选能力较差，影响到农民工对信息的认识能力和对信息识别的学习能力，导致农村劳动力对信息反应迟钝，甚至对信息出现怀疑和抵制的情绪。对于雇主而言，在雇用之前对信息搜寻的成本是不断变化的，而且是边际递增的，但边际收益却是边际递减的（见图 7-12）。可解释为，如果雇主粗略地对劳动力市场进行搜索，那么只需要很少的时间，机会成本较小，随着信息获取范围的扩大，一方面，花费的时间越来越多；另一方面，对基本信息之外的隐藏信息的获取花费的成本会更大，随着信息获取成本的增加，收益相应减少。随着雇主投入获取信息成本的增加，消费者剩余不断增加，根据雇主的有限理性假设，当雇主获取信息的努力到达 E 点时的消费者剩余最大（如图 7-2 中阴影部分所示）。在 E 点右侧，信息的获取成本大于所能带来的收益，此时若继续投入信息获取成本，收益将会减少。因此，雇主进行信息获取只是获取一个雇佣决策的最佳方式，并非最优收益，即在消费者剩余最大时也可能出现不合理的雇佣关系。

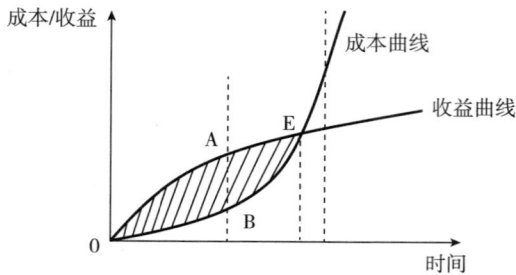

图 7 - 12　雇主对劳动力信息获取的成本与收益

综上所述，在劳动力转移过程中，信息不对称体现在各个方面。从政府角度建立完备的信息服务体系，完善相关的法律制度，从中介角度加强社会服务、信息沟通、协调和管理，可以在一定程度上解决信息不对称问题，从而降低交易成本，但这些仅仅是起到了辅助作用。农村劳动力转移城市就业的最终过程是发生在雇主与劳动力的雇佣关系中。因此，如何从微观层面解决雇佣双方的信息不对称是解决劳务市场信息不对称、降低农村劳动力转移成本的关键。

2. 信息不对称分析

就农村转移劳动力来说，转移就业的动因是进入城市的经济效益高于农村。如今的大量回流说明城市的生活成本与收益的距离不断缩小，不足以吸引农村劳动力的外出务工，农村推力和城市拉力的减少导致部分农村劳动力回流，使城市劳动力供应不足。需求定理告诉我们供给不足必然导致价格上涨，制度因素的逐渐放开使劳动力进入市场资源配置环节，此时的劳务市场既是生产要素市场也是产品市场，用工企业选择劳动力犹如顾客选择产品，用工企业（雇主）便处于一个信息劣势方的地位。由此，便形成了农村转移劳动力的劳务市场的一个显著特征：信息不对称。正是该特征导致劳务市场的就业不畅。正如 Akerlof（1970）指出，在信息不对称的市场上，买方由于无法确切知晓产品质量信息，只能按照预期质量支付产品价格，从而导致卖方的逆向选择行为发生，所有高于预期质量的产品退出市场，进而整个市场不断退化乃至萎缩[252]。

劳动力商品不同于一般商品，一般商品的使用价值只是其价值的载体，而劳动力的使用价值直接决定劳动力的价值，其不具有一般商品的可视、可闻、可触的有形判断，雇主在购买和使用前无法准确判断其使用价值，使雇主处于信息不充分一方，而雇主的雇用决定则是在准确判断出劳动者真实劳动生产率之前就要决策的。因此，劳务市场的信息不对称使雇主的雇用行为成为一种不确定性的投资行为，具有一定的风险性。

（1）逆向选择和道德风险。在劳务市场中，雇佣双方签订劳动合同之前，雇佣双方中的一方拥有另一方没有的信息，这些信息可能会损害后者的利益，占有优势的一方就会利用信息优势获得对自己有利的局面，而对方却蒙受损失，此时市场效率将大大降低。以雇主对劳动力的信息占有不充分为例，在雇佣双方中，雇主不了解劳动力的情况，雇主处于信息劣势的一方。通过一个简单的劳动力市场模型可以很好地解释信息不对称对市场效率的影响和对雇佣双方利益的消减。假设劳动力市场中有两种劳动力，一种是高质量的劳动力（H），另一种是低质量的劳动力（L），两种劳动力在市场上的占有率各为 50%，当然在高报酬下，雇主更希望雇用到第一种劳动力。图 7-13（a）、（b）表示的是两种类型劳动力的劳务市场，图 7-13（a）表示高质量劳动力市场供需，图 7-13（b）表示低质量劳动力市场供需。其中，S_H 和 S_L 分别表示高质量劳动力和低质量劳动力的供给曲线，D_H 和 D_L 分别表示两种劳动力的需求曲线。由于信息不对称的存在，均衡时高质量和低质量劳动力被雇用的数量相等，即满足 $Q_H = Q_L$，$W_H > W_L$。

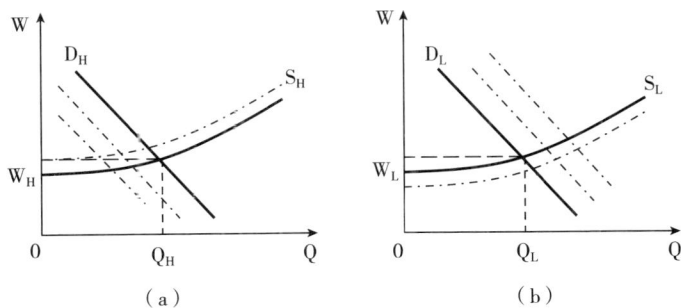

图 7-13　两种类型劳动力的市场供给与需求

由于信息不对称，雇主认为在雇用中，招聘到高质量劳动力的概率为 50%，由于劳动力为实现自身利益最大化，可以在应聘环节美化和夸大其使用价值，加之雇主对于其真实性调查与核实的成本过高。因此，雇主无法在雇用前判断劳动力的质量，所以在工资方面不可能全部以高工资标准支付，为了降低风险，雇主所做出的理性决策倾向于对劳动力设定较低的初始工资水平，此时高质量劳动力由于没有受到公正待遇而退出市场，低质量劳动力进入市场，表现为图 7 - 13（a）中 S_H 的上移和图 7 - 13（b）中 S_L 的下移，雇用的结果中低质量劳动力录用得多，高质量劳动力录用得少，低于雇主的预期。因此，雇主降低雇用高质量劳动力的预期，表现为图 7 - 13（a）的 D_H 左移和图 7 - 13（b）的 D_L 右移，长期下去，高质量劳动力数量减少，低质量劳动力数量增加，劳动力市场将变成低生产率工人和低工资充斥的"柠檬市场"，这便是事前的逆向选择行为。这种结果最终将导致雇主雇用不到人——"民工荒"现象，而劳动力找不到工作——"就业难"现象，而现实中这两种现象在中国的劳务市场的确并存。假设高质量劳动力没有退出市场，雇主雇用到了高质量劳动力①，根据效率工资理论的基本结论：工人的劳动生产率取决于其工资率，在低工资的诱导下，他们会倾向于采取怠工、偷懒等方式获得一定意义上的回报，这便是事后道德风险。

由于信息不对称的存在，雇主无论如何雇用劳动力，对其自身的风险都是巨大的，甚至逼迫一些雇主放弃雇用新员工，只有在信息相对对称和风险较小时才采取雇佣决策。与此对应，劳动力在不了解用工单位的情况下也是具有风险的，雇佣双方的信息不对称最终将会导致劳务市场的失灵。

（2）信号传递模型和信息甄别模型。市场上的信息不对称行为还可能造成消费者和生产者行为扭曲或不能合理决策[253]。因此，为避免信息不对称对劳务市场效率的不利影响，经济主体应有强烈意愿和激励去抵消市场上存在的信息不对称问题。Akerlof（1970）指出，沟通是削减信息不对称的唯一手段[252]。如何实现劳务市场中信息不对称的交易双方有效沟通是目前劳务市场亟待解决的问题，而依靠政府采取相应的监督体制来削减信息不对称只能作为一个辅助手段，市场上出现的问题最终还是需要自由市场机制来解决。因此，市场信号便成为信息不对称双方加强沟通的传递方式。为了避免逆向选择导致帕累托最优不能实现，Spence（1973）[254] 和 Rothschild 等（1976）[255] 分别提出信号传递模型和信息甄别模型。两者的区别主要在于一个信息不对称的市场中，信息占有多的先行动还是信息占有少的先行动。

信号传递模型是指在市场机制下，信息优势方为了把自身的优秀特征显示出来，通过发出某种信号使信息劣势方了解自身特点的行为方式，实现有效率的市场均衡。信号就是让需求方相信传达信息的真实性的可观测的行动。在劳动力市

---

① 当劳动力市场出现结构性过剩时，企业的低工资也可能雇用到合格员工。

场上，由于雇主无法了解劳动力的质量高低，只能通过某些信号判断，例如，受教育程度、工作经历和证书等。Spence（1973）指出，不是所有的信号都起着作用的，具有作用信号必须满足在发送者之间具有显著差异的条件。信号有效性的充分必要条件时发送信号必须具有成本，而且不同信号发出者的成本是不同的。

　　继续分析上述劳动力市场模型，重点分析信号机制引入后对高质量劳动力市场均衡的影响情况（见图 7-14）。S_H 和 D_H 分别是高质量劳动力的供给和需求曲线，此时的均衡点为 E，即在工资水平 W_H 下，雇用了 Q_H 的高质量劳动力，上述的逆向选择是由于雇主无法识别高质量劳动力从而导致预期降低，如果高质量劳动力可以向潜在雇主发送一些有关自身能力的信号（如文凭、工资经验等），雇主依据信号就可以提高对劳动力的分辨能力，从而增加对高质量劳动力的雇用数量，表现为需求曲线的右移，均衡点上升为 E′，高质量劳动力的雇用数量上升，相应的低质量劳动力退出这部分劳动力市场。Spence（1973）运用教育水平作为信号，他认为教育水平之所以可以作为传递劳动力的强信号，是因为高质量劳动力接受同样教育花费的成本相对较低，并以此区分生产效率，实行差别工资。这也解释了如今求职市场上的文凭竞争现象。由此可以看出，信号传递模型缓解了逆向选择的低效率，预期的工资收入也会减少劳动力道德风险的出现，使信息不对称条件下的经济效率提高。

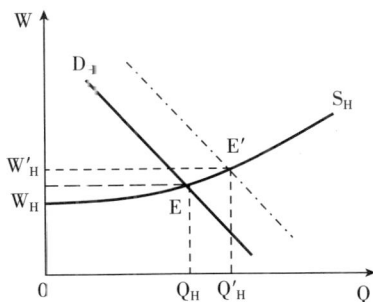

图 7-14　信号机制引入后对高质量劳动力市场均衡的影响

　　在信号传递模型中，信息优势方首先采取行动，将自身的特点通过信号机制传递给对方，而在信息甄别模型中，信息劣势方首先开始行动，补充提出了信息缺乏一方为改变状态所采取的行动方法。Rothschild 和 Stiglitz（1976）以保险公司为例研究信息占有较少的保险公司对大量顾客的信息甄别行为提出了信息甄别模型。在现实的劳务市场中，雇主在雇用劳动力时不可能像保险公司那样对劳动力一一甄别，成本过大。因此，在目前劳动力市场中，如果劳动力需要将自身优势通过信号传递给雇主，将产生规模效应。虽然该模型对目前的农村劳动力构成的劳务市场可行性不大，但随着劳务市场的完善也会起到一定程度的作用。下面通过绩效制度来分析一下信息甄别模型的原理。

假设劳动力的工资与业务量成正比关系，令 $W = \alpha + \beta Q$，其中，W 表示工资，Q 表示业务量，α 表示固定工资，β 表示业务量提成率。可见，α 值较大 β 值较小，说明工资收入越稳定，波动较小；α 值较小 β 值较大，说明工资收入与业务量关系很大，但也承担较大风险。对于敢于挑战对自身信心十足的人来说，后者的工资制度更吸引他们；而对于不求收入波动太大，喜欢求稳的人来说，前者无疑是最佳选择。雇主可以设计两种制度，通过劳动力的自我选择筛选劳动力，既降低了交易成本又达到了区分劳动力的目的。

综上所述，针对目前劳务市场上出现的信息不对称情况，为了降低农村劳动力的转移成本，首先要尽量减少由于信息不对称造成的交易成本。在雇佣双方的信息不对称中，雇主和劳动力均可能成为信息的优势方。当农村转移劳动力不了解雇主的情况下，劳动力可以通过雇主名声、业绩等进行信息的筛选和判断。当劳动力成为信息优势方时，雇主无法了解劳动力的生产率和道德水准，鉴于较高的甄别成本，就会引发逆向选择和道德风险行为。本节的研究也正是基于这种不对称进行的。国内外的研究成果认为，有必要引入市场信号实现雇佣双方的有效沟通，而在农村劳动力转移形成的劳务市场中，由于社会背景和自身原因普遍素质都很低，大多没有什么教育背景，以 Spence（1973）选择的教育水平作为信号区分劳动力似乎就不是那么的切合实际了。那么究竟什么作为劳务市场雇佣双方的沟通信号才是最有效率的呢？

二、信息不对称的品牌信号选择

从雇主决策出发，对于产品，消费者最关注的是产品质量；对于劳动力，雇主最关注的是其使用价值。当采取购买决策时，必然是消费者对产品的感知风险（并非真实风险）小于其要付出的交易成本，感知质量（并非真实质量）大于其要付出的交易成本。雇主决定雇用某位劳动力前都要对产品的指示线索做一个综合评价，这些指示线索可以分为内部线索和外部线索。信息不对称通常是指内部线索的不对称，外部线索一般指的是价格、声誉、品牌、地区等非功能性因素，由于内部线索的信息不对称，雇用决策一般是由外部线索决定的。因此，解决劳务市场中的信息不对称就是要找到一个外部线索可以真实客观地反映内部线索，从而降低交易中的感知风险，提高交易中的感知质量，促进雇主的雇用行为。

1. 众多传递信号的弊端

能够反映客观的内部线索的信号选择，国内外学者给予了不少分析，他们认为产品的价格、广告、质量担保和品牌等外部线索均可以作为质量信息的传递信号。Stokes（1985）认为，品牌熟悉度直接影响购买意向，而价格和包装则不具有这种影响[256]；Zeithmal（1988）认为，高价格可以作为质量信号[257]；Kirmam（1990）指出，广告的投入可以作为推断质量的线索[258]；范晓屏（2003）认为，低质量不会有长期担保，质量担保可以成为高质量的传递信号[259]。

信号的选择实质就是提高雇主的感知质量，降低交易中的感知风险，从而减少劳务市场中的信息不对称，降低交易成本。从劳动力决策出发，只有当劳动力自身决定通过发送虚假市场信号来欺骗雇主不再营利时，他们才会发送可靠的质量信号，当劳动力发送虚假信号不营利，且高素质和低素质的劳动力求职者必须采取不同战略才能获得利润时，雇主就可以通过识别信号区分不同质量的劳动力了。在现实社会中，由于不同层次的劳动力没有足够的动机去选择不同的信息传递方式，因此，雇主也就不能通过广告、价格、包装和质量担保这些市场信号区分具有不同质量的劳动力求职者。Philips（1988）认为，企业全面质保担保可能诱发逆向选择和道德困境问题[260]；Trole（1990）认为，由于重复销售过程中产品的高成本可能会超过其高质量所带来的正面效应，因此，高价格并不能代表企业产品的高质量[261]。另外，基于经济主体利润最大化原则，无论低素质还是高素质的劳动力都会选择广告和包装宣传自身的高使用价值，进一步导致信息高度不对称。

而以品牌作为沟通信号传递相关劳动力信息则不会具有以上种种缺陷。因为品牌是一种错综复杂的象征，它是产品属性、名称、包装、价格、历史、声誉和广告方式的无形总和，因消费者对其使用的印象和自身经验而界定，是消费者对产品一切感觉的总和[262]。与其他提高雇主感知质量的市场信号不同，品牌更具有丰富内涵，是劳动力立足于市场各方面的集中体现，可见，在信息不对称的劳务市场中，品牌是一种可靠的用于雇主和劳动力沟通的市场信号。

2. 品牌信号在劳务市场中的传递作用

（1）品牌信号对雇佣双方的影响。劳动力之所以以品牌形式转移，是因为品牌会提高劳动力被雇用的可能性和扩大其转移收益；雇主或企业之所以雇用劳动力是由于雇用行为可以降低风险获取更大的消费者剩余。前者关乎劳务品牌的必要性；后者关乎劳务品牌的可行性。因此，从这两方面分析劳务品牌对雇佣双方的影响（见表7-3）。

表 7-3　品牌信号对雇佣双方的影响

品牌信号对雇主的影响（可行性）	品牌信号对劳动力的影响（必要性）
1）降低交易费用	1）利于区分和保护
2）减少购买风险	2）获得更多收益
3）传递隐含意义	3）形成竞争优势
4）保障雇主利益	

1）品牌信号对雇主的影响方面。

第一，降低交易费用。劳务品牌的作用在于区分差异化的农村劳动力，帮助雇主辨识劳动力及其服务的来源，从而通过品牌形象影响雇主的雇用决策。雇主根据劳务品牌在市场中的知名度、忠诚度等，了解和选择符合企业和自身要求的劳动力，故而劳务品牌成为雇主对劳动力的选择标准和判断依据。基于对劳务品牌的一些了解，雇主可以通过了解的部分推断其未知方面。劳务品牌的出现，一方面，使雇主节省了考虑各方面需求的精力和时间；另一方面，使雇主节省了了解劳动力特征和劳动生产率的搜寻时间，而这两方面都是属于交易费用的范畴，因此，认为劳务品牌降低了交易费用。

第二，减少购买风险。雇主在雇用劳动力之前，各种风险将导致雇主产生不同雇用决策。这些风险包括劳动力的生产功能不符合雇主或企业的要求；劳动力可能对雇主和企业造成安全伤害；劳动力的道德品格不符合雇主要求和企业文化要求。为了避免这些风险，雇主有必要花费一定时间和精力在众多劳动力中进行选择。而劳务品牌作为一种信号，包含了劳动力的生产力、道德品格、文化特征等一系列从劳动力个体中不易观察和识别的信息，因此，以品牌为信号的雇用行为就成为了一种简便的方式，特别对于曾经对某种品牌具有雇用经历的雇主。从这方面来讲，品牌的信号功能使雇佣双方形成了一种契约关系，劳务品牌保证劳动力的质量，雇主赋予品牌信任。

第三，传递隐含意义。劳务品牌可以帮助雇主识别劳动力、判断劳动力质量特征，并获得因雇用品牌劳动力而获得的好处，包括经济上和心理上的。例如，假若你可以聘请到一名正宗的菲律宾女佣，高雇用费用和劳务品牌说明了你的身份和地位。此时，雇用这些劳务品牌人将会和品牌联系在一起，品牌就成为了某种社会属性的象征，劳务品牌可以帮助雇主向他人传递雇主的认知和地位。

第四，保障雇主利益。劳务品牌的目的是用来吸引雇主的雇用行为的实施，并使雇主忠诚于劳务品牌，与此同时还可以保障雇主权益不被侵害。当雇主雇用品牌劳动力时，一旦有损坏雇主利益的事情发生，品牌表明了对于这种权益损失的承担态度，如果品牌不能承担损失，对于雇主来说可以减少对这种品牌劳动力的雇用降低风险和保障权益，劳务品牌为了发展和壮大必然会避免这种情况的出现，而且对于责任是勇于承担的。

2）品牌信号对劳动力的影响方面。

第一，利于区分和保护。劳务品牌一般具有区域特征，代表着一个地区劳动力的文化和技能特征。劳务品牌能够有效地将自身与其他劳动力区分开来，特别是劳动力服务的独特技能可以被明确受到保护。通过商标注册可以保护品牌的名称，通过专利注册可以保护优势技术。品牌的功效就是使这些区别于其他劳动力的独特性进行了专属性保护。

第二，获得更多收益。劳务品牌与产品品牌一样具有品牌的基本特征。劳务品牌的形成与发展，会给以品牌形式转移的农村劳动力带来更多的工资收益，因为品牌的成本已经转嫁给了雇主和企业，他们愿意为劳务品牌付出更多的工资。另外，强大的劳务品牌具有强大的品牌资产，可以提高区域劳动力的知名度，同时依托品牌还可以提升区域的知名度，带来品牌的延伸效应。

第三，形成竞争优势。劳动力转移城市就业目的在于获取更多的收益，而如此多的农村劳动力转移城市必然产生竞争，竞争大大降低了劳动力被雇用的概率，特别是被高的雇主或企业雇用的可能性。劳务品牌象征着一种质量特征，具有非品牌劳动力所无法具有的技能特征，品牌的形成是日积月累的，即使劳动力的技能可以被模仿，但是品牌的内涵等内在要素的复制几乎不可能，因此，劳务品牌可以使农村劳动力进入城市非农市场上保障其具有竞争优势。

（2）品牌信号对信息不对称的影响。上述分析探讨了劳务品牌对雇佣双方的影响，而品牌信号通过对雇佣双方的影响，最终是可以解决劳务市场中信息不对称问题的。在劳务市场中，以劳动力供给方视角出发，劳务品牌是代表劳动力规模、整体素质、技术含量和整体形象的一项无形资产；以劳动力需求方视角出发，劳务品牌是一系列传递劳动力特征、文化、价值和联想的信息总和。将品牌作为信息传递信号，通过向雇主传递有关劳动力的某些特征，可以有效地降低市场中信息不对称程度。

尽管目前没有文献明确研究区域劳务品牌对信息不对称产生的影响，但在劳务市场中，劳动力和其他产品具有相似的特征。因此，关于产品品牌与信息不对称的研究也具有借鉴价值。品牌对信息不对称的影响早已有过实证分析，其影响之大甚至可以改变消费者偏好。Peterson（1986）以三种不同的花生酱为研究对象，在盲测中，被测试者明显倾向于一种不知名品牌的味道；而指明品牌后，70%的被测试者称更喜欢知名的那种品牌的味道[263]；埃里克等（1998）通过研究得出结论：即使从未使用过，人们也倾向于购买品牌产品[264]；里克等（2004）提出，消费者在购买商品前如果无法判断其可靠程度，品牌就会给消费者带来一定的安全感[265]；何志毅等（2005）实证研究结论表明，消费者对品牌的依赖程度与产品的信息不对称程度存在正相关关系[266]；杨煌（2005）指出，在市场交易中，消费者承担着更多的交易成本，降低商品交易费用中过高的交易成本就为品牌的产生和发展提供了经济空间[267]；刘艳（2008）分析了品牌对"信息不对称性"的影响机理[268]；于永娟等（2011）通过模型从理论上证明了信息不对称条件下品牌存在的必要性，品牌通过降低选择成本提高了选择效率[269]。

区域劳务品牌的建设固然需要花费成本，作为劳动力供给方，劳动力使用价值的有效传递关键在于如何通过信息成本建立进入壁垒，增加消费者对信息成本的感知性，提高雇主对品牌劳动力的信赖程度。最终品牌劳动力所产生的增加成本还是由雇主承担，雇主愿意承担品牌的信息成本与雇主搜寻信息的努力成正比关系。由此可见，品牌建设后的交易成本小于雇主原来的搜寻成本，而这部分成本完全可以转嫁给雇主，这对于双方都是有利可图的，同时也降低了劳务市场中雇佣双方的信息不对称程度。

3. 品牌信号在劳务市场中作用的内在机理

由于信息不对称可能出现逆向选择和道德风险问题，致使劳务市场中的雇主方为了避免损失就会尽量减少其用工量，一些不必要的雇用行为将会避免，特别是在第三产业的服务业表现特别明显。这便是消费者行为学中的减少风险理论。

该理论认为，由于消费者在购买过程中有某种程度的风险，每个消费者的购买行为都在回避或减少这种风险。从这个意义上来说，消费者的购买行为就是一种减少风险的行为。而在信息高度不对称劳务市场中，这种风险无疑更大。因此，降低市场中的信息不对称首先要减少这种风险所带来的不确定性，品牌正是通过它所包含的内在信息，以暗示的方式让雇主产生对某种品牌劳动力的心理安全感，这种安全感表现为雇主对劳动力的感知质量。

（1）品牌信号提高雇主的感知质量。雇主对于劳动力使用价值的判断是一种感知，是对劳动力的一种主观判断，无论劳动力本身状况如何，只有被雇主感知才有意义。所谓雇主感知质量，是指雇主按照自己的劳动力雇用目的和需求状况综合分析市场上各种相关信息，对某一劳动力及其所带来的服务进行抽象主观评价。它属于一种事前行为。提高顾客的感知质量水平，有利于增加雇主对该劳动力的雇用倾向性，有利于增加劳动力对雇主的吸引力，从而增加其重复雇用率，通过建立雇主的忠诚度，提高品牌劳动力的市场竞争力。在信息不对称市场中，雇主对于劳动力的信息的了解比较少，但品牌名称和品牌标识可以帮助雇主了解劳动力及其服务质量的有关信息。良好的品牌形象可以展示产品的相关特征，增强雇主的雇用信心。感知质量是一个持续性的过程，良好的雇主感知质量应具有稳定性和可预测性，经过精心设计和规划的品牌可以向雇主发送可信的、清晰的、一致的品牌信息，有助于提高雇主的感知质量。

（2）品牌信号降低雇主的感知风险。在信息不对称的劳务市场中，雇主缺少相关信息意味着雇用决策将面临较大的不确定性。依据对劳动力的内在质量和实际价值的猜测做出的雇用决定不一定可靠，消费者感觉到风险的存在，这种风险就是雇主对劳动力的一种感知风险，但这不一定是真实风险。很多原因可能使雇主产生知觉风险，例如，曾经的雇用经历不满意、从未雇用过类似员工和机会成本过高。一般来说，雇主付高价格雇用或劳动者对雇主特别重要时，加之选择结果的不可更改性，雇主所感知的购买风险会相应增加，例如，月嫂就是一个显而易见的例子。雇主为了克服信息不对称给自己带来的不利处境，消除或减少不确定性和感知风险，会积极收集有关信息，更多的信息意味着不确定性的降低，从而减少了购买风险。劳动力的供给方为实现雇用后的利润，也要为雇主提供信息，减少雇主在信息搜索过程中多付出的成本，品牌通过降低消费者的选择成本，降低了选择过程中的交易费用，提高了雇主的选择效率，从而降低了雇主的感知风险。尽管品牌的创建增加了交易费用，但降低的选择成本加上转嫁给雇主品牌成本依然是有效率的。当然，通过雇主的感知质量，也会间接对感知风险具有影响作用。通过对劳务品牌的创建，可以有效地提高雇主的感知质量，一旦雇主相信了感知质量，自然会降低雇主的感知风险。

在信息不对称的劳务市场中，雇主雇用劳动力时，由于对劳动力的使用价值、品格及功用等具体信息的了解不充分，无法做出完全信息情况下的理性决策。而品牌则可以通过它所包含的内在信息以暗示的方式，通过提高雇主的感知质量和降低感知风险让雇主产生心理安全感。品牌体现的质量是决定雇主雇用的关键因素，它直接决定雇主是否雇用或者雇用哪种品牌。在雇主雇用行为过程中，雇主往往缺乏对各种劳动力信息进行分类和客观决定质量的能力，即使获得信息也可能是无效的，对雇用决策没有任何意义。此时，品牌所体现的感知质量成为雇主雇用行为的决定因素，这种感知质量降低了感知风险，促成了雇佣双方的沟通。品牌所具有的特性使雇主了解了品牌劳动力的特性，品牌也为劳动力供给方传递了劳动力的特点，降低了雇佣双方的信息不对称程度，满足雇佣双方要求，使双方的交易顺利进行下去。无论品牌是直接降低劳务市场的信息不对称，还是间接地通过品牌提高感知质量和降低感知风险方式降低劳务市场信息不对称，劳动力市场的不确定程度都将从品牌信息发送前的高度不确定降至雇用者可以接受的程度。

三、区域劳务品牌的功能模型

前述理论分析了劳务市场中存在的信息不对称以及区域劳务品牌对信息不对称的影响，认为以区域劳务品牌为传递信号可以降低劳务市场中雇佣双方的信息不对称，减少交易成本。本节从模型角度证明品牌信号解决雇佣双方信息不对称问题的可行性，结合品牌建设的成本论，探讨品牌信号甄别机制充分发挥作用的条件框架。

1. 无品牌信号的劳务市场失灵

（1）单一工资水平下的市场失灵。

假设1：在劳务市场中，劳动力按质量分为两种类型 $Q \in [Q_L, Q_H]$，Q_L 和 Q_H 分别表示低质量劳动力和高质量劳动力，其中，$Q_H > Q_L > 0$；劳动力自身知道真实质量，但是雇主只知道高质量产品和低质量劳动力的概率分别为 θ 和 $1 - \theta$；高质量劳动力和低质量劳动力的单位成本分别为 C_H 和 C_L，由于高质量劳动力接受的教育和培训是针对低质量劳动力的，因此，满足 $C_H > C_L > 0$；雇主通过雇用高质量劳动力和低质量劳动力获得的效用分别为 V_H 和 V_L，其中，$V_H > V_L > 0$。

分析1：如果市场为完全信息市场，低质量劳动力的均衡工资水平 $W = W_L$，高质量劳动力的均衡工资水平 $W = W_H$；如果市场为不完全信息市场，雇主无法判断劳动力的质量水平，理性上只愿意出低工资雇用劳动力，此时均衡工资水平为 $W = W_L$，即只有低质量劳动力被雇用，高质量劳动力退出市场。这也是逆向选择的基本含义：在信息不对称的情况下会出现劣质品驱逐优质品的情况。该模型与上述的劳动力市场模型得出的结论基本一样，在这里的赘述是为了后续研究的继续。

（2）分离工资水平下的市场失灵。当单一工资时，雇主无法从工资方面得到任何关于劳动力质量的信息。但在现实生活中绝大多数市场都不是单一价格的，劳动力常常根据自己的劳动力状况和市场情况等确定或调整期望工资。雇主也常常参考工薪要求对劳动力质量做出预期。因此，进一步放宽上述模型条件，考虑在工资水平分离情况下，均衡结果的变化情况。

假设2（在假设1基础上补充下述假设）：劳动力的期望工资为 $W \in [W_L, W_H]$，分别表示低工资报酬和高工资报酬，且有 $W - C > 0$；低质量劳动力想要获取高工资需要对自身进行伪装，例如，办假证等，成本为 D；令 $V_H - W_H > V_L - W_L > 0 > V_L - W_H$。这意味着以高工资水平雇用高质量劳动力比以低工资水平雇用低质量劳动力的消费者剩余更大，而以低工资雇用低质量劳动力的消费者剩余还是正，但以高工资水平雇用低质量劳动力的消费者剩余则为负。

对于雇主而言，以高工资水平雇用的期望得益为：$E \pi_H^* = V_H - W_H$；以低工资水平雇用的期望得益为：$E \pi_L^* = V_L - W_L$；对于劳动力而言，高质量劳动力必然要获取高工资，对于低质量劳动力便有两种选择，一是索取高工资；二是索取低工资。如何选择取决于 $W_L - C_L$ 与 $W_H - C_L - D$ 的大小与差值。

分析2：①当 $W_L - C_L > 0 > W_H - C_L - D$ 时，此时高质量劳动力索取高工资，低质量劳动力索取低工资是唯一理性的策略；②当 $W_L - C_L > W_H - C_L - D > 0$ 时，此时虽然高工资可以获得收益，但相比而言，低质量低工资仍然是最优策略；③当 $W_H - C_L - D > W_L - C_L > 0$ 时，此时伪装成高质量劳动力高工资获得的收益大于低工资所获得的收益，伪装高质量劳动力成为最优策略。在前两种情况下，市场都是存在的，不会出现完全的失败，因为雇主的判断是索取高工资的劳动力一定（极大程度）是高质量劳动力，低工资一定是低质量劳动力。而在第三种情况下，无论劳动力质量如何，索取高工资都是所有劳动力的占优选择策略。此时，雇主雇用高质量劳动力的得益为 $E\pi_H = \theta(V_H - W_H) + (1-\theta)(V_L - W_H) < E\pi_H^*$，其购买意愿或愿意支付的工资水平就会相应下降，当 $E\pi_H < 0$ 时，雇主必然选择不雇用劳动力，所有劳动力都找不到工作，市场就完全失灵了。

分离价格下的市场失灵的前提为：$W_H - W_L > D$。在高质量劳动力和低质量劳动力工资水平既定的前提下，市场的成功在很大程度上依赖于 D 的假设。D 的值越小，高质量劳动力越容易被模仿，市场完全失败的可能性越大。在信息不对称的情况下，理性雇主愿意支付工资的上限是期望效用①，而这一工资水平低于高质量劳动力应有的价值，有时甚至低于其转移城市的成本，因此，高质量劳动力退出劳务市场是无奈之举。而随着高质量劳动力的退出，雇主的期望效用进一步下降，愿意支付的工资水平也随之下降，质量相对高的劳动力跟着退出市场，这种恶性循环的结果必然是市场上只剩下低质量劳动力，雇主要么雇用低质量劳动力，要么无劳动力可用，劳务市场崩溃。

（3）均衡比较分析。本节主要研究的是不完全信息动态博弈，也就是动态贝叶斯博弈。在不完全信息的情况下，都可以把信息不完全理解成对类型的不完全了解，并通过"海萨尼转换"转化成完全但不完美信息的博弈，其均衡为完美贝叶斯均衡。根据效率差异一般会形成三种均衡：①市场部分成功，即所有劳动力都在市场中，雇主会因雇用低质量劳动力蒙受损失；②市场完全成功，即市场上只有高质量劳动力；③市场完全失败，即无论高质量还是低质量都没有市场。

仍然以单一工资水平下雇佣模型为基础，并结合分离工资水平模型增加以下假设：增加1：低质量劳动力想要获取高工资需要对自身进行伪装，成本为 D；增加2：只有一个工资水平，满足 $W_L < W < W_H$。根据劳务市场情况，可以形成以下三种均衡，各种均衡均具有各自的条件。

1）市场部分成功。首先考虑雇主雇用劳动力的期望得益：$E\pi = \theta(V_H - W) + (1-\theta)(V_L - W)$，当满足 $E\pi > 0$ 时，雇主将雇用劳动力。给定这一条件，当满足 $W - C_H > 0$ 时，高质量劳动力将进入市场；当满足 $W - C_L - D > 0$ 时，低质量劳动力也将进入市场。上述情况就形成了完美的贝叶斯均衡。

雇主决策：$E\pi > 0$，则雇主无论了解劳动力都将进行雇用。

消费者决策：$W - C_L - D > 0$，则任何质量的劳动力都愿意被雇用。

---

① 期望效用为高质量劳动力和低质量劳动力效用的加权平均。

故上述模型的完美贝叶斯的关键条件为：

$$\theta > \frac{W - V_L}{V_H - V_L}, \quad D < W - C_L \tag{7-15}$$

即当高质量劳动力的比重大于 $\dfrac{W - V_L}{V_H - V_L}$，且伪装高质量劳动力有利可图，此时雇主的后验概率与先验概率相同，劳务市场部分成功。但此时劳务市场不能完全甄别劳动力，市场中充斥了各种劳动力，虽然有雇主会受到欺骗，但从整体上来看还是有效率的。

2）市场完全成功。市场完全成功就是将低质量劳动力排挤出市场，那么纯策略必要条件就是要满足 $W - C_L - D < 0$，此时低质量劳动力即使被雇用也将使劳动力损失 $C_L + D - W$，低质量劳动力退出劳务市场，市场上存在的都是高质量劳动力。此时雇主的期望得益为：$E\pi = 1 \times (V_H - W) + 0 \times (V_L - W) > 0$，此时雇用是雇主的唯一策略。

此时给定消费选择，高质量劳动力被雇用收益为 $W - C_H > 0$，低质量劳动力被雇用收益为 $W - C_L - D < 0$，此时只有高质量劳动力才可能进入劳务市场。上述的策略均满足序列理性要求，判断也满足贝叶斯法则①，因此，这个可以看作是一个完美的贝叶斯分离均衡。值得注意的是，此时雇主也不再受信息不对称的影响，市场上的劳动力均为高质量劳动力。

3）市场完全失败。根据前述市场完全失败的特征，此时的纯策略的必要条件是满足 $0 < \theta < \dfrac{W - V_L}{V_H - V_L}$，雇主雇用劳动力的期望得益：$E\pi = \theta(V_H - W) + (1 - \theta)(V_L - W) < 0$，即雇主不雇用市场中的劳动力。雇主认为市场上的都是低质量劳动力，即使有高质量劳动力也不被认可。上述策略满足完美贝叶斯均衡的要求，因此，构成一个完美贝叶斯均衡。这也是市场中最不愿意看到的结果。

归纳以上模型讨论，可以得出对这个问题的完整的分析结论（见图7-15）：

由图7-15可知，横轴 D 表示低质量劳动力的伪装费用，纵轴 θ 表示雇主的期望得益值。可以看出区域Ⅱ和Ⅳ是我们想要看到的结果，区域Ⅲ是我们想要极

---

① 在经济学中，在确定性状态下的理性行为是指在给定的价格和预算约束下求解效用函数最大化；在不确定状态下，人们会事先赋予一个概率分布，理性经济人追求期望效用最大化。理性的个体在拥有某一信息后，根据先验信念并按一定的规则更新自己的信念，形成后验信念。通常使用的法则是"贝叶斯法则"，因此，这种理性也被称为贝叶斯理性。

力避免的情况，各种情况的产生并不是主观决定的，是取决于市场交易双方的得益和风险的比较的结果。而风险与得益的大小直接取决于雇主的消费者剩余、工资水平和伪装成本等，这些尽管客观存在，但在很大程度上是来源于雇主的主观判断，这些主观判断则来自对客观现实信息的把握。

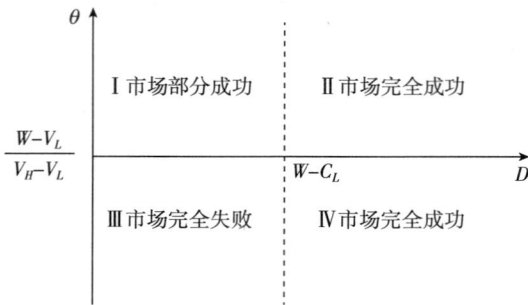

图7-15 模型的解及比较结果

（4）模型结论评述。综上所述，解决信息不对称导致的市场失灵问题方法有很多，根本性方法是消除信息的不对称。雇主可以通过各种手段获得更多信息，以减少不确定性带来的风险，但这对于雇用劳动力所带来的效用而言，会导致过高的交易成本从而降低消费者剩余。而根据上述分析，相对现实一些的方法是提高伪装成本 D，使低质量劳动力伪装高质量劳动力的欺骗行为无利可图。而提高伪装成本的措施很可能产生市场内交易费用上升，阻碍农村劳动力的转移。因此，认为依靠政府采取制度措施来削减信息不对称只能作为一个辅助手段，市场上出现的问题最终还是需要自由的市场机制来解决。

相对于市场完全成功的均衡而言，相对低效的市场均衡认为，如果没有合适的信号机制，市场将部分或完全失灵。从劳动力角度出发，低质量劳动力伪装成高质量劳动力的成本小于其伪装获得的收益，这样低质量劳动力就有以次充好的动机，雇主会无法判断劳动力质量；从雇主角度出发，市场上低质量劳动力比例越高，市场越容易失败，劳动力越需要传递质量的信号。上述分析结论表明，市场可能存在的条件是伪装费用 D 足够大，而这一条件非常苛刻且现实性不大。因此，基于雇佣双方认为，以信号机制甄别劳动力，传递劳动力质量是必要且可行的。

2. 品牌信号对雇主的影响机制

（1）无品牌的影响机制。假定劳务市场上的劳动力按照质量标准分布于 [0，1] 的区间上。一般来说，质量高劳动力使雇主获得的效用高；反之亦然。建立劳动力质量和雇主效用的关系 [见图 7 - 16 （a）]，横轴 Q 表示劳动力质量，纵轴 U 表示雇主效用，U_Q 表示各种质量的劳动力对应的雇主效用，且两者之间是线性关系。如果没有任何信号机制，雇主随机雇用劳动力，那么平均期望质量为 0.5，雇主平均期望效用为 $U_{0.5}$，都属于平均水平。

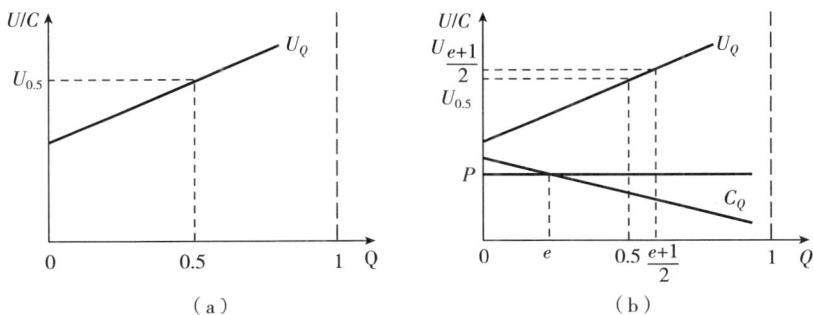

图 7 - 16　品牌信号对雇主的影响

（2）有品牌的影响机制。此时引入品牌信号机制如图 7 - 16 （b）所示，设劳动力建立品牌的成本和劳动力质量负相关，即品牌成本是劳动力质量的线性减函数。将纵坐标视为成本，绘制品牌成本函数线 C_Q，将纵坐标视为收益，可绘制品牌收益线 P，当品牌成本高于品牌收益时，劳动力便没有意愿以品牌形式转移，此时质量标准分布于 [0，e] 的这部分劳动力实施品牌信号是不经济的，只有质量标准分布于 [e，] 的劳动力才有发送品牌信号的意愿。所以，雇主以品牌信号作为选择机制，可以成功地将低质量劳动力排除，雇用到的品牌产品劳动力的平均期望质量能够达到 （$e + 1$）/2，雇主的平均期望效用也从 $U_{0.5}$ 提高到 $U_{(e+1)/2}$。

3. 劳务品牌信号的功能模型

（1）模型建立。假设劳务市场中的劳动力质量类型 $Q \in [Q_L，Q_H]$，Q_L 和 Q_H 分别表示低质量劳动力和高质量劳动力，其中，$Q_H > Q_L > 0$；劳动力自身知道真实质量，但雇主只知道高质量产品和低质量劳动力的概率分别为 θ 和 $1 - \theta$；高质量劳动力和低质量劳动力的单位成本分别为 C_H 和 C_L，由于高质量劳动力接受的教育和培训高于低质量劳动力，因此，满足 $C_H > C_L > 0$；雇主通过雇用高质量劳动力和低质量劳动力获得的效用分别为 V_H 和 V_L，其中，$V_H > V_L > 0$，令 W 表示劳动力的工资水平，补充品牌信号条件假设，令 p 表示高质量劳动力采取品牌作为市场信号的概率。

高质量劳动力在劳务市场中所占的比重是 θ，高质量劳动力采取品牌策略的概率是 p，因此，采取品牌策略的劳动力所占的比重为 θp；而低质量劳动力采取品牌策略是不理性的，因为雇主从雇用低质量劳动力获得的效用低于通过雇用高质量劳动力所获得的效用，从而对低质量劳动力的工资支付要低于对高质量劳动力的工资支付，而品牌策略是需要成本的，$(1-\theta)$ 的低质量劳动力都选择不采取品牌策略，加上会有 $\theta(1-p)$ 高质量劳动力不采取品牌策略，总共 $(1-\theta p)$ 的劳动力不采取品牌策略。因此，采取品牌策略的都是高质量劳动力；不采取品牌策略的既有高质量劳动力也有低质量劳动力，其中，高质量劳动力不采取品牌策略所占比重为 $\dfrac{\theta(1-p)}{(1-\theta p)}$，低质量劳动力不采取品牌策略所占比重为 $\dfrac{(1-\theta)}{(1-\theta p)}$。

（2）模型分析与结果。由于具有品牌信号的均为高质量劳动力，因此，有品牌信号的消费者剩余期望为：

$$E_B = V_H - W \tag{7-16}$$

无品牌的消费者剩余期望为：

$$E_N = (V_H - W) \times \frac{\theta(1-p)}{(1-\theta p)} + (V_L - W) \times \frac{(1-\theta)}{(1-\theta p)} \tag{7-17}$$

令品牌信号效用 $R = E_B - E_N$，经计算

$$R = (V_H - V_L) \times \frac{(1-\theta)}{(1-\theta p)} \tag{7-18}$$

假设 V_H 和 V_L 值固定，且 $V_H - V_L > 0$，品牌信号的效用程度主要取决于 θ 和 p 两个变量。一方面，只要 $\theta \neq 1$，即存在信息不对称，$R > 0$，说明区域劳务品牌是具有效用的，说明区域劳务品牌发挥了在信息不对称市场中的信号传递作用，只要存在信息不对称和劳动力质量良莠不齐现象，品牌就有存在的必要；另一方面，p 值越大品牌信号效用越大，即品牌信号有效性越强，也就是说越多的高质量劳动力采取品牌策略，则品牌的信号有效性就越强，雇主消费者剩余就会越大。由此也可以看出，在信息不对称条件下的劳务市场中，区域劳务品牌能够增加雇主消费者剩余，从而提高社会整体福利。

四、区域劳务品牌的甄别机制

上述分析已表明，在工资与成本既定的情况下，品牌收益越大，就会有越来越多劳动力参与品牌，并以品牌的形式转移，雇主的平均期望便会降低。当拥有信息者（劳动力）和缺乏信息者（雇主）的偏好和利益不一致时，劳动力就有欺骗雇主的动机，从而破坏整个信息传递机制。显然在大多数情况下，拥有信息的劳动力和缺乏信息的雇主之间的偏好与利益是不一致的。上述的模型分析表明，在信息不对称的劳务市场中，品牌信号的传递机制将解决雇佣双方的信息不对称，降低交易费用。品牌信号的作用毋庸置疑，但是否在所有的情况下都能发挥其甄别机制的作用？

1. 品牌信号机制的充分条件

区域劳务品牌要成为能够传递劳动力质量信息的信号，形成一种切实可行的信号机制，关键在于实施品牌信号必须是有成本的行为，而且对于不同质量的劳动力，成本代价必须有所差异。否则，低质量劳动力会与高质量劳动力发出同样的信号，以伪装成高质量劳动力进入劳务市场，从而使品牌的信号机制失效。由此，成本代价差异可以理解为品牌作为一种信号机制产生作用的充分条件。

品牌的成本包括沉入成本和未来成本。沉入成本中包含先期对品牌推广的广告、产品设计、包装差异化等费用。而未来成本是指一旦被发现所传递信息与事实不符，将受到市场惩罚而蒙受的损失，其中，包括消费者对该产品的不良口碑传播、执法管理部门的惩罚等。除此之外，受到惩罚的经营者不仅会丧失高质量产品消费群，而且也会丧失低质量产品消费群[259]。因此，低质量劳动力实施品牌信号的成本必然高于高质量劳动力，这也为图7-12中品牌成本是产品质量的线性减函数图形提供了解释。

产品质量信息的有效传递关键在于如何通过信号成本建立进入壁垒，即要使品牌的信号机制存在并有效，必须是建立品牌有着不菲的成本，且不同质量的劳动力的该项成本有不小的差别。当然，雇主最终仍然是这种信号的成本买单者，雇主愿意承担的信息成本与雇主搜寻信息努力成正比关系。品牌信号机制提高雇主雇用到高质量劳动力的可能性，能保护高质量劳动力的转移积极性，并激励低质量劳动力通过增加自身素质和参加教育培训提高为高质量劳动力。以品牌作为甄别信号，品牌建立的最佳结果是形成高质量劳动力建立品牌，低质量劳动力放弃品牌的良性的市场模式。同建或同不建都是没有意义的，而高质量劳动力放弃品牌市场更是不利于劳动力和雇主整体利益的。

2. 品牌信号甄别机制的条件分析

继续沿用上述基础假设，假设劳务市场中的劳动力质量类型 $Q \in [Q_L, Q_H]$，Q_L 和 Q_H 分别表示低质量劳动力和高质量劳动力，其中，$Q_H > Q_L > 0$；劳动力自身知道真实质量，但雇主只知道高质量产品和低质量劳动力的概率分别为 θ 和 $1 - \theta$；高质量劳动力和低质量劳动力的单位成本分别为 C_H 和 C_L，由于高质量劳动力接受的教育和培训高于低质量劳动力，因此，满足 $C_H > C_L > 0$；雇主通过雇用高质量劳动力和低质量劳动力获得的效用分别为 V_H 和 V_L，其中，$V_H > V_L > 0$，令劳动力的工资水平为 W。

补充劳动力决策假设：令劳动力参与品牌决策为 s，当 $s = 0$ 时，农村劳动力不以品牌形式转移；当 $s = 1$ 时，农村劳动力以品牌形式转移，且付出的品牌信号的成本为 B，高质量劳动力的品牌信号成本为 B_H，低质量劳动力的品牌信号成本为 B_L，由上述分析可知，$0 < B_H < B_L$。

如果雇用行为达成，劳动力受益为 $E_{\pi_1} = W - B - C$；消费者剩余为：$E_{\pi_2} = V - W$。这里仅讨论贝叶斯均衡中的一种情况，即最优情况：满足低质量劳动力不以品牌形式转移，高质量劳动力以品牌形式转移条件，只有在该条件下品牌的甄别机制才可以充分地发挥作用。即雇主认为非品牌劳动力一定低质量，因而愿意支付工资 $W_{s=0} = V_L$；为品牌劳动力提高质量，因而愿意支付工资 $W_{s=1} = V_H$。

给定策略，不同类型劳动力的品牌战略得益如下：

（1）高质量劳动力。以品牌形式转移并被雇用的得益 $\pi_{s=1} = W_{s=1} - B_H - C_H$；不以品牌形式转移劳动力被雇用的得益 $\pi_{s=0} = W_{s=0} - C_H$。此时，$\Delta \pi = \pi_{s=1} - \pi_{s=0} = V_H - V_L - B_H > 0$，所以需满足：$V_H - V_L > B_H$。

（2）低质量劳动力。以品牌形式转移被雇用的得益 $\pi_{s=1} = W_{s=1} - B_L - C_L$；不以品牌形式转移劳动力被雇用的得益 $\pi_{s=0} = W_{s=0} - C_L$。此时，$\Delta \pi = \pi_{s=1} - \pi_{s=0} = V_H - V_L - B_L < 0$，所以需满足：$V_H - V_L < B_L$。

只有满足 $B_H < V_H - V_L < B_L$ 时，才能形成高质量劳动力以品牌形式转移，低质量劳动力不以品牌形式转移的均衡形式。可以理解为，不同质量劳动力给雇主带来的效益差异既不能太大也不能太小，如果差异太小，雇主雇用什么样质量的劳动力都无所谓，就不需要传递劳动力质量的信号机制了，也没有以品牌形式转移的必要；如果差异太大，品牌失去了传递信号的意义。因此，$B_H < V_H - V_L < B_L$ 这一条件可以称为品牌信号具有完全甄别机制的充分必要条件了，具有很强的现

实意义。因此，作为品牌信号机制的最优实施条件为 $B_H < V_H - V_L < B_L$，在高质量和低质量劳动力给雇主带来效用差值不变的情况下，增大低质量劳动力以品牌形式转移的成本和减少高质量劳动力以品牌形式的成本都将使品牌信号更大程度地发挥劳动力市场的质量甄别功能，解决信息不对称所导致的劳务市场失灵问题，从而降低交易成本。

3. 甄别模型结论与分析

模型分析结果认为品牌信号在劳务市场中是可以发挥其对劳动力质量的甄别作用，同时基于成本代价差异理论放宽模型假设的进一步分析结果表明，甄别机制作用的发挥是有条件的。品牌信号甄别机制的最优实施条件为 $B_H < V_H - V_L < B_L$，即在高质量和低质量劳动力给雇主带来效用差值不变的情况下，加大低质量劳动力以品牌形式转移的成本和减小高质量劳动力以品牌形式转移的成本都将使品牌信号更大程度地发挥劳务市场中劳动力的质量甄别功能，解决信息不对称所导致的劳务市场失灵问题。为了使区域劳务品牌的甄别机制发挥更大的作用，可以从以下四个方面采取措施，以加大 B_L 和减小 B_H。

第一，加大区域劳务品牌的规范化和标准化力度。尽管劳务品牌的建设在2003年就已经开始，但始终没有得到政府和社会的足够重视，很多劳务品牌虽然建设已久，但难以形成明确的品牌核心价值，甚至因标准化和规范化缺失而逐渐在市场中消失，在很大程度上减少了其他劳动力模仿该品牌的成本。

第二，加大假冒区域劳务品牌的惩罚和查处力度。对于产品品牌的假冒情况，目前市场已形成了成熟的惩罚制度，应将劳务品牌也纳入该程序中，基于已有劳动品牌的规范化和标准化要求对劳动力市场实行定期的抽查和检验，对于不合要求的劳动力及其机构予以警戒和惩罚。

第三，加大地方政府对品牌劳动力的补贴力度。对于打造区域劳务品牌的地方政府、企业和中介机构及组织进行适当的政策倾斜，使政府、企业和中介机构等组织有针对性地组织品牌劳动力的技能培训，通过市场导向和政企合作的形式转嫁培训成本，降低以品牌形式转移劳动力的转移成本。

第四，加快品牌劳动力市民化过程。农村劳动力转移的最终结果是逐渐融入到二元城乡统一的城镇化过程中，农村转移城镇就业劳动力的逐渐市民化是必然趋势，而目前的市民化成本极高，普遍的农民工市民化不具有现实可行性。逐步将转化成本较小的已具规模和良好口碑的品牌劳动力市民化，既避免了市民化可能带来的城市贫民窟问题，又间接降低了品牌的建设成本和劳动力的转移成本。

本章小结

本章以宏观、中观和微观三个层面为研究路径，分析了区域劳务品牌对农村劳动力转移的作用，阐述了在农村劳动力转移中如何使区域劳务品牌的作用得以更好地发挥。宏观和中观层面的研究认为，地方政府在区域劳务品牌构建和组织化运行过程中起到了重要作用，并对职能进行了明确定位：构建阶段，地方政府起决定性作用；运行阶段，变政府主导推动为政府引导服务，使劳务输出由政府推动型向市场运作型转变。结合理论与案例分析，提出了地方政府在加强区域劳务品牌组织化运行和发展需要构建的五大体系：构建高效的公共服务体系；构建有力的权益维护体系；构建完美的质量监控体系；构建健全的跟踪服务体系；构建完善的就业培训体系。微观层面的研究认为，区域劳务品牌在信息不对称的劳务市场中起到了信号传递作用，通过劳务品牌的功能模型证明了其作用，并通过模型分析了区域劳务品牌的甄别机制条件：在高质量和低质量劳动力给雇主带来效用差值不变的情况下，加大低质量劳动力以品牌形式转移的成本或减小高质量劳动力以品牌形式转移的成本，都将使区域劳务品牌信号更大程度地发挥在劳务市场中的劳动力质量甄别功能。

第八章 区域劳务品牌推进中国农村劳动力转移的建议

区域劳务品牌的现实意义在于进一步推进中国农村劳动力转移，解决目前具有中国特色的农村劳动力转移所面临的问题。本章从区域劳务品牌推进中国农村劳动力转移角度入手，结合本书前述提出的相关问题和各模型研究结论，提出了发展和完善区域劳务品牌的对策建议，以及通过多元化的手段推进中国农村劳动力转移问题的相应政策建议，为区域劳务品牌的全面发展和中国农村劳动力转移提供了一个新思路与方向。

第一节 区域劳务品牌发展与完善的对策建议

一、强化劳务品牌意识

综观中国产业化发展过程，产品竞争一般要经历品种竞争、品质竞争和品牌竞争三个过程。特别是随着人们收入水平和生活质量的提高，品牌在消费者心目中的位置与日俱增，优质的产品若没有出众的品牌意识，难以在市场上长久立足。劳务品牌尽管与产品品牌的三体不同，但同样进入市场中进行资源配置，均属于被选择对象，特别是在信息不对称的劳务市场中，品牌将发挥其更大的作用。雇主和用工企业通过认知品牌、识别品牌和选择品牌，大大提升了农村劳动力的雇佣效率和雇佣的稳定性。

对于中国的农村劳动力转移而言，要实现农村劳动力有序转移，提升农村劳动力在劳务市场中的竞争力，实现以品牌形式的农村劳动力转移，关键在于强化劳务品牌意识。劳务品牌意识的强化不仅局限于劳动力自身，也是劳动力品牌的构建主体的品牌构建积极性与使命感，更重要的是劳务市场中雇主与用工企业对劳务品牌的认知程度和认可程度。只有供求双方的品牌意识都得到有效强化，才能使劳务品牌在农村劳动力转移过程中真正发挥其应有的作用。对于农村劳动力这个劳务品牌载体而言，需要摒弃其传统的转移观念，以区域为单位接受独特技能的劳务品牌培训和品牌打造，实现标准化品牌技能保障，通过对农村劳动力的有效引导，逐渐使构建区域劳务品牌的理念深入人心，提高农村劳动力品牌形式转移的主观意愿；对于劳动力供给方而言，劳务品牌的构建和运营主体可能是地方政府，也可能是行业协会或劳务企业，应充分整合并发挥其职能作用，特别是对于地方政府而言，通过更新理念和树立品牌意识，要将创建区域劳务品牌真正作为一项重要工作来抓，提到工作日程上来；对于劳务品牌的需求方而言，在信息不对称的劳务市场中，雇主和用工企业通过了解品牌的独特性和优越性，逐渐将对农村劳动力的选择转向品牌劳动力，逐渐体会到劳务品牌的选择可以降低交易成本并提升选择效率。以上几方面的劳务品牌意识的共同提升，将保障劳务品牌形式的农村劳动力转移的高效性和稳定性，促进越来越多的农村劳动力以品牌形式转移，使以农村劳动力为主体的劳务品牌意识真正深入人心。

二、发挥政府主导作用

正如第七章模型论述的那样，在区域劳务品牌的构建过程中，地方政府起着不可替代的作用。在区域劳务品牌的构建阶段，地方政府起决定性作用。根据本书的实证典型案例，认为地方政府的主导作用在构建阶段主要体现为组织者角色。

地方政府作为区域劳务品牌的组织者，应为区域劳务品牌建立品牌领导机构。鉴于目前劳务品牌产权的缺失，应由地方政府牵头，以当地人力资源和社会保障局为职能依托，将其作为区域劳务品牌的所有者。在中国，劳务品牌的研究与讨论等都是由中国促进会举办，而其主管单位为人力资源和社会保障厅。因此，将区域劳务品牌归属于地方人力资源和社会保障局，必将提高区域劳务品牌的政策把握和管理效率。人力资源和社会保障局需要设立单独的区域劳务品牌办公室进行品牌的相关工作。地方政府应与人社局的相关品牌负责人成立"区域劳务品牌工作领导小组"。由于劳务品牌的构建与发展涉及多个职能部门，应由地方政府牵头，充分整合区域内各方面资源，避免品牌管理职能机构的职能交叉，通过统一领导构建区域劳务品牌。

另外，在全国层面也应该形成统一的纵向管理机构，形成职能明确的区域劳务品牌管理体系和层次明晰的领导管理体系。地方政府作为区域劳务品牌的组织者，还有一个重要的作用就是需要结合地方特色制定区域劳务品牌发展规划。规划的研究和制定由"区域劳务品牌工作领导小组"负责。规划的研究和制定需要符合国家有关政策，适应地方的相关规划和整体战略，在此基础上形成区域劳务品牌构建和发展的指导思想、战略目标、战略方针和具体措施等。只有地方政府从宏观层面充分利用区域内的相关资源，整合各职能机构力量，才能建设具有地区技能和品格特色的区域劳务品牌。

三、发挥政府服务职能

第七章的模型结论显示，在区域劳务品牌的发展阶段，政府主导推动职能要转型为政府引导服务，劳务输出由政府推动型向市场运作行转变。地方政府作为区域劳务品牌的管理者，更重要的在于转变主导职能为管理服务职能。

区域劳务品牌在构建之后将进入劳务市场，在市场化的运作过程中，地方政府需要培育、扶持和发展劳务派遣机构和劳务经济人，变地方政府主导推动为政府引导服务，使劳务输出由政府推动型向市场运作型转变。地方政府部门和市场主体应明确各自定位，市场主体运用市场化理念及经营方式发展品牌，地方政府部门集中精力搞好指导、服务、规范和监督工作，推进劳务品牌的实体化建设，逐步形成在地方政府引导和管理下，市场主体的市场化运作的劳务品牌发展格局，从而推动劳务品牌向更高层次发展。

地方政府的服务职能主要体现为：在劳务品牌的输出地建立劳务维权联络站，及时解决劳务纠纷，帮助异地打工的品牌劳动力进行劳动权益维护和法律法规咨询；在劳务品牌主要输出地建立驻外输出办公室，对输出的劳务品牌进行全方位服务，协调解决子女教育等问题；定期开展回访活动，了解品牌劳动力的就业情况。地方政府管理和服务职能的充分发挥是区域劳务品牌顺利运行的重要基础，直接影响劳务品牌的声望与发展。

四、加强劳务教育培训

区域劳务品牌的载体是农村劳动力本身，交易的对象是依附于劳动力的劳务技能。正如前面描述的，劳务品牌的核心是劳动力的高水平职业技能和高质量的服务水平，除此之外还有良好的文化素质和职业道德。在中国农村劳动力教育水平和文化素质相对较低的状态下，加强劳务品牌的基础文化教育是构筑区域劳务品牌稳定根基的关键。针对这一方面，地方政府需要继续加大农村基础教育力度，保证农村劳动力都能享受到九年义务教育红利，提升农村劳动力的整体文化素质。

教育水平的提升是一个长期的过程。要想通过劳务品牌转移农村劳动力匹配技术进步带来的劳动力高技能的需求，就需要有针对性地进行劳动力的技能培训，从而在短时间内培养出具有区域独特技能和岗位需求的品牌劳动力。劳务品牌的技能培训要结合区域的优势资源形成集约化和专业化模式，以市场需求为导向，充分整合现有的各类职业培训和教育资源，形成覆盖城乡的劳务输出职业技能培训体系。要逐步将培训重心下移，推动乡镇及农村劳动力培训基地的建立，减少中间环节和降低培训成本，使农村劳动力近距离掌握就业技能。要采用引导培训、定向培训、订单培训和储备培训等多元化培训方式，实现技能培训、市场需求和组织输出的有机结合。只有充分提高了劳动力的文化素质和专业技能，才能保障劳务品牌的长久发展，特别是具有技术壁垒的劳务品牌更能增加农村劳动力转移务工的市场竞争力，从而以品牌形式实现农村劳动力由体力型向技能型的转变，产生良好的市场效应和品牌效应，进而带动区域劳动力积极参与品牌的技能培训和品牌的输出工作。

五、加强品牌质量监督

标准化是一个品牌得以长久发展和扩大影响的关键因素，对劳务品牌而言，加强品牌的质量监督和标准化输出，是树立和维护区域劳务品牌良好形象的根本。在区域劳务品牌进入劳务市场之前，要把握好品牌劳动力标准化；在区域劳务品牌进入劳务市场之后，要时刻进行品牌质量监督。

要做好对区域劳务品牌的标准化管理和质量监督，就要建立劳务品牌的质量监督机构，制定劳务品牌的统一的认定标准，通过系统性的衡量标准和规范性的运作，保证劳务品牌的一致性。在劳务输出前严把输出关，对劳动力的质量、素质及品格进行监控，输出符合品牌标准的劳动力。在劳务品牌的发展过程中，时刻监督劳务市场情况，将品牌的品质认知作为劳务品牌发展的重要环节，避免滥用和乱用品牌的情况发生。对于市场上出现假冒和滥用区域劳务品牌的农村劳动力，要加大惩罚力度，保证劳务市场的品牌可靠性。另外，随着技术进步和产业调整以及人们生活水平的提升，关于劳务品牌的要求也将越来越高，劳务品牌的标准化水平应针对市场需求进行动态的调整，以保障不同雇主和用工企业的具体需求。因此，应对品牌劳动力群体不断进行技能和品牌等业务的提升。对劳务品牌进行人员监控，保证每一个劳务品牌在质量管理机构都登记在册，并进行定期的抽查和质量监督，这将提升劳务市场中品牌劳动力的质量稳定性。

六、规范区域劳务品牌

随着市场经济的发展，农村劳动力和地方政府逐渐意识到了品牌的重要性。自 2003 年第一个劳务品牌"川妹子"的注册，短短的十年间，区域劳务品牌数量就达到 500 个左右。但通过 2007 年以来的劳务品牌展销大会、劳务品牌研讨会和劳务品牌调研发现，如此之多的区域劳务品牌，不但规模参差不齐，而且重复品牌时常发生。例如，在 2009 年评选的十佳劳务品牌中的"潜江裁缝"，在 2007 年的全国劳务品牌展示交流大会中却没有被提及，与之类似的品牌被称为"荆楚裁缝妹"。到了 2019 年的品牌风云录中很多品牌甚至在之前并未提及。品牌名称的混乱使体现区域特征的劳务品牌很难形成合力，各自为政的劳务品牌的质量标准自然参差不齐，严重影响品牌在雇主心目中的形象。

规范区域劳务品牌就是将一个区域劳务品牌同一技能特色的劳动力规范整合成同一劳务品牌，规范化以"地名 + 技能"表现，形成统一的劳务品牌。在规范区域劳务品牌的同时，整合区域劳务品牌也是关键步骤。在中国就业促进会的成果实录中，可以发现现实劳务品牌区域重合的现象。以河南省的安阳建筑和林州建筑为例，前者是河南省十大知名品牌之一，后者是中国十佳劳务品牌之一，从行政和地域划分来看，林州是中国河南安阳市的县级市，对于区域劳务品牌而言，安阳建筑在某种程度上涵盖了林州建筑。针对这种情况，应该以上级单位为主导整合区域的有限资源，对劳务品牌的区域进行明确划分，通过整合凸显地方特色，从而确立大品牌的市场位置。规范整合区域现有劳务品牌，形成统一的管理和规划，有利于相关机构的领导、组织和质量监控，更重要的是有助于提升区域劳务品牌的市场竞争力，以使其在雇主和用工企业心目中形成规范和完整的形象。

七、整合品牌管理机构

结合第七章分析可以看出，劳务品牌的申报机构分为人力资源、社会保障厅局、人社局下属单位、地方政府部门、非政府组织、企业和学校六类。虽然地方的劳动局均隶属于地方人力资源和社会保障厅局，但目前仍存在劳动就业局等机构，其行使职能与部分地区的劳动就业处相同。这些不同的部门名称会给劳务品牌的发展带来一定的影响。地方政府应以人社部为主导，统一部门名称与职能，对劳务品牌的发展进行规范一致的管理职能划分。随着劳务品牌的发展和壮大，地方政府职能必然发生转变，多元化的劳务品牌机构将进入市场，多元化的机构和职能机构的参与势必产生工作中的重复和业务的真空问题，造成资源浪费。

鉴于上述分析，笔者建议，地方政府应让"区域劳务品牌工作领导小组"牵头，以地方人社局为依托，整合区域劳务品牌的相关职能部门，协调各机关单位的相互关系，协调好地方培训机构、行业协会和劳务输出企业的关系，明确各方面在劳务品牌构建和发展过程中的职能分配，避免产生职能的重合。从而形成区域劳务品牌构建与发展的一体化管理和层次明晰的职能管理体制，提高区域劳务品牌管理和服务效率，推动区域劳务品牌走向规范化的成熟发展轨道。

八、加强品牌宣传推广

随着现代社会的发展，品牌的运作不能像从前那样放任自流，"酒香不怕巷子深"的时代已经过去。品牌需要通过宣传、推广等专业化运作，从而使众多客户了解和认知品牌。劳务品牌较产品品牌更难体现其内在的品质，雇主和用工企业关注的技能和服务难以从劳动力表面看出，此时品牌的宣传和推广就显得尤为重要。

区域劳务品牌的宣传和推广也离不开地方政府的作用，各级政府应利用多种渠道和多种方式实现劳务品牌的宣传与推广。例如，地方政府可以以劳务品牌的中介机构、行业协会和劳务企业为依托，通过举办劳务合作洽谈会和人才招聘会等方式向雇主和用工企业推广区域劳务品牌；举办区域劳务品牌的专门品牌推介发布会；通过网络、电视等多种媒介手段来宣传典型品牌代表，提高品牌的社会声誉；在重点输入城市建立品牌办事处和服务机构，在输入地建立区域劳务品牌基地；与经济发达地区的用工企业形成长期的劳务品牌雇佣机制，带动区域劳务品牌的进一步输出。这样相应的宣传和推广，辅以广告、公共和活动等品牌营销手段，将逐步建立起区域劳务品牌的知名度和美誉度。

第二节　区域劳务品牌推进农村劳动力
转移的政策建议

区域劳务品牌的构建与发展为解决中国农村劳动力转移问题提供了一个新的思路与手段。中国农村劳动力进一步转移是一个复杂的过程，尽管区域劳务品牌在一定程度上推进了中国农村劳动力转移，但在此过程中离不开地方政府和社会多方面的配合与支持，特别是国家层面的宏观制度调控。从国家的宏观层面而言，针对中国农村劳动力转移的独特性和中国社会的发展趋势，很多相关政策和制度对农村劳动力转移的约束已经开始松动。但由于资金、素质等种种因素限制，农村劳动力转移并未充分发挥其应有作用。本节从宏观层面入手，提出一些区域劳务品牌推进农村劳动力转移的相应政策建议，良好的区域劳务品牌发展也将为这些政策建议提供更具现实的可行性。

一、转变政府职能，构建统一劳动力市场

在中国的计划经济时代，政府扮演着强权干预角色，这导致了中国的二元经济结构的加大，并形成了大量的农村劳动力。如果没有政府的干预，资源配置将按照市场决定，实现更加合理和有效的配置。改革开放之后，农村劳动力逐渐实现了自由流动，很多政府的强制性制度羁绊逐渐放宽，但政府的角色并没有完全转变。历史的教训和发展也证明了市场经济是中国发展的必然，中国农村劳动力转移也必将走市场化配置模式。

在中国农村劳动力转移的市场化之路上，政府的职能要符合市场经济的要求，逐渐在劳动力转移的过程中由主导型向服务型转变。其主要的职能是对市场经济运行大环境的管理和防止出现市场失灵问题，而不是一味地停留在对劳动力转移的政府计划控制上。政府的职能要时刻贴近市场经济条件需求，为市场经济下的中国农村劳动力转移提供一个良好的环境和转移平台，在理性农村劳动力的自由支配作用下，实现劳动力自由的优化配置，依靠市场规律实现中国农村劳动力的转移。此时需要建立城乡统一和公平竞争的劳动力市场，否则将难以实现中国农村劳动力的真正市场化转移。本书研究的区域劳务品牌的健康、合理发展也

正基于这一平台，其出现也是在市场经济逐渐成熟和发展状况下专业化分工的必然结果，品牌劳动力进入市场更需要政府转变职能，这样有利于构建城乡统一的劳动力市场，实现农村劳动力的自由流动和配置。

二、深化制度改革，健全劳动力社会保障

自 1958 年以来，户籍制度就是阻碍中国农村劳动力转移的重要障碍。党的十八大以来，中央一直强调改革，其改革现有的户籍制度就是统一城乡劳动力市场和实现农村劳动力转移必要措施。二元户籍制度的取消并不是取消现有城镇居民的利益，而是要让农民获取相同的利益。更深层次的制度改革就是户籍制度下的城乡福利体系和社会保障的改革，应逐渐将户籍制度与福利松绑，形成城乡统一的社会保障体制和福利保障制度。

自新中国成立以来，中国便开始发展工业化，而真正的农村劳动力转移在改革开放后才开始启动，这便在二元户籍背后形成了城镇化滞后于工业化的现象。尽管农民工市民化是解决城镇化滞后于工业化的有效手段，但较高的工业化资本有机构成必然带来较高的劳动力技能需求，如果没有与之匹配的农村劳动力，放宽户籍制度很可能导致大量低素质原生劳动力涌入城市，而产生"城中村"现象。由此便会出现进城农村劳动力被城市边缘化、沦为城中新贫民的情况。正是基于这种顾虑，中国到目前为止也没有完全放宽户籍制度。

农村劳动力转移的最终结果必然是使其逐渐融入到二元城乡统一的城镇化过程中，农村转移城镇就业劳动力的逐渐市民化是必然趋势。由于目前的市民化成本极高，因此，普遍的农民工市民化不具有现实可行性。如何让真正符合条件的农村劳动力有序实现市民化已成为城镇化的首要任务，区域劳务品牌的出现为农民工市民化提供了可能，逐步将转化成本较小的已具规模和良好口碑的品牌劳动力市民化，既避免了市民化可能带来的城市贫民窟问题，又间接降低了品牌的建设成本和劳动力的转移成本。同时，区域劳务品牌为中国的制度改革和健全劳动力的社会保障提供了一个全新的突破口。

三、发展城镇经济，优化劳动力就业环境

农村劳动力转移是由农业部门向非农部门转移，由于农村的推力和城镇的拉力，很多农村劳动力转移到了城镇的非农部门，城镇经济的发展对农村劳动力转移起到了至关重要的作用。城镇经济的发展并不是以牺牲农业为代价的，考虑城

镇经济发展的同时，也要考虑解决三农问题。大力发展城市经济和第二、三产业，将大大促进中国农村劳动力转移，一定程度上解决中国目前的三农问题。

城镇经济的发展为农村劳动力转移就业提供了更多的机会，同时城镇就业环境制约着劳动力转移城镇就业。本书对于转移成本的论述中强调了成本对劳动力转移的影响，而优化就业环境能够通过降低劳动力转移成本吸引农村劳动力的转移就业。要优化劳动力就业环境、首先要解决农民工和城镇工同工不同酬的问题，以加强农民工的生活和工作的保障，从而消除用工企业和雇主对农村劳动力的歧视。这些无法量化的转移成本难以降低，由此带来的是就业环境难以改变。目前，农民工为中国的城镇化建设做着重要的贡献，但他们却没有得到应有的待遇。农民工的低素质、低技能导致其在城镇中仍为弱势群体。而区域劳务品牌可以降低劳动力转移城镇就业的心理成本等转移成本，通过组织化输出模式使品牌劳动力享有同城镇居民相同的待遇和就业环境。在保障雇用和权益的同时，高技能特征也使品牌劳动力不再在城镇中从事低层次工作，这也从客观上改变和优化了城镇就业环境。另外，随着品牌劳动力对就业环境要求的提升，地方政府、用工企业和雇主不得不通过优化就业环境来吸引劳务品牌的进入。

四、改革土地制度，实现土地规模化经营

土地作为农业发展的根本性生产要素，决定了农村劳动力转移的转出和回流，如果不能很好地解决农村的土地问题，就难以从根本上解决中国的农村劳动力转移问题。目前转移城镇的农村劳动力由于受到制度、保障等因素限制，单纯地实现了从业的城镇化，并没有从根本上实现人的城镇化。农村劳动力随着年龄的增长、家庭负担的加重，逐渐回流到农村已成必然，因为土地是他们生活的根本保障。同时，在农村劳动力转移到城镇就业时，对于家庭土地的处理大多具有矛盾心理，既不愿意放弃土地的承包权，又难以找到合适的人帮助经营土地，以此造成了土地资源的浪费和经营效率的下降。

农村劳动力之所以不愿意放弃土地，很大程度上在于他们并没有将其打工的城市作为自己未来真正生活的场所，较低的收入和制度保障壁垒使其难以在城市长期生活和定居。区域劳务品牌靠其较高的收入和良好的社会保障，一方面，较普通劳动力更容易定居城镇，其对土地的矛盾心理将小于普通劳动力；另一方面，将这部分劳动力逐步市民化，使其放弃农村承包的土地，更容易实现农村土地的规模化经营，但这要以改革现有的土地制度为前提。在中国，只有在明确土

地现有的权责关系的基础上，实现了土地的承包权流动，才能实现土地的规模化经营。另外，在农村劳动力心目中，土地是他们的命根子，是他们一生中生活的根本保障，如果农村劳动力没有找到土地的替代品，即使土地制度松动，农村土地的承包权也很难产生流动。因此，笔者认为，此时可以保持外出农村劳动力与农村土地的动态双向关系。即农村劳动力转移，土地的经营权可以出售和转移；农村劳动力回流，可以收回土地经营权。改革土地制度，实现土地规模化经营是中国农村未来的发展方向。这样才能使农村劳动力真正实现由农民向产业工人的转变，真正实现农民工市民化，这才是解决城镇化和中国农村劳动力的根本。区域劳务品牌为农村劳动力的长久稳定转移提供了思路，也为土地制度改革和土地的规模化经营提供了现实条件。

本章小结

本章在全文相关问题和模型研究结论的基础上，提出了发展和完善区域劳务品牌的八点对策建议：强化劳务品牌意识；发挥政府主导作用；发挥政府服务职能；加强劳务教育培训；加强品牌质量监督；规范区域劳务品牌；整合品牌管理机构；加强品牌宣传推广。结合区域劳务品牌的现实可行性，从总体战略层面提出了区域劳务品牌推进中国农村劳动力转移的四点政策建议：转变政府职能，构建统一劳动力市场；深化制度改革，健全劳动力社会保障；发展城镇经济，优化劳动力就业环境；改革土地制度，实现土地规模化经营。

结　论

根据本书的研究思路和逻辑关系，形成了如下主要结论：

（1）本书在回顾中国农村劳动力的发展历程基础上，分析了各个阶段农村劳动力转移的特点，通过对近些年农村劳动力转移的现实数据的分析，归纳出中国农村劳动力转移的四个突出特点：经济因素成为劳动力转移的主要力量；农村劳动力无限供给时代即将终结；农村劳动力成本已经进入上升通道；雇用形式成为劳动力转移主要形式。通过对区域劳务品牌状况的多方面具体分析，从五个方面总结了区域劳务品牌存在的共性问题：区域劳务品牌的发展意识薄弱；各区域省份劳务品牌发展不平衡；区域劳务品牌多而杂；区域劳务品牌运行主体混乱；区域劳务品牌认证体系不健全。

（2）本书从供给与需求角度对中国农村劳动力转移进行了更深入的研究。在宏观层面上，就业偏离度的分析认为，中国农村劳动力仍具转移空间和潜力；就业弹性的分析认为：第三产业将成为吸纳农村劳动力的主要产业。微观层面的分析认为，中国农村劳动力转移意愿呈上升趋势，但这一结果有悖于呈下降趋势的中国农村劳动力转移速度。宏观与微观结合的研究表明，中国之所以出现农村劳动力转移过程中的供需矛盾，主要是由于农村的低技能原生劳动力无法满足技术进步与产业调整中非农产业的劳动力需求。以技术进步对农村劳动力转移影响的实证分析也证实了这一观点，结论表明：尽管农业全要素生产率的提升将推动农业部门劳动力的转移，但非农全要素生产率的提升对农村劳动力的转移就业效果不明显。在这种背景下，区域劳务品牌形式的农村劳动力转移将有效地化解这一矛盾，促进中国农村劳动力持续和有序地转移。

（3）本书分别运用结构主义方法、新古典主义方法和新经济地理学理论阐述了区域劳务品牌对农村劳动力转移的影响机理。结构主义方法认为，区域劳务品牌将有效地填补农村劳动力的吸纳缺口，其品牌承诺度是弥补缺口的关键因素。新古典主义方法认为，品牌劳动力较普通劳动力更具转移动力，特别是降低转移成本将更有利于促进农村劳动力转移。新经济地理学理论认为，劳动力转移与工业品消费支出、消费者多样性偏好、品牌外部性强度和品牌劳动力比重均正相关，与转移成本负相关。品牌劳动力较普通劳动力可承受更高的转移成本，已有的区域劳务品牌也将促进劳动力的集聚，品牌劳动力比重的增加更将激励普通劳动力向品牌劳动力提升，更容易实现农村劳动力转移。

（4）本书将新经济地理学理论和 H－T 模型相结合，建立了农村劳动力转移模型，分析了区域劳务品牌对农村劳动力转移的作用效果。结果表明，尽管降低转移成本对农村劳动力转移大多指标都是正向影响，但会降低城市就业率，而区域劳务品牌将有效地缓解这一现象。将区域劳务品牌和农村劳动力转移成本降低相结合将有效地促进农村劳动力转移。通过对中国农村劳动力转移成本的分析，总结了转移成本上升的原因，分别为：宏观层面的产权弱化、中观层面的组织缺失以及微观层面的信息不对称。这也为区域劳务品牌对农村劳动力转移的作用研究提供了分析路径。

（5）本书以宏观、中观和微观三个层面为研究路径，分析了区域劳务品牌对农村劳动力转移的作用发挥。宏观和中观层面的研究认为，地方政府在区域劳务品牌构建和组织化运行过程中起到了重要作用，并对地方政府职能进行了明确定位：构建阶段，地方政府起决定性作用；运行阶段，变政府主导推动为政府引导服务，使劳务输出由政府推动型向市场运作型转变。结合理论与案例分析，提出了地方政府在加强区域劳务品牌组织化运行和发展需要构建的五大体系，即构建高效的公共服务体系、构建有力的权益维护体系、构建完美的质量监控体系、构建健全的跟踪服务体系、构建完善的就业培训体系。微观层面的研究认为，区域劳务品牌在信息不对称的劳务市场中起到了信号传递作用，通过劳务品牌的功能模型证明了其作用，并运行模型分析了区域劳务品牌的甄别机制条件：在高质量和低质量劳动力给雇主带来效用差值不变的情况下，加大低质量劳动力以品牌形式转移的成本或减小高质量劳动力以品牌形式转移的成本，都将使区域劳务品牌信号更大限度地发挥在劳务市场中的劳动力质量甄别功能。

（6）本书在相关问题和模型研究结论的基础上，提出了发展和完善区域劳务品牌的八点对策建议：强化劳务品牌意识、发挥政府主导作用、发挥政府服务职能、加强劳务教育培训、加强品牌质量监督、规范区域劳务品牌、整合品牌管理机构、加强品牌宣传推广。结合区域劳务品牌的现实可行性，从总体战略层面提出了区域劳务品牌推进中国农村劳动力转移的四点政策建议：转变政府职能，构建统一劳动力市场；深化制度改革，健全劳动力社会保障；发展城镇经济，优化劳动力就业环境；改革土地制度，实现土地规模化经营。

沿着本书的研究思路，尚有很多具体问题需要进一步研究：

尽管本书假设的农村劳动力为完全理性的，但实际上的农村劳动力是有限理性的，放宽假设条件将更准确地分析和解释中国农村劳动力转移问题。未来的研究还可以针对区域劳务品牌建立价值评价体系并进行价值量化，以此为变量进行区域劳务品牌对劳动力转移规模和结构影响的实证研究。当然，关于区域劳务品牌研究的丰富与深入不仅限于此。研究不应仅仅局限于其对农村劳动力转移影响的研究，更应注重区域劳务品牌对中国城镇化、工业化和农业现代化方面影响的研究，将区域劳务品牌的研究提升至影响城镇化良性发展、规避"超前城市化"的层面上去，逐步关注城市劳动力就业、再就业问题及跨国劳务等。这些都有待于笔者今后的进一步研究。

参考文献

［1］Minami R. The Turning Point in the Japanese Economy ［J］. The Quarterly Journal of Economics，1968，82（3）：380 – 402.

［2］蔡昉，王美艳. 农村剩余劳动力及其相关事实的重新考察——一个反设事实法的应用［J］. 中国农村经济，2007（10）：4 – 12.

［3］王美艳. 农民工还能返回农业吗？——来自全国农产品成本收益调查数据的分析［J］. 中国农村观察，2011（1）：20 – 30 + 96.

［4］张晓波，杨进，王生林. 中国经济到了刘易斯转折点了吗？——来自贫困地区的证据［J］. 浙江大学学报（人文社会科学版），2010（1）：54 – 72.

［5］魏征，Marco G. Ercolani，郝睿. 解析 1965 – 2009 年中国二元经济的发展［A］//蔡昉，杨涛，黄益平. 中国是否跨越了刘易斯转折点［C］. 北京：社会科学文献出版社，2012.

［6］樊纲. 刘易斯拐点：热议下的迷惘与省思［N］. 解放日报，2010 – 09 – 19.

［7］周天勇. 中国劳动力是否过剩——刘易斯拐点来临或待 2020 年后［J］. 上海经济，2010（11）：17 – 19.

［8］毛学峰，刘靖. 刘易斯转折点真的到来了吗［J］. 金融研究，2011（8）：1 – 14.

［9］丁守海. 劳动剩余条件下的供给不足与工资上涨——基于家庭分工的视角［J］. 中国社会科学，2011（5）：4 – 21.

［10］杨继军，范从来. 刘易斯拐点、比较优势蝶化与中国外贸发展方式的选择［J］. 经济学家，2012（2）：22 – 29.

［11］李宾. 我国劳动力转移的刘易斯拐点到来了么？——基于城乡差距变

化视角［J］．当代财经，2012（12）：28 – 36.

［12］蔡昉．如何进一步转移农村剩余劳动力［J］．中共中央党校学报，2012（2）：85 – 88.

［13］Fei J C H，Ranis G．Growth and Development from an Evolutionary Perspective［M］．London：Blackwell Publisher，1997.

［14］李月．刘易斯转折点的跨越与挑战——对台湾20世纪60 – 70年代经济政策的分析及借鉴［J］．财经问题研究，2008（9）：30 – 36.

［15］汪进，钟笑寒．中国的刘易斯转折点是否到来——理论辨析与国际经验［J］．中国社会科学，2011（5）：22 – 37.

［16］姚翔宇，马威，朱伟增．刘易斯拐点与我国现实——基于CES生产函数的实证分析［J］．技术与市场，2018，25（8）：10 – 13.

［17］郭磊磊，郭剑雄．基于农业要素收益率视角的刘易斯拐点判断［J］．经济经纬，2018，35（3）：44 – 49.

［18］薛继亮．从供给侧判断刘易斯拐点：到来还是延迟［J］．中央财经大学学报，2016（9）：83 – 91.

［19］Bai Moo Ki．The Turning Point in the Korean Economy［J］．The Developing Economies，1982，20（2）：117 – 140.

［20］Brueckner J K，Thisse J F，Zenou Y．Why is Central Paris Rich and Downtown Detroit Poor？：An Amenity – based Theory［J］．European Economic Review，1999，43（1）：91 – 107.

［21］杨渝红，欧名豪．土地经营规模、农村剩余劳动力转移与农民收入关系研究——基于省际面板数据的检验［J］．资源科学，2009（2）：310 – 316.

［22］赖小琼，余玉平．成本收益视线下的农村劳动力转移——托达罗模型的反思与拓展［J］．当代经济研究，2004（2）：22 – 26.

［23］高国力．区域经济发展与劳动力迁移［J］．南开经济研究，1995（2）：27 – 32.

［24］蔡昉，都阳．迁移的双重动因及其政策含义［J］．中国人口科学，2002（4）：1 – 7.

［25］唐茂华．成本收益双重约束下的劳动力转移［J］．中国农村经济，2007（10）：30 – 39.

［26］Ten Raa T，Pan H．Competitive Pressures on China：Income Inequality and

Migration ［J］. Regional Science and Urban Economics，2005，35 （6）：671 – 699.

［27］张勇. 农业劳动力转移与经济增长的实证研究 ［J］. 经济评论，2009 （1）：42 – 47 + 68.

［28］张广婷，江静，陈勇. 中国劳动力转移与经济增长的实证研究 ［J］. 中国工业经济，2010 （10）：15 – 23.

［29］贾伟. 农村劳动力转移对经济增长与地区差距的影响分析 ［J］. 中国人口科学，2012 （3）：55 – 65 + 112.

［30］翁杰. 中国农村劳动力转移与劳动收入份额变动研究 ［J］. 中国人口科学，2011 （6）：14 – 26 + 111.

［31］杨昕. 二元户籍制度下农村劳动力转移对劳动收入占比变动的影响 ［J］. 人口研究，2015，39 （5）：100 – 112.

［32］李菁，向玲. 财政农业支出对农村劳动力转移的动态效应研究：1978 – 2011 年 ［J］. 经济问题探索，2013 （2）：32 – 37.

［33］唐颂，黄亮雄. 新经济地理学视角下的劳动力转移机制及其实证分析 ［J］. 产业经济研究，2013 （2）：1 – 9 + 84.

［34］杜鹰. 现阶段中国农村劳动力流动的群体特征与宏观背景分析 ［J］. 中国农村经济，1997 （6）：4 – 11.

［35］周天勇. 托达罗模型的缺陷及其相反的政策含义——中国剩余劳动力转移和就业容量扩张的思路 ［J］. 经济研究，2001 （3）：75 – 82.

［36］蔡昉，都阳，王美艳. 户籍制度与劳动力市场保护 ［J］. 经济研究，2001 （12）：41 – 49 + 91.

［37］欧阳峣，张杰飞. 发展中大国农村剩余劳动力转移动因———一个理论模型及来自中国的经验证据 ［J］. 中国农村经济，2010 （9）：4 – 16.

［38］王小龙，兰永生. 劳动力转移、留守老人健康与农村养老公共服务供给 ［J］. 南开经济研究，2011 （4）：21 – 31 + 107.

［39］李晓宁，姚延婷. 劳动力转移与工资差距同时扩大的"悖论"研究——基于市场分割的视角 ［J］. 当代财经，2012 （4）：5 – 12.

［40］郝团虎，姚慧琴. 中国劳动力市场结构与农村剩余劳动力转移 ［J］. 经济理论与经济管理，2012 （4）：95 – 101.

［41］Golley J，Meng X. Has China Run out of Surplus Labour？ ［J］. China

Economic Review, 2011, 22 (4): 555 - 572.

[42] 吴敬琏. 农村剩余劳动力转移与"三农"问题 [J]. 宏观经济研究, 2002 (6): 6 - 9.

[43] 李仙娥, 王春艳. 国外农村剩余劳动力转移模式的比较 [J]. 中国农村经济, 2004 (5): 69 - 75.

[44] 刘晓宇, 张林秀. 农村土地产权稳定性与劳动力转移关系分析 [J]. 中国农村经济, 2008 (2): 29 - 39.

[45] 韩家彬, 刘淑云. 土地确权对农村劳动力转移就业的影响——来自 CHARLS 的证据 [J]. 人口与经济, 2019 (5): 41 - 52.

[46] 余戎, 王雅鹏. 土地流转类型影响农村劳动力转移机制的经济分析——基于全国 2290 份村级问卷的实证研究 [J]. 经济问题探索, 2020 (3): 20 - 32.

[47] 张杰飞, 李国平, 柳思维. 中国农业剩余劳动力转移理论模型及政策分析: Harris - Todaro 与新经济地理模型的综合 [J]. 世界经济, 2009 (3): 82 - 95.

[48] Fei J C H, Ranis G, Kuo S W Y. Growth and the Family Distribution of Income by Factor Components [J]. The Quarterly Journal of Economics, 1978, 92 (1): 17 - 53.

[49] Matsuyama K. Agricultural Productivity, Comparative Advantage, and Economic Growth [J]. Journal of Economic Theory, 1992, 58 (2): 317 - 334.

[50] Pianta M, Vivarelli M. The Employment Impact of Innovation: Evidence and Policy [M]. Routledge, 2003.

[51] 徐加, 黄祖辉. 技术进步与农业劳动力转移 [J]. 农业经济问题, 1992 (12): 27 - 30.

[52] 牛若峰. 发展模式、技术进步与农业劳动力转移 [J]. 农业技术经济, 1995 (5): 4 - 7.

[53] 陈开军, 贺彩银, 张永丽. 剩余劳动力转移与农业技术进步——基于拉—费模型的理论机制与西部地区八个样本村的微观证据 [J]. 产业经济研究, 2010 (1): 1 - 8 + 94.

[54] 尹向飞. 乡村劳动力转移和中国技术进步率的测算 [J]. 西北人口, 2010 (3): 8 - 12.

［55］刘洪银．技术进步影响农村劳动力转移的条件和机理［J］．软科学，2011（7）：87－91．

［56］赵德昭，许和连．FDI、农业技术进步与农村剩余劳动力转移——基于"合力模型"的理论与实证研究［J］．科学学研究，2012（9）：1342－1353．

［57］罗润东．当代技术进步对劳动力就业的影响［J］．经济社会体制比较，2006（4）：64－70．

［58］周振，马庆超，孔祥智．农业机械化对农村劳动力转移贡献的量化研究［J］．农业技术经济，2016（2）：52－62．

［59］林善浪，叶炜，张丽华．农村劳动力转移有利于农业机械化发展吗——基于改进的超越对数成本函数的分析［J］．农业技术经济，2017（7）：4－17．

［60］程名望，阮青松．资本投入、耕地保护、技术进步与农村剩余劳动力转移［J］．中国人口·资源与环境，2010（8）：27－32．

［61］马轶群．苏浙两省技术进步影响劳动力转移的实证分析——基于不同发展模式的比较研究［J］．科学学研究，2013（6）：864－870＋882．

［62］王卫，佟光霁．农业技术进步、非农技术进步与农村劳动力转移——基于1978－2011年全国数据的实证研究［J］．山西财经大学学报，2013（11）：57－67．

［63］程名望，史清华．非经济因素对农村剩余劳动力转移作用和影响的理论分析［J］．经济问题，2009（2）：90－92．

［64］程名望，史清华，潘烜．城镇适应性、技能型收益、精神收益与农村劳动力转移——基于2291份调查问卷的实证分析［J］．公共管理学报，2013（1）：91－97＋142．

［65］纪月清，刘迎霞，钟甫宁．中国农村劳动力迁移：一个分析框架——从迁移成本角度解释2003－2007年农民工市场的变化［J］．农业技术经济，2009（5）：4－11．

［66］林善浪，王健，张锋．劳动力转移行为对土地流转意愿影响的实证研究［J］．中国土地科学，2010（2）：19－23．

［67］蒋贤锋．基于实物期权视角的中国农村劳动力转移分析：1949－2005年［J］．数量经济技术经济研究，2010（2）：65－77．

［68］朱晶，李天祥，李琳．迁移成本、工资上升与刘易斯转折点——一个

对"刘易斯转折点"分析框架的再探讨 ［J］. 农业经济问题，2011（9）：8 - 17 + 110.

［69］秦立建，张妮妮，蒋中一. 土地细碎化、劳动力转移与中国农户粮食生产——基于安徽省的调查 ［J］. 农业技术经济，2011（11）：16 - 23.

［70］李敬，张阳艳. 农业劳动力转移对我国粮食缺口影响的实证分析 ［J］. 农村经济，2012（7）：105 - 108.

［71］许庆，章元，邬璟璟. 中国保证粮食安全前提下的农村劳动力转移边界 ［J］. 复旦学报（社会科学版），2013（4）：139 - 148 + 171.

［72］赵德昭，许和连. FDI 流入影响了农村剩余劳动力转移的收敛性吗——来自中国 282 个地级城市的经验证据 ［J］. 山西财经大学学报，2013（6）：21 - 31.

［73］张虎，景丹红，刘扬，李潇. 我国农村剩余劳动力转移与通货膨胀关系的实证研究 ［J］. 宏观经济研究，2013（2）：91 - 96 + 104.

［74］刘传江，黄桂然. 农村劳动力转移与区域竞争力的动态关系研究——以重庆市为例的实证分析 ［J］. 中国人口·资源与环境，2013（7）：116 - 121.

［75］何微微. 新生代农村劳动力转移动因研究——1109 份调查数据的实证分析 ［J］. 现代财经（天津财经大学学报），2016，36（11）：11 - 20.

［76］周其仁. 机会与能力——中国农村劳动力的就业和流动 ［J］. 管理世界，1997（5）：100.

［77］罗仁福，张林秀. 我国农村劳动力非农就业的变迁及面临的挑战 ［J］. 农业经济问题，2011（9）：18 - 24.

［78］韩俊，崔传义. 统筹城乡发展全面繁荣农村经济 ［J］. 调查研究报告，2005（4）：1 - 21.

［79］赵耀辉. 中国农村劳动力流动及教育在其中的作用 ［J］. 经济研究，1997（2）：37 - 42.

［80］王广惠，张世伟. 教育对农村劳动力流动和收入的影响 ［J］. 中国农村经济，2008（9）：44 - 51.

［81］韩秀华. 论城乡二元教育与劳动力异质性 ［J］. 经济问题，2008（8）：18 - 21.

［82］熊婕，腾洋洋. 农村异质性劳动力转移对城乡收入差距的影响机制与检验——基于刘易斯二元经济理论的推理和实证分析 ［J］. 中国人口科学，

2010 (S1): 31 - 40.

[83] 王小龙, 兰永生. 农村劳动力转移对农户教育支出的冲击及财政政策含义 [J]. 财贸经济, 2010 (12): 62 - 68 + 119 + 144.

[84] 曾旭晖, 郑莉. 教育如何影响农村劳动力转移——基于年龄与世代效应的分析 [J]. 人口与经济, 2016 (5): 35 - 46.

[85] 刘燕, 吕世辰. 农村劳动力转移与随迁子女教育需求探析 [J]. 理论探索, 2018 (4): 72 - 79.

[86] 张兴华, 刘建进. 我国非正规部门的发展与政策取向 [J]. 中国劳动, 2003 (11): 16 - 17.

[87] 任国强. 人力资本对农民非农就业与非农收入的影响研究——基于天津的考察 [J]. 南开经济研究, 2004 (3): 3 - 10.

[88] 许昆鹏, 黄祖辉, 贾驰. 农村劳动力转移培训的市场机制分析及政策启示 [J]. 中国人口科学, 2007 (2): 25 - 33 + 95.

[89] 张务伟, 张福明, 杨学成. 农村劳动力非农化程度微观影响因素的实证研究 [J]. 统计研究, 2012 (1): 106 - 109.

[90] Zhao Y. Labor Migration and Earnings Differences: the Case of Rural China [J]. Economic Development and Cultural Change, 1999, 47 (4): 767 - 782.

[91] 严善平. 地区间人口流动的年龄模型及选择性 [J]. 中国人口科学, 2004 (3): 30 - 39.

[92] 程名望, 史清华, 徐剑侠. 中国农村劳动力转移动因与障碍的一种解释 [J]. 经济研究, 2006 (4): 68 - 78.

[93] Frändberg L. Paths in Transnational Time - space: Representing Mobility Biographies of Young Swedes [J]. Geografiska Annaler: Series B, Human Geography, 2008, 90 (1): 17 - 28.

[94] 柳森. 刘易斯拐点: 热议下的迷惘与省思 [N]. 解放日报, 2010 - 09 - 19.

[95] 袁霓. 中国就业结构现状及其调整 [J]. 改革与战略, 2011 (12): 180 - 183.

[96] 张晓辉, 陈良彪, 武志刚, 马国中. 农村劳动力跨区域流动中性别因素的影响 [J]. 调研世界, 1997 (2): 41 - 44.

[97] 宋晓蓝. 论影响农村社会和性别关系的结构性因素 [J]. 中共云南省

委党校学报，2011（5）：144 – 146.

［98］朱农. 论收入差距对中国乡城迁移决策的影响［J］. 人口与经济，2002（5）：10 – 17.

［99］魏众. 健康对非农就业及其工资决定的影响［J］. 经济研究，2004（2）：64 – 74.

［100］刘晓昀. 农村劳动力流动对农村居民健康的影响［J］. 中国农村经济，2010（9）：76 – 81 + 96.

［101］林善浪，王健. 家庭生命周期对农村劳动力转移的影响分析［J］. 中国农村观察，2010（1）：25 – 33 + 94 – 95.

［102］林善浪，张作雄，林玉妹. 家庭生命周期对农村劳动力回流的影响分析——基于福建农村的调查问卷［J］. 公共管理学报，2011（4）：76 – 84 + 126.

［103］张建华，周凤秀，温湖炜. 关系网络、外出就业支持和农村劳动力转移［J］. 中国人口·资源与环境，2015，25（S1）：367 – 370.

［104］吴秀敏，林坚，刘万利. 城市化进程中西部地区农户的迁移意愿分析——对成都市农户的实证研究［J］. 中国农村经济，2005（4）：27 – 33.

［105］黄宁阳，龚梦. 农村劳动力跨省转移意愿的个体特征及家庭因素分析——基于农户调查的 Logit 回归模型［J］. 中国农村观察，2010（2）：27 – 33 + 62.

［106］朱乾宇，司庆扬，周振. 基于有序 Logit 模型的农村人口自愿转移意愿研究——三峡生态屏障区的实证分析［J］. 经济理论与经济管理，2012（11）：104 – 112.

［107］何微微，胡八平. 代际差异视域下的农村劳动力转移影响动因研究——基于微观数据的实证分析［J］. 财经论丛，2017（9）：3 – 9.

［108］Grace D, O'Cass A. Service Branding：Consumer Verdicts on Service Brands［J］. Journal of Retailing and Consumer Services, 2005, 12（2）：125 – 139.

［109］Berry L L, Seltman K D. Building a Strong Services Brand：Lessons from Mayo Clinic［J］. Business Horizons, 2007, 50（3）：199 – 209.

［110］Miles S J, Mangold W G. Positioning Southwest Airlines through Employee Branding［J］. Business Horizons, 2005, 48（6）：535 – 545.

［111］Mangold W G, Miles S J. The Employee Brand：is Yours an All – star?

［J］．Business Horizons，2007，50（5）：423 – 433.

［112］Turley L W，Moore P A. Brand Name Strategies in the Service Sector ［J］．Journal of Consumer Marketing，1995，12（4）：42 – 50.

［113］Fornell C，Johnson M D，Anderson E W，et al. The American Customer Satisfaction Index：Nature，Purpose，and Findings ［J］．The Journal of Marketing，1996（60）：7 – 18.

［114］Berry L L. Cultivating Service Brand Equity ［J］．Journal of the Academy of Marketing Science，2000，28（1）：128 – 137.

［115］Grace D，O' Cass A. Attributions of Service Switching：a Study of Consumers' and Providers' Perceptions of Child – care Service Delivery ［J］．Journal of Services Marketing，2001，15（4）：300 – 321.

［116］Brodie R J，Whittome J R M，Brush G J. Investigating the Service Brand：a Customer Value Perspective ［J］．Journal of Business Research，2009，62（3）：345 – 355.

［117］Coleman D，de Chernatony L，Christodoulides G. B2B Service Brand Identity：Scale Development and Validation ［J］．Industrial Marketing Management，2011，40（7）：1063 – 1071.

［118］陈志新，潘建林．劳动力品牌内涵及其特性——由"衢州保姆"引发的思考 ［J］．金华职业技术学院学报，2004（4）：80 – 82.

［119］王文礼．论农村劳务"品牌"的重要作用及强化途径 ［J］．商场现代化，2005（11）：70 – 71.

［120］孙玮．农村劳动力转移过程中创建劳务品牌的有关对策 ［J］．商场现代化，2006（30）：320 – 321.

［121］马永堂．国际劳务品牌的形成与发展 ［J］．中国劳动，2008（2）：24 – 26.

［122］何亦名．区域劳动力品牌与我国区域经济的发展 ［J］．乡镇经济，2009（6）：78 – 82.

［123］赵应文，张琴丽．关于创建武汉城市圈农村劳务品牌的思考 ［J］．武汉工业学院学报，2010（1）：93 – 96.

［124］黄光伟．农村劳动力转移过程中劳务品牌建设思路 ［J］．价值工程，2011（2）：167 – 168.

［125］赵利清，王勇．农村劳务品牌特点及其构建的特殊性分析［J］．农村经济与科技，2018，29（17）：228－230.

［126］周建成．农村剩余劳动力转移过程中区域劳务品牌的构建［J］．曲靖师范学院学报，2010（1）：44－47.

［127］张宏升．打造劳务品牌农村剩余劳动力转移的关键［J］．理论探索，2009（6）：95－97.

［128］高晓勤．我国农村劳动力转移品牌化问题研究［J］．中国集体经济，2008（Z2）：22－23.

［129］中国就业促进会．典型劳务品牌风采录［M］．北京：中国劳动社会保障出版社，2019.

［130］罗雪梅．欠发达地区打造劳务品牌有效转移农村富余劳动力［J］．商场现代化，2006（30）：107－108.

［131］丁孟春，李泓欣．吉林省劳务品牌建设的制约因素及对策［J］．工业技术经济，2009（2）：50－51.

［132］聂绍群．中西部劳务开发品牌化实践研究［J］．商场现代化，2006（23）：143－144.

［133］王勇术，陈晓琴．我国劳务品牌培育的机遇、困境和对策［J］．四川教育学院学报，2011（2）：4－7.

［134］程守满．贵州省劳务品牌构建中遇到的问题探究［J］．中国商界（下半月），2010（5）：181－183.

［135］杨燕曦．品牌劳务经济：农民增收的有效途径——以湖南省为例［J］．现代商业，2012（32）：35.

［136］孙宝强．打造知名"劳务品牌"促进甘肃农村富余劳动力转移就业［J］．甘肃农业，2004（7）：23－24.

［137］薛选登．打造劳务品牌拓宽农民就业渠道［J］．职业时空，2006（14）：59－60.

［138］吴菊安．区域劳务品牌的作用及其管理研究［J］．商业时代，2008（30）：23－25.

［139］王义民，陈登胜．河南省劳务品牌培育的创新途径研究［J］．特区经济，2008（1）：176－178.

［140］刘雪曼，徐明．地方政府对区域劳务品牌形成的作用机理研究［J］．

税务与经济，2013（3）：45－50.

[141] 朱强. 基于劳动力转移视角的劳务品牌建设 [J]. 商业研究，2009（10）：159－161.

[142] 徐明. 吉林省区域劳务品牌培育对策研究——基于区域环境视角 [J]. 税务与经济，2015（4）：107－112.

[143] 李朝阳. 地方特色劳务品牌形成机制研究——以重庆鲜面产业为例 [J]. 山西经济管理干部学院学报，2016，24（3）：33－37.

[144] 周宇飞. 论中部地区劳务品牌核心竞争力的培育 [J]. 现代商贸工业，2008（8）：59－60.

[145] 张峻鸣. 区域劳务品牌价值综合评估研究 [D]. 中南民族大学硕士学位论文，2012.

[146] 王卫，佟光霁. 品牌信号在劳务市场中的作用机制分析 [J]. 当代经济管理，2013（7）：75－79.

[147] 王卫，佟光霁. 劳务品牌的信号功能与甄别机制条件研究 [J]. 西部论坛，2013（6）：12－18.

[148] 段庆林. 劳务经济与中国农民收入增长问题研究 [J]. 农业经济问题，2002（2）：25－30.

[149] [美] 西奥多·W. 舒尔茨. 改造传统农业 [M]. 梁小民译. 北京：商务印书馆，2009.

[150] 陈吉元. 中国农业劳动力转移 [M]. 北京：人民出版社，1993.

[151] 赵慧卿. 我国农业剩余劳动力转移问题探讨 [D]. 天津财经大学硕士学位论文，2005.

[152] [美] 托达罗. 第三世界的经济发展：发展经济学教程 [M]. 于同申，苏蓉生译. 北京：中国人民大学出版社，1988.

[153] Todaro M P. A Model of Labor Migration and Urban Unemployment in less Developed Countries [J]. The American Economic Review, 1969, 59 (1): 138－148.

[154] Harris J R, Todaro M P. Migration, Unemployment and Development: a Two－sector Analysis [J]. The American Economic Review, 1970, 60 (1): 126－142.

[155] Ranis G, Fei J C H. A Theory of Economic Development [J]. The

American Economic Review, 1961, 51 (4): 533 – 565.

［156］李刚. 工资上升、劳动力短缺与刘易斯拐点幻觉［J］. 人口与经济, 2012 (6): 39 – 45.

［157］Jorgenson D W. The Development of a Dual Economy［J］. The Economic Journal, 1961, 71 (282): 309 – 334.

［158］Jorgenson D W. Surplus Agricultural Labour and the Development of a dual Economy［J］. Oxford Economic Papers, 1967, 19 (3): 288 – 312.

［159］李德洗. 农村劳动力转移的经济学分析［D］. 河南农业大学硕士学位论文, 2004.

［160］张安良. 山东省农村劳动力转移研究［D］. 北京林业大学硕士学位论文, 2012.

［161］Donald J. Bogue, "Internal Migration", in Hauser, Duncan (ed.), The Study of Population: An Inventory Appraisal［M］. Chicago: University of Chicago Press, 1959.

［162］Lee E S. A theory of migration［J］. Demography, 1966, 3 (1): 47 – 57.

［163］Stark O. The Migration of Labor［M］. Oxford: Blackwell, 1991.

［164］蔡昉, 都阳. 迁移的双重动因及其政策含义［J］. 中国人口科学, 2002 (4): 1 – 7.

［165］Doeringer P B, Piore M J. Internal Labor Markets and Manpower Analysis［M］. ME Sharpe, 1971.

［166］Piore M J. The Dual Labor Market: Theory and Implications［M］. Cambridge MA: Winthrop Publishers, 1970.

［167］Krugman P. Increasing Returns and Economic Geography［J］. Journal of Political Economy, 1991, 99 (3): 483 – 499.

［168］Krugman P, Venables A J. Globalization and the Inequality of Nations［J］. The Quarterly Journal of Economics, 1995, 110 (4): 857 – 880.

［169］赵伟, 李芬. 异质性劳动力流动与区域收入差距: 新经济地理学模型的扩展分析［J］. 中国人口科学, 2007 (1): 27 – 35 +95.

［170］张黎娜, 夏海勇. 刘易斯拐点对城市经济集聚的影响机制研究［J］. 经济学家, 2013 (7): 30 – 40.

［171］［美］西奥多·W. 舒尔茨. 论人力资本投资［M］. 吴珠华等译. 北京：北京经济学院出版社，1990.

［172］［美］加里·S. 贝克尔. 人力资本：特别是关于教育的理论与经验分析［M］. 梁小民译. 北京：北京大学出版社，1987.

［173］甘犁. 中国流动人口调查［EB/OL］. http：//finance. sina. com. cn/column/China/20130217/101014563345. shtml，2013 - 02 - 17.

［174］蔡昉. 人口与劳动力绿皮书（2011）［M］. 北京：社会科学文献出版社，2012.

［175］侯风云. 中国农村劳动力剩余规模估计及外流规模影响因素的实证分析［J］. 中国农村经济，2004（3）：13 - 21.

［176］钱雪飞. 进城农民工消费的实证研究——南京市 578 名农民工的调查与分析［J］. 南京社会科学，2003（9）：89 - 96.

［177］严翅君. 长三角城市农民工消费方式的转型——对长三角江苏八城市农民工消费的调查研究［J］. 江苏社会科学，2007（3）：224 - 230.

［178］李晓峰，王晓方，高旺盛. 基于 ELES 模型的北京市农民工消费结构实证研究［J］. 农业经济问题，2008（4）：50 - 55 + 109.

［179］于丽敏，王国顺. 农民工收入与消费问题的实证分析——以东莞为例［J］. 税务与经济，2009（5）：64 - 67.

［180］褚荣伟，张晓冬. 中国农民工消费市场解读——金字塔底层的财富［J］. 经济理论与经济管理，2011（7）：34 - 46.

［181］潘烜，程名望，史清华. 工资收入、消费支出与农民工城镇就业——基于上海市 1446 个调查样本的实证分析［J］. 理论导刊，2013（2）：85 - 88.

［182］James K. Migrant Workers Shape China's Future［EB/OL］.（2013 - 04 - 22）. http：//www. ft. com/intl/cms/s/0/de19ac9a - a749 - 11e2 - 9fbe - 00144feabdc0. html#axzz2SJtgRlu3.

［183］国务院农民工办课题组. 中国农民工发展研究［M］. 北京：中国劳动社会保障出版社，2013.

［184］陆学艺. 当代中国社会流动［M］. 北京：社会科学文献出版社，2004.

［185］蒲艳萍，吴永球. 经济增长、产业结构与劳动力转移［J］. 数量经济技术经济研究，2005（9）：20 - 30.

[186] 尹向飞. 中国乡村劳动力转移、资本存量与全要素生产率之间格兰杰因果关系的研究 [J]. 西北人口, 2011 (4): 53 - 57.

[187] 刘志忠, 贺彩银, 王耀中. 基于拉—费模型的民营部门出口贸易对农业剩余劳动力转移影响的实证分析 [J]. 中国农村经济, 2007 (10): 40 - 45.

[188] 黄国华. 农村劳动力转移与城乡收入差距的因应——来自全国 29 个省市的经验数据 [J]. 北京理工大学学报 (社会科学版), 2010 (2): 71 - 77.

[189] 程名望, 史清华. 经济增长、产业结构与农村劳动力转移——基于中国 1978 - 2004 年数据的实证分析 [J]. 经济学家, 2007 (5): 49 - 54.

[190] 武治国. 转轨中的中国工业化、城市化与农业劳动力转移关系研究 [D]. 东北师范大学硕士学位论文, 2005.

[191] Solow R M. Technical Change and the Aggregate Production Function [J]. Review of Economics and Statistics, 1957, 39 (3): 312 - 320.

[192] 赵洪斌. 改革开放以来中国农业技术进步率演进的研究 [J]. 财经研究, 2004 (12): 91 - 100 + 110.

[193] 黄振华. 技术进步、人力资本与中国农业发展——1985 - 2005 年中国农业技术进步率的实证与比较 [J]. 财经问题研究, 2008 (3): 124 - 129.

[194] 赵志耘, 杨朝峰. 中国全要素生产率的测算与解释: 1979 - 2009 年 [J]. 财经问题研究, 2011 (9): 3 - 12.

[195] 董理, 史小龙. 上海市三次产业技术进步水平测算及对就业影响的实证分析: 1978 - 2011 [J]. 上海经济研究, 2013 (5): 103 - 111.

[196] 陈宗胜, 黎德福. 内生农业技术进步的二元经济增长模型——对"东亚奇迹"和中国经济的再解释 [J]. 经济研究, 2004 (11): 16 - 27.

[197] 庞皓, 陈述云. 格兰杰因果检验的有效性及其应用 [J]. 统计研究, 1999 (11): 42 - 46.

[198] 吴文清, 刘赶. 中国国有粮食企业购销波动研究——基于小波分析和格兰杰因果检验的方法 [J]. 经济理论与经济管理, 2011 (10): 31 - 38.

[199] 苗文龙, 万杰. 经济运行中的技术进步与选择——基于中国技术发展路径与经济增长、就业关系的实证分析 [J]. 经济评论, 2005 (3): 34 - 38 + 50.

[200] 周清杰. 低技能劳动力供给曲线研究 [J]. 农业技术经济, 2004 (6): 18 - 22.

［201］包小忠．刘易斯模型与"民工荒"［J］．经济学家，2005（4）：55－60．

［202］杨国才．基于民工异质的刘易斯模型改造［J］．技术经济，2006（9）：58－61．

［203］刘勇．二元劳动力市场供给的拐折模型分析［J］．吉首大学学报（社会科学版），2010（7）：95－98．

［204］孙良媛，叶楚红，费茸．引入代际异质的刘易斯模型及其经济学意义［J］．华南农业大学学报（社会科学版），2011（4）：53－61．

［205］Machin S, Van Reenen J. Technology and Changes in Skill Structure：Evidence from seven OECD Countries［J］. The Quarterly Journal of Economics，1998（4）：1215－1244．

［206］Bauer T K, Bender S. Technological Change, Organizational Change, and Job Turnover［J］. Labor Economics，2004（3）：265－291．

［207］Ochsen C, Welsch H. Technology, Trade and Income Distribution in West Germany：A Factor－Share Analysis 1976－1994［J］. Journal of Applied Economics，2005（2）：321－345．

［208］向松祚．张五常经济学［M］．北京：朝华出版社，2005．

［209］孙曰瑶，刘华军．品牌经济型原理［M］．北京：经济科学出版社，2007．

［210］张广宇，杜书云．直接成本，机会成本与农民外出动力：理论分析和模型实证［J］．中国农村经济，2005（1）：33－39．

［211］赖永剑．我国农村劳动力转移的交易成本研究［D］．广西大学硕士学位论文，2007．

［212］张务伟，张福明．农村剩余劳动力就地转移和异地就业影响因素实证分析——基于对山东省17地市1873户农民的调查［J］．农村经济，2008（6）：103－106．

［213］王凡恩．我国农村剩余劳动力转移的隐性成本分析［J］．改革与战略，2007（3）：90－92．

［214］万宝瑞．农村全面实现小康社会的一次战略措施［J］．中国农村经济，2004（1）：24－27．

［215］王勇胜，刘桂玲，吕振武．农村劳动力转移的成本与收益分析［J］．

西北农林科技大学学报（社会科学版），2006（1）：20 - 22.

[216] 李德洗．农村劳动力转移的经济学分析［D］．河南农业大学硕士学位论文，2004.

[217] 杜书云．农村劳动力转移就业成本收益问题研究［D］．郑州大学博士学位论文，2006.

[218] 王培根，徐挺．农村剩余劳动力转移的成本收益探讨［J］．理工高教研究，2006（3）：22 - 23.

[219] 范红忠．我国农村劳动力转移过程的成本分析［J］．农村经济，2006（3）：107 - 109.

[220] 吴兴陆，元名杰．农民工迁移决策的社会文化影响因素探析［J］．中国农村经济，2005（1）：26 - 32.

[221] 王凡恩．我国农村剩余劳动力转移中的情感成本研究［J］．宿州学院学报，2009（8）：12 - 14.

[222] 李丰春．农村剩余劳动力转移的成本效益分析［J］．农村经济，2005（8）：85 - 88.

[223] 王春超．收入差异、流动性与地区就业积聚——基于农村劳动力转移的实证研究［J］．中国农村观察，2005（1）：10 - 17.

[224] Venables A J. Equilibrium Locations of Vertically Linked Industries［J］. International Economic Review，1996（37）：341 - 359.

[225] Puga D. The Rise and Fall of Regional Inequalities［J］. European Economic Review，1999，43（2）：303 - 334.

[226] Ottaviano G, Tabuchi T, Thisse J F. Agglomeration and Trade Revisited［J］. International Economic Review，2002，43（2）：409 - 435.

[227] Dixit A K, Stiglitz J E. Monopolistic Competition and Optimum Product Diversity［J］. The American Economic Review，1977，67（3）：297 - 308.

[228] 梁琦．空间经济学的过去、现在与未来［J］．经济学季刊，2005（4）：48 - 57.

[229] Tabuchi T. Urban Agglomeration and Dispersion：a Synthesis of Alonso and Krugman［J］. Journal of Urban Economics，1998，44（3）：333 - 351.

[230] Anas A. Vanishing Cities：What does the New Economic Geography Imply about the Efficiency of Urbanization?［J］. Journal of Economic Geography，2004，4

（2）：181 – 199.

［231］李君华，彭玉兰．中心—外围模型的错误和再求解——对克鲁格曼解法的质疑［J］．经济学，2011，10（2）：1105 – 1130.

［232］朱希伟．偏好、技术与工业化［J］．经济研究，2004（11）：96 – 106.

［233］Murata Y. Structural Change and Agglomeration［J］．Nippon University，2004.

［234］刘利民，王敏杰．基于一个 NEG 模型的运输成本、地租与产业的集聚和转移［J］．工业技术经济，2010，29（4）：141 – 145.

［235］Samuelson P A. The Pure Theory of Public Expenditure［J］．The Review of Economics and Statistics，1954，36（4）：387 – 389.

［236］Chamberlin E H. Product Heterogeneity and Public Policy［J］．The American Economic Review，1950，40（2）：85 – 92.

［237］Chamberlin E H. The Theory of Monopolistic Competition：A Re – orientation of the Theory of Value［M］．Cambridge，MA：Harvard University Press，1962.

［238］Ekelund R B，Hebert R F. A History of Economic Theory and Method［M］．New York：McGraw – Hill，1975.

［239］Lewis，W. A. Economic Development with Unlimited Supplies of Labor. Manchester School of Economic and Social Studies，1954，22（2）：139 – 191.

［240］Fei J C H，Ranis G. Development of the Labor Surplus Economy：Theory and Policy［M］．Homewood：RD Irwin，1964.

［241］Henderson J V. Urbanization and Growth［J］．Handbook of Economic Growth，2005（1）：1543 – 1591.

［242］袁开智．"用工荒""加薪潮"：祸兮福兮？［N］．中国经济导报，2010 – 06 – 15.

［243］Bai Moo K. The Turning Point in the Korean Economy［J］．The Developing Economies，1982（2）：117 – 140.

［244］蔡昉．民工荒与就业难：一个矛盾现象［N］．北京日报，2011 – 10 – 31.

［245］李兵弟．中国城镇户籍人口占总人口的比约33%［N］．中国青年报，2011 – 12 – 04.

［246］宋世方．刘易斯转折点：理论与检验［J］．经济学家，2009（2）：69－75.

［247］白南生，何宇鹏．回乡，还是外出？——安徽四川二省农村外出劳动力回流研究［J］．社会学研究，2002（3）：64－78.

［248］钟甫宁．劳动力市场调节与城乡收入差距研究［J］．经济学动态，2010（4）：65－69.

［249］都阳，王美艳．农村剩余劳动力的新估计及其含义［J］．广州大学学报（社会科学版），2010（4）：17－24.

［250］徐小洪．农村劳动力产权制度变迁分析［J］．中共浙江省委党校学报，2003（4）：73－76.

［251］中国经营网．中国城镇化账本：1.6亿农民工市民化需1.8万亿［EB/OL］．http：//www.cb.com.cn/1634427/20130507/465392.html.

［252］Akerlof G. The Market for 'Lemons'：Qualitative Uncertainty and the Market Mechanism［J］．Quarterly Journal of Economics，1970（84）：488－500.

［253］马费成，靖继鹏．信息经济学［M］．北京：科学技术文献出版社，2005.

［254］Spence M. Job Market Signaling［J］．Quarterly Journal of Economics，1973（87）：355－374.

［255］Rothschild M，Stiglitz J. Equilibrium in Competitive Insurance Markets：An Essay on the Economics of Imperfect Information［J］．The Quarterly Journal of Economics，1976（90）：629－649.

［256］Stokes R. The Effects of Price，Package Design，and Brand Familiarity on Perceived Quality［A］．In：Jacoby. ed. Perceived Quality［M］．Boston：D C Heath Company，1985.

［257］Zeithaml，V. A. Consumer Perceptions of Price，Quality and Value：A Means－End Model and Synthesis of Evidence［J］．Journal of Marketing，1988（52）：2－22.

［258］Kirmam A. The Effect of Perceived A Dvertising Costs on Brand Perceptions［J］．Journal of Consumer Research，1990（17）：160－171.

［259］范晓屏，陆韶文．信息不对称下销售者信号传递的策略选择［J］．企业经济，2003（7）：83－85.

［260］ Philips L. The Economies of Imperfect Information ［M］. New York：Cambridge University Press，1988.

［261］ Torle J. The Theory of Industrial Organization ［M］. Cambridge：MA MIT Press，1990.

［262］［美］大卫·A. 艾克，爱里克·乔瑟米赛勒. 品牌领导 ［M］. 曾晶译. 北京：新华出版社，2001.

［263］梁静. 品牌对信息不对称程度的影响分析 ［D］. 浙江大学硕士学位论文，2006.

［264］［美］埃里克·乔基姆塞勒，戴维·A. 阿克. 哈佛商业评论—品牌管理—创建企业品牌无需大众媒体 ［M］. 李家强译. 北京：中国人民大学出版社，1998.

［265］［荷］里克·莱兹伯斯，巴斯·齐斯特，格特·库茨特拉. 品牌管理 ［M］. 李家强译. 北京：机械工业出版社，2004.

［266］何志毅，林冉. 产品的信息不对称特征对品牌策略的影响 ［J］. 经济科学，2005（2）：102 – 108.

［267］杨煌. 品牌形成机制的经济学分析——兼论我国银行品牌的制度性建造 ［D］. 西北大学硕士学位论文，2005.

［268］刘艳. 品牌对市场"信息不对称性"的影响机理 ［J］. 科技管理研究，2008（8）：180 – 182.

［269］于永娟，孙曰瑶. 信息不对称条件下品牌的信号功能及其模型 ［J］. 求索，2011（5）：5 – 7.